集人文社科之思 刊专业学术之声

集 刊 名: 中国社会心理学评论
主　　编: 杨宜音
副 主 编: 王俊秀　刘　力　张建新
主办单位: 中国社会科学院社会学研究所

(Vol.23) Chinese Social Psychological Review

编辑部

联系电话: 86-10-85195562
电子邮箱: chinesespr@cass.org.cn
通信地址: 北京市东城区建国门内大街 5 号中国社会科学院社会学研究所

第23辑

集刊序列号: PIJ-2005-005
中国集刊网: www.jikan.com.cn
集刊投约稿平台: www.iedol.cn

中国
社会心理学
评论

第23辑

Chinese Social Psychological Review

(Vol.23)

○ 杨宜音 / 主　编
　 吴胜涛 / 本辑特约主编
　 王俊秀　刘　力　张建新 / 副主编

社会科学文献出版社　SOCIAL SCIENCES ACADEMIC PRESS (CHINA)

主编简介

杨宜音 博士，中国社会科学院社会学研究所社会心理学研究中心研究员、博士生导师，中国社会心理学会会长（2010～2014年）。从2016年起任哈尔滨工程大学人文社会科学学院教授、博士生导师，中国传媒大学传播心理研究所教授、博士生导师。主要研究领域为社会心理学，包括人际关系、群己关系与群际关系、社会心态、价值观及其变迁等。在学术期刊发表论文130余篇。代表作有：《自己人：一项有关中国人关系分类的个案研究》[（台北）《本土心理学研究》2001年总第13期]、《个人与宏观社会的心理联系：社会心态概念的界定》（《社会学研究》2006年第4期）、《关系化还是类别化：中国人"我们"概念形成的社会心理机制探讨》（《中国社会科学》2008年第4期）。主编 Social Mentality in Contemporary China（Singapore：Springer Singapore，2019）。

电子信箱：cassyiyinyang@ 126. com。

本辑特约主编简介

吴胜涛 博士，厦门大学社会与人类学院副教授、博士生导师。本科毕业于北京师范大学哲学系，中国科学院心理研究所博士。研究兴趣包括社会文化变迁与心理适应，正义与社会规范，大数据分析等。国际跨文化心理学会、国际正义研究学会、亚洲社会心理学会会员，中国心理学会心理学与社会治理专业委员会、文化心理学专业委员会理事，中国社会学会社会心理学专业委员会理事，中国社会心理学会网络与大数据专业委员会理事。在 Journal of Personality、International Journal of Psychology、Social Justice Research、《科学通报》、《中国科学院院刊》等期刊上发表学术论文40余篇。《心理学学科发展报告》（2016－2017）道德心理学部分执笔人。

电子信箱：michaelstwu@ xmu. edu. cn 或 wust2011@ 163. com。

中国社会心理学评论　第 23 辑

道德心理学－Ⅱ　　　　　　　　　　　　　　　2022 年 12 月出版

道德与共同体建设

道德心理思想史

《中国社会心理学评论》　第 23 辑

第 1 ~ 14 页

© SSAP，2022

从冲突到善治：社会转型时期的
秩序反思与道德重建[*]

（代卷首语）

吴胜涛　胡传鹏　刘冠民[**]

摘　要： 每逢社会重大变革，善恶、是非问题总是特别引人注目。道德法则究竟是为冲突筑高地，还是为善治求良方，是值得审问、慎思的理论问题，更是需要明辨、笃行的实践课题。如今，恰逢人类百年未有之大变局，社会变迁与技术变革引发了一系列秩序反思与道德重建的大讨论。本文首先从冲突视角回顾了道德心理学的最新进展，然后从道德与秩序反思、道德与个人成长、道德与文化建设、道德与共同体建设、道德心理思想史等方面，简要介绍了国内外学者在化解规范冲突、推动社会善治上的最新努力和研究发现。

关键词： 道德心理学　规范冲突　社会善治　秩序反思　道德重建

道德心理学是关于人类在道德情境下如何扬善弃恶的经验科学，是心理学与伦理哲学的交叉学科（Doris & Stich，2014）。每逢社会重大变革，善恶、是非问题总是特别引人注目。动荡不安的第一次世界大战前后，弗

---

[*] 本研究获得厦门大学校长基金（20720221017）与国家社科基金一般项目（22BSH094）的资助。

[**] 吴胜涛，厦门大学社会与人类学院副教授、博士生导师，通信作者，Email：michaelstwu@xmu.edu.cn；胡传鹏，南京师范大学心理学院教授；刘冠民，天津大学应用心理研究所副研究员。

洛伊德、涂尔干关于"本我"和"失范"的讨论成为重要的时代主题；第二次世界大战以后，津巴多、科尔伯格关于"路法西效应"和"海因茨悖论"的研究成为那个时代的热点问题。如今，恰逢人类百年未有之大变局，社会变迁及其背后的个人主义、自由主义泛滥引发了人们关于"道德滑坡""道德阵营"等问题的大讨论。尤其在社会变迁与技术变革的大背景下，从冲突、善治角度探讨社会秩序与重建的发生机制、可能路径是社会心理建设的重要内容。

一 冲突视野下的道德心理学

每逢社会急剧变革，均会产生新的社会规范，而旧的社会规范会受到挑战，如果两者没有很好地协调则难免引起社会冲突，包括失序本身带来的传统与现代冲突、内外群体冲突，被左、右阵营或东、西方意识形态所裹挟的道德文化对立，以及全球化、阶层分化带来的精英堕落和底层困境等。同时，数字化社会不仅可能加剧某些冲突，还可能带来新的冲突与问题。

（一） 道德滑坡与爬坡

20 世纪 60 年代是一个动荡不安的时代，伴随着反越战、民权运动、女权主义、性解放、嬉皮士、摇滚乐运动，道德价值观朝着自由、平等、强调个人权利的自由主义（liberalism）方向转变，同时毒品、犯罪、婚前性行为、堕胎、离婚等也使西方社会陷入了"人性断裂"或社会资本耗尽的危险（fukuyama，1999）。从更宏观的社会历史背景来看，这种价值转变也反映了人类社会由 Gemeinschaft（community）到 Gesellschaft（society）的转变（费孝通将其分别翻译为礼俗社会和法理社会）：前者以农业经济为主，社会规模小，分工简单低端，人们的行为大多受礼俗左右；后者以商品经济为主，社会规模大，分工复杂且角色分化多杂，人们的行为大多受法律法规的制约，只要法不禁止就可以自由做任何事。美国文化心理学者 Greenfield（2009）据此认为，为了适应礼俗社会的农村环境，人们的社会行为/关系会表现出集体主义特征，例如，更注重经验传承，更强调义务和服从；相反，为了适应法理社会的城市环境，人们的社会行为/关系会表现出个人主义特征，例如，更注重独立创新，更强调个人选择和追求个人自由。

因此，很多学者提出道德"滑坡""爬坡"的反思和争论。他们认为，一方面，集体主义道德在滑坡，一些重要价值（如忠诚、权威）受到挑战，但另一些人类赖以生存发展的传统美德（如亲情、爱国）仍然保持稳定；另一方面，个体主义道德在爬坡，尤其是个人权利层面的自由、平等价值及其衍生品（如享乐主义、无政府主义）泛滥，但那些经典的个体主义品质（如自主、尽责）并没有相应发展起来。研究发现，随着美国城市人口的增长和农村人口的减少，在 Google 英语图书语料库（1800～2000 年）中集体主义词汇（如权威、义务、付出）的使用频率呈下降趋势，而关于个人主义词汇（如自我、选择、获取）的使用频率呈上升趋势（Greenfield，2013）。在中国，随着城市化、现代化发展，多种个体主义指标（如自由、平等、开放、成功、物质、离婚）混合增长，部分集体主义道德（如传统、忠义、尊长、收敛）受到挑战，而一部分集体主义价值观（如亲情、爱国）则趋于稳定（Xu & Hamamura，2014；Zeng & Greenfield，2015）。

所以，问题并不在于简单的"滑坡"或"爬坡"之争，也不在于个体主义、集体主义孰优孰劣，从个体主义的角度看，问题在于如何促进健全的个体主义爬坡，避免失去经典的个人品质和脱离集体主义的个体主义泛滥。人是个体性、社会性兼备的动物，正如 Putnam（2015）所说，一个健全的社会既需要个人主义的"牛仔"，又需要互帮互助的"马车队"。相反，片面追求个人主义或放弃集体主义会带来自由而不负责任的道德偏差，甚至表现出自私、自恋的畸形个人主义行为，例如，一些人对财富、权力的过分追逐以及"成功"之后的自由放纵，会威胁社会秩序和基本的社会规范（如家庭稳定、关系和谐等）（Cai，Kwan，& Sedikides，2012）。值得注意的是，集体主义道德具有相对稳定性，尤其是在社会威胁情境下会出现反弹。研究表明，新冠肺炎疫情防控期间，集体主义国家、地区（包括美国集体主义倾向的州）的民众在戴口罩等防控措施上做得更好（Lu et al.，2021），病毒感染率和死亡率更低（Huang，Sun，& Luo，2022）；此外，美国社会的个人主义/集体主义并非线性增长或下降，而是随着经济周期的起伏呈现曲线特征，例如，失业率高时美国人在教养儿童的时候更强调帮助他人，流行歌曲中"我们"的使用频率也更高（Bianchi，2016）。

而就集体主义而言，除了避免道德"滑坡"，也面临如何在新时代更好"爬坡"的命题。研究者从道德判断的进化功能及可达性角度出发，提出了基于内群体偏好的道德本位主义（parochialism）观点，这为反思集体主义的道德困境和找到可能出路提供了新的视角。诸多研究发现，对内群体的爱（帮助、同情）以及对外群体的恨（伤害、漠视）是社会冲突的重要心理基础（Halevy et al.，2012；2015）；关于利他行为的研究也表明，从 12~13 岁开始，被试便倾向于帮助内群体的受害者去惩罚独裁者，而非帮助外群体的受害者（Bernhard，Fischbacher，& Fehr，2006；Fehr et al.，2013）。因此，偏见、歧视、战争等群际冲突都有道德本位主义的原因。

不难看出，当集体主义中的"集体"局限于特定群体或利益集团，而非人类命运共同体时，道德就会沦落为本位主义，即个体在特定社会场域（social arena）对他人行为进行判断时的利弊权衡和无意识计算。也就是说，道德本位主义者作为旁观者或第三方进行的道德判断，是为了帮助自己适应环境、建立声望，如防止自己受到伤害、增加内群体合作的机会、避免受到权威的惩罚；进而，这些优势只有在当下社会场域才能累积生效，因为道德判断应该主要解决目前的，与个人有关的问题，重复远距离的问题就像"虚假警报"一样分散个体有限的注意力，会增加社会行动的成本、降低社会声望的资本。来自小型部落群体（如斐济的雅撒瓦人和非洲的辛巴人）和工业社会群体（如美国人和乌克兰人）的研究一致表明，个体在进行道德判断时主要考虑事件是否发生在当下或内群体成员身上，而不是行为者的道德意图；如果事件发生在过去或外群体成员身上，人们对其道德严重性的判断则会显著降低（Barrett et al.，2016；Fessler et al.，2015）。

（二）左右之争

Haidt 和 Graham 等（2007）发现，美国国内的意识形态之争已经使得美国在道德问题上沿着政治意识形态光谱出现了文化分裂，导致美国正进行着一场没有硝烟的"文化战争"（culture war），例如，随着政治光谱从自由（左派、民主党）移向保守（右派、共和党），人们越来越倾向于认为涉及内群体、权威和纯洁的问题与道德有关（Graham et al.，2009）。进而，与意识形态有关的道德分歧会上升为客观、普适的道德判定标准（moral conviction）——自由主义的民主党坚信关爱、公平的客观、普适性，认为医保改革和性别平等是绝对正确的；而保守主义的共和党坚持内群体、权威、圣洁的客观、普适性，认为堕胎、移民和同性恋是绝对错误的（Skitka，Morgan，& Wisneski，2015）。正是由于道德既能使人们维持社群，又能使人们分裂成不同的群体，Haidt（2012）提出了他著名的口号，"道德使人团结，也使人盲目"。

经典的心理学理论常常把保守主义与忽视社会不公、维持体制现状联系起来，似乎保守主义者违背了公平、关爱这些明显的道德原则。然而，

Haidt 等认为，保守主义者之所以有这样的表现，是因为他们的道德包含了更广的领域，他们不仅使用了个体化的道德基础，也使用了团结的道德基础，即他们不仅强调个人权利和自由，也强调对群体的忠诚和对传统的尊重（Haidt & Graham，2007）。由于保守主义者拥有更广的道德领域，这使得他们能更好地利用进化带来的五大道德基础，也更符合社会上多数的、持传统价值观的人们的观点，因此具有保守主义优势（Haidt，2012）；正是由于保守派有着比自由派更广的道德领域，他们应该能更准确地理解自由派，而这对自由派则不成立（Graham，Nosek，& Haidt，2012）。

值得注意的是，美国两党的意识形态之争并不必然导致政治极化，后者之所以盛行，道德定罪（moral conviction）起到重要作用。所谓道德定罪，指的是关于某事是对还是错、道德还是不道德的一种强烈而绝对的信念（Skitka，Bauman，& Sargis，2005）。研究表明，道德定罪比党派身份更强烈地激化了政治极化（Garrett & Bankert，2020），且愤怒可能在其中起中介作用（Mullen & Skitka，2006）。换言之，不同意识形态的人都认为对方是错误的，甚至邪恶的，从而激起了针对意识形态"他者"的愤怒，并进一步撕裂极化的社会。

此外，随着互联网和社交媒体的兴起，加之布什反恐、奥巴马医疗政策引起民众对政府权力扩张的警惕，美国的意识形态光谱正在发生重大变化，即在信奉自由主义或保守主义的民主、共和两党之外，奉行自由意志主义的自由意志党（Libertarian Party）开始在美国政坛迅速崛起，从 2008 年到 2018 年的短短 10 年间支持率增加了 92%，其选民比例高达 27%，甚至超过信奉自由主义的民主党（23%）和信奉保守主义的共和党（26%）（Boaz，2016）。自由意志主义者把自由主义、保守主义的个体权利充分发挥到极致，他们倡导个人自由，包括自由移民、持枪、同性婚姻、大麻合法化，但对保守主义坚持的亲情、爱国等传统道德和自由主义坚持的同情、公平等现代美德的赞同程度均较低（Boaz & Kirby，2006；Iyer et al.，2012；Lincicome，2022）。自由意志主义的思想植根于欧洲启蒙时代的天赋人权观及《美国独立宣言》，尤其在青年人、受过良好教育的人群中广为流行，是对当前欧美政党政治的极大挑战（Boaz，2015）。因此，分析道德心理的左右之争，不仅要看到背后的政党文化纷争，还应警惕两党政治之外自由意志主义的意识形态合流及其对秩序规范的颠覆性影响。

（三）阶层伦理与道德困境

阶层是理解社会伦理的重要视角，不同阶层的道德价值观迥然不同。

总体而言，相对于上层或中产阶级，劳工阶级（working class）的集体主义更强。例如，劳工阶级更多地认为人和人是互相联系的、自己跟他人的重合度更高，也较少地表达个人的独特性（Kraus，Piff，& Keltner，2009）。此外，较低阶层的人也更多表现出同情心，在面对他人不幸时有更强的情绪和生理反应（Varnum et al.，2015）；相反，较高阶层的人则更加自我甚至自恋（Piff，2014），更可能违背社会规范，如闯红灯，通过斑马线时不礼让行人（Piff et al.，2012）。值得注意的是，这里的"阶层"主要指美国社会的分层，包括受教育水平、收入及主观评价等多个指标，上述研究的阶层差异在多个指标上均得到了重复验证，这说明社会经济地位影响了个体的文化价值观乃至道德水准。

上述研究所发现的道德阶层差异恰好反映了西方社会精英的道德困境——上层阶级不再关注社会责任，而中下层阶级的处境越来越艰难。随着贫富分化的加剧，底层社会（特别是白人劳工阶级）的集体道德逐渐被恐惧、焦虑和愤怒所代替，进而偏好更加严苛、紧张的社会规范，并以破坏性的、民粹主义的形式爆发。这一现象与 Jost 等（2003）早年的研究结果截然相反，后者认为低阶层的美国人有更强的体制合理化倾向，维护、支持现存社会体制的正当合理性。当然，Jost 的发现主要基于西方社会的研究，且研究也发现低层社会反抗体制的倾向（Brandt，2013）；更重要的是，体制合理化其实蕴含着社会分配的个人归因，进而转换成努力工作、向上流动的动力（Hussak & Cimpian，2015）。

关于中国社会阶层的研究发现，来自低阶层家庭的大学生并没有表现出较低的个体主义和较高的亲社会倾向（面对他人不公遭遇时有较高的愤怒、内疚情绪和改变动机），尤其当其个体主义水平较高时更是如此（吴胜涛、王平丽、陈咏媛，2020）。此外，低阶层中国人在控制感较低时更少对贫富分化做内部归因，进而表现出更低的体制合理化倾向，即对社会现实不满，但又不愿意通过个人努力去实现向上流动的梦想。低阶层人群的失望感和个人责任推脱，反映了当下中国社会的消极工作伦理，或许意味着阶层固化的危险（杨沈龙等，2016）。与上述阶层差异研究不同，有研究者从心理融合角度探讨了阶层之间的整体印象、交往意愿和助人意愿，发现在高道德条件下，人们对富人的心理融合高于穷人；在低道德条件下，人们对富人的心理融合低于穷人，出现了"富人道德极化"现象，这说明，当财富与道德相统一时，阶层冲突将会减弱（杨金花等，2017）。

（四） 数字技术对道德冲突的放大效应

在见证了第二次世界大战后和平与发展年代以及技术对社会生活的改善后，人们普遍对技术的进步有着良好的预期。然而，技术进步带来的结果往往是复杂的，它在解决和改善一些社会问题的同时，也放大了某些原有的问题，同时也会带来新的道德、伦理和法律的问题（胡传鹏等，2011）。近二十年来，数字化和人工智能技术对社会的渗透日益加深，如何驾驭数字化与人工智能带来的道德伦理问题，是值得关注的新领域。

一方面，数字化与人工智能会放大道德冲突与不平等。如前所述，互联网社交媒体作为数字化社会最引人注目的方面，实际上放大了群体之间的冲突。在人工智能算法的加持下，数字化社会正在形成日益厚重的数字隔离墙，人们容易生活在自己的回音壁所构筑的数字世界中，从而让群体间的冲突更尖锐。左、右两派的"文化战争"在数字化时代不断加剧，民粹的影响日益强大（Van Bavel et al.，2021）。同时，社会阶层等现实生活中的不平等，也经过数字化技术而被放大：高阶层利用数字技术迅速积累大量财富，而低阶层则被智能算法进一步限制，或者原先的工种被人工智能所取代。

另一方面，数字化与人工智能也带来了新的道德冲突：人与机器的冲突。随着人工智能的广泛应用，我们不可避免地会碰到如何让机器进行决策及人们能否接受机器/算法决策的道德结果等问题。例如，自动驾驶的汽车可能会在交通事故中做出选择，让伦理学中的"电车两难"的决策车从人变成算法（Awad et al.，2018）。因此，如何建立合适的和谐的人 – 机关系，缓解人们对机器的道德行为的漠视，也是道德心理学面临的新挑战（张语嫣等，2022）。

二　道德反思与重建的新探索

（一） 道德与秩序反思

在本辑中，喻丰等也注意到，随着社会变迁而变化，人们对道德规范（尤其是美德）的看法也在发生变化，但并非简单的滑坡或爬坡。该研究团队通过分析谷歌图书美国语料库的相关数据发现，道德语词的词频自1960 年至 2000 年间并未出现显著的减少，并且对于个体化道德的关注（如伤害/关怀）还呈现显著的增加趋势。通过五个研究，他们发现与集体化道德相比，人们对个体化道德的关注逐渐增加，这种情况尤其表现在正面积极道德语词中；当只考虑美德时，也会出现类似的情况，即个体化道德词频增加而集体化道德词频减少，但美德语词的总体词频并未显著减少。

就群际关系而言，本辑作者杨金花、李芳芳、金盛华（2022）深入分析了互联网时代的仇富心理。他们从贫富群体不道德行为入手，探讨人们在不道德行为惩罚后所体验到的公平感，以及公平信念的调节作用，发现不道德者的贫富身份对不道德行为惩罚的公平感具有调节作用，当对富人不道德行为的惩罚更严时，人们感知到的公平感更强，即不道德行为惩罚存在"富人严惩效应"。这些发现对弱化贫富身份、促进和谐群际关系具有一定的启发。

在教育领域，以往多数关于阶级差异的研究都聚焦于学业和成就的客观结果上，主观思维过程是一个尚未被充分探索的黑盒子。本辑作者茅云云、周婵、吴胜涛（2022）从成长思维角度探讨了弥合阶层鸿沟的心理学路径，认为努力奋斗不仅是个体的道德义务，更是低阶层改变命运的道德动力。他们分析了中国大、中学生成长思维——相信人的能力可以后天改变，而非先天固定不变的思维模式——的阶层差异，及其与成就动机的关系，发现低阶层学生的成长思维与高阶层学生相当，且成长思维显著正向预测努力信念、掌握目标等成就动机指标，尤其低阶层学生成长思维对其成就动机的预测效应更大。因此，教育研究者和社会政策制定者要重视提升学生的成长思维和成就动机，并以此来缓解阶层不平等的问题，促进阶层流动和社会良性发展。

（二）道德与个人修养

道德不仅作为一种社会规范对个体构成社会约束，或者个体以此作为评价他人的标准，也是个体提升自身修养的善恶准绳和人生目标。在本辑中，张和云等对"好人"这一善良人格倾向进行了深入分析，并探讨了善良人格影响善行表达的边界条件。该研究基于善行表达的双加工系统模型发现，时间压力显著调节善良人格与善行表达的关系，即在高时间压力下，善良人格显著正向预测善行表达，高善良倾向者善行表达优于低善良倾向者；在低时间压力下，高、低善良倾向者的善行表达无显著差异；同时，自我控制资源耗损在善良人格与善行表达之间起调节作用。在高自我耗损条件下，善良人格可以正向预测善行表达，高善良倾向者的善行表达更高；在低自我耗损条件下，善良人格对善行表达的预测效应不显著。可见，具有善良人格的"好人"是善行表达的重要前提，尤其在高时间压力和高资源损耗的直觉加工条件下更是如此。

那么，一个人的道德是否可以通过教育来培养、提高呢？这是争论已久，且关系到教育意义的重要问题。在本辑中，张静、宋小洪（2022）运用乔治·林德的"康斯坦茨道德困境讨论法"（KMDD）进行了 9 次干预实验，发现 KMDD 能显著提高大学生被试的道德能力，且作为干预工具的道德两难故事的有效选取对于提高被试道德能力具有重要影响。本辑作者张春妹等（2022）对小学生的宽容品质及其相关因素进行了深入分析。他们以宽容事件和行为内容分析为基础，编制了小学生宽容品质量表，揭示了小学生宽容品质，包括体谅他人、敌意预期、冒犯容忍与行为回击四个维度。效标关联效度分析显示，宽容品质与共情有中度相关，与 Hearland 宽恕量表具有较高正相关。

（三）道德与文化建设

同时，我们也注意到，道德不仅仅关系到个人修养，更关系到文化的继承与创新。在本辑中，中国学者从中庸、活力美德、工匠精神等方面探讨了道德在新时代文化建设中的表现和推动作用。张迅等（见本辑）通过对《中庸》的分析，发现以儒家为代表的中国文化强调仁、智、勇三者兼备的中庸境域。他们编制了三达德量表，因子结构良好，且三达德与中庸信念/价值观、中庸意见表达等效标存在强正相关。同时，三达德量表可以显著预测心理健康及道德良善。

本辑作者赵德雷、王乐晶（2022）提出，工匠精神是劳动者在生产过程中秉持的工作理念和价值，以及对所从事行业的敬畏与执着的职业态度。他们根据文献分析、深入访谈及开放式问卷调查，发现工匠精神包含精业、勤业、创业、乐业 4 个维度。工匠精神有利于缓解速度与质量间的矛盾，减小分工与合作间的张力，引导人们重视声誉、追求个人和集体的长远发展。

尽管中国文化以中庸、勤勉著称，但也不乏激情活力。本辑作者闫伟等（2022）通过质性访谈和大样本调查探讨了中国文化背景下活力的理论结构，并编制了中国人活力量表。结果发现，中国人活力包含能量、坚韧、平和、敏锐四个因素，且中国人四因素活力量表具有良好的信度、效度，即活力总分及其各因素与勇气、心理健康相关的变量均呈显著相关。值得注意的是，中国人对活力的认知是"动"的成分（能量、敏锐）和"静"的成分（坚韧、平和）的对立统一，这充分体现了中国文化阴阳结合、动静相宜的辩证思维传统。该研究对于整合不同文化的个性、共性以及促进文明交流互鉴具有重要启发。

（四）道德与共同体建设

尽管道德常常使人盲目甚至带来社会冲突，但更应成为社会团结的力量，后者的实现需要克服内群体的局限性，构建人类共同的身份认同和道德认同。本辑作者高承海、马骁（2022）基于多重群体身份构成的复杂社会，探讨与分析了社会猜疑对多重群体身份融合的影响及其调节作用。他们发现，族群认同和国家认同存在显著的正相关，但只有社会猜疑水平较低时，被试的族群认同对国家认同的预测效应才达到显著水平。可见，较低的社会猜疑有利于族群认同和国家认同的和谐共生，这为解决大型社会的身份复杂性问题、促进多重群体身份融合具有启发意义。

本辑作者王从余、翟崑、彭凯平（2022）注意到，人工智能正成为人类共同的外群体对象，人工智能深度经验有利于人类命运共同体的积极构建。他们发现，人工智能深度经验与人类认同倾向、国际捐赠意愿显著正相关，且发展预期在其中起显著调节作用，即当发展预期较乐观时，深度经验正向预测人类认同倾向、国际捐赠意愿；当发展预期较悲观时，上述预测效应不再显著。此外，亲社会行为是共同体维系和发展的粘合剂。本辑作者郭媛从归属需要角度探讨了大学生亲社会行为的养成机制，发现归属需要对亲社会行为具有正向预测作用，且人际信任 - 公我意识在归属需要和亲社会行为之间起链式中介作用。

三　历史与未来

道德究竟是什么，最终是为了什么？这些元问题是道德心理学的根本性问题，也是社会转型和冲突频发时代的道德规范与社会建设的方向。社会直觉模型认为，人们的道德判断来自快速的、情绪化的直觉反应，而理性思考则更多的是事后的合理化过程（Haidt & Graham，2007）。尽管一些学者对此提出质疑，认为道德判断和决策同时涉及快速的、直觉的、情绪驱动的加工以及缓慢的、受控的、理性驱动的加工（Paxton，Ungar，& Greene，2012），但总体而言情绪在道德判断与决策中起关键作用已经成为学界的共识（Cameron，Lindquist，& Gray，2015）。

由于情绪在道德判断、决策中的关键作用，针对特定道德情绪的训练就成为弥合道德分歧和社会分裂的有效途径之一。例如，基于群体的感恩

（group-based gratitude）就是这样一种关键情绪，它指的是对内外群体间积极的依存关系或对外群体帮助内群体达成目标的感恩。正如感恩在个人层面促进互惠关系的建立（Algoe，Haidt，& Gable，2008；Liu et al.，2018），基于群体的感恩也能在群体间促进互惠关系的建立，研究表明，强调外群体对内群体的贡献能够诱发基于群体的感恩，后者进一步降低被试对外群体的偏见，并增强被试对外群体的热情知觉和互惠意图（Rambaud et al.，2021）。

如果说道德是一种理性能力，那么它就是可以通过思考、推理、训练而加以提升的。已故著名道德心理学家、道德能力发展领域的先驱格奥尔格·林德（Georg Lind，1947～2021），将道德能力定义为：根据内在道德原则，通过思考和讨论而不是暴力与欺骗，来解决问题和冲突的能力（The ability to resolve problems and conflicts on the basis of inner moral principles through deliberation and discussion instead of violence and deceit）。林德教授和他的同事开发了道德能力测验，证明道德能力是广泛多变的，它主要依赖于个体是否接受了良好的教育，等等。与此同时，个体的道德能力会由于教育和环境的变化而发生不同程度的提升或退行，即我们日常所谓的"爬坡"或"滑坡"。在本辑中林德先生的学生康蕾、杨韶刚（2022）对林德的道德心理学思想进行了介绍，详见正文。

总之，在人类百年未有之大变局的时代，道德心理学者应从冲突角度反思新、旧道德规范转型与整合过程中的社会问题，并从个人修养、共同体建设等方面重拾道德在情感凝聚与理性发展上的初心，推动道德心理学从冲突向善治的转向，为社会心理建设贡献应有的学科力量。

参考文献

胡传鹏、邓晓红、周治金、邓小刚，2011，《神经法学：年轻的认知神经科学与古老的法学联姻》，《科学通报》第 36 期。

吴胜涛、王平丽、陈咏媛，2020，《亲社会正义感的阶层差异：个体主义的调节作用》，《中国社会心理学评论（第 17 辑）》，社会科学文献出版社。

杨金花、金盛华、曾美英、吴南、徐华，2017，《贫富群体心理融合中的"富人道德极化"现象》，《心理学进展》第 11 期。

杨沈龙、郭永玉、胡小勇、舒首立、李静，2016，《低阶层者的系统合理化水平更高吗？——基于社会认知视角的考察》，《心理学报》第 11 期。

张语嫣、许丽颖、喻丰、丁晓军、邬家骅、赵靓，2022，《算法拒绝的三维动机理论》，《心理科学进展》第 5 期。

Algoe，S. B.，Haidt，J. & Gable，S. L.（2008）. Beyond Reciprocity：Gratitude and Relationships in Everyday Life. *Emotion*, 8 (3), 425.

Awad, E. , Dsouza, S. , Kim, R. , Schulz, J. , Henrich, J. , Shariff, A. , Bonnefon, J. & Rahwan, I. (2018) . The Moral Machine Experiment. *Nature*, 563 (7729), 59 – 64.

Barrett, H. C. , Bolyanatz, A. , Crittenden, A. N. , Fessler, D. M. , Fitzpatrick, S. , Gurven, M. , …& Laurence, S. (2016) . Small-scale Societies Exhibit Fundamental Variation in the Role of Intentions in Moral Judgment. *Proceedings of the National Academy of Sciences*, 113 (17), 4688 – 4693.

Bernhard, H. , Fischbacher, U. , & Fehr, E. (2006) . Parochial altruism in humans. *Nature*, 442, 912 – 915.

Bianchi, E. C. (2016) . American Individualism Rises and Falls with the Economy: Cross-temporal Evidence that Individualism Declines When the Economy Falters. *Journal of Personality and Social Psychology*, 111 (4), 567.

Boaz, D. (2016) . Gallup Finds more Libertarians in the Electorate, Cato Institute. Retrieved from https://policycommons. net/artifacts/1308535/gallup-finds-more-libertarians-in-the-electorate/1911826/on 01 May 2022. CID: 20. 500. 12592/vmtn3q.

Boaz, D. & Kirby, D. (2006) . The Libertarian Vote. *Cato Institute Policy Analysis Series*, (580), 1 – 26.

Boaz, D. (2015) . Libertarianism is on the Vergeof a Political Breakout, Cato Institute. Retrieved from https://time. com/3695448/rand-paul-libertarianism-political-breakout/.

Brandt, M. J. (2013) . Do the Disadvantaged Legitimize the Social System? A Large-scale Test of the Status-legitimacy Hypothesis. *Journal of Personality and Social Psychology*, 104 (5), 765.

Cai, H. , Kwan, V. S. & Sedikides, C. (2012) . A Sociocultural Approach to Narcissism: The Case of Modern China. *European Journal of Personality*, 26 (5), 529 – 535.

Cameron, C. D. , Lindquist, K. A. & Gray, K. (2015) . A Constructionist Review of Morality and Emotions: No Evidence for Specific Links between Moral Content and Discrete Emotions. *Personality and Social Psychology Review*, 19, 371 – 394.

Doris, J. M. & Stich, S. (2014) . Moral Psychology: Empirical Approaches. The Stanford Encyclopedia of Philosophy (Fall 2014 Edition), Edward NZ (ed.), URL: https://plato. stanford. edu/archives/fall2014/entries/moral-psych-emp/.

Fehr, E. , Glätzle-Rützler, D. & Sutter, M. (2013) . The Development of Egalitarianism, Altruism, Spite and Parochialism in Childhood and Adolescence. *European Economic Review*, 64, 369 – 383.

Fessler, D. M. , Barrett, H. C. , Kanovsky, M. , Stich, S. , Holbrook, C. , Henrich, J. , …& Laurence, S. (2015) . Moral Parochialism and Contextual Contingency across Seven Societies. *Proceedings of the Royal Society B: Biological Sciences*, 282 (1813), 20150907.

Fukuyama, F. (1999) . *The great disruption: Human Nature and the Reconstruction of Social Order*. New York: The Free Press.

Garrett, K. N. & Bankert, A. (2020) . The Moral Roots of Partisan Division: How Moral

Conviction Heightens Affective Polarization. *British Journal of Political Science*, 50 (2), 621 – 640.

Graham, J., Haidt, J. & Nosek, B. A. (2009). Liberals and Conservatives Rely on Different Sets of Moral Foundations. *Journal of Personality and Social Psychology*, 96 (5), 1029.

Graham, J., Nosek, B. A. & Haidt, J. (2012). The Moral Stereotypes of Liberals and Conservatives: Exaggeration of Differences across the Political Spectrum. *PloS one*, 7 (12), 5682 – 5700.

Greene, J. D., Cushman, F. A., Stewart, L. E., Lowenberg, K., Nystrom, L. E. & Cohen, J. D. (2009). Pushing Moral Buttons: The Interaction between Personal Force and Intention in Moral Judgment. *Cognition*, 111 (3), 364 – 371.

Greenfield, P. M. (2009). Linking Social Change and Developmental Change: Shifting-Pathways of Human Development. *Developmental Psychology*, 45 (2), 401.

Greenfield, P. M. (2013). The changing psychology of from 1800 through 2000. *Psychological Science*, 24 (9), 1722 – 1731.

Haidt, J. & Graham, J. (2007). When Morality OpposesJustice: Conservatives have Moral Intuitions that Liberals May not Recognize. *Social Justice Research*, 20 (1), 98 – 116.

Haidt, J. (2012). *The Righteous Mind Why Good People Are Divided by Politics and Religion.* New York: Vintage Books.

Halevy, N., Kreps, T. A., Weisel, O. & Goldenberg, A. (2015). Morality in Intergroup Conflict. *Current Opinion in Psychology*, 6, 10 – 14.

Halevy, N., Weisel, O. & Bornstein, G. (2012). "In-group love" and "out-group hate" in Repeated Interaction between Groups. *Journal of Behavioral Decision Making*, 25 (2), 188 – 195.

Huang, L., Sun. Y. & Luo, S. (2022). The Impact of Culture on the Speed of Pandemic Control: Based on the Background of COVID – 19). *Acta Psychologica Sinica*, 54 (5), 497 – 515.

Hussak, L. J. & Cimpian, A. (2015). An Early-emerging Explanatory Heuristic Promotes Support for the Status Quo. *Journal of Personality and Social Psychology*, 109 (5), 739.

Iyer, R., Koleva, S., Graham, J., Ditto, P. & Haidt, J. (2012). Understanding Libertarian Morality: The Psychological Dispositions of Self-identified Libertarians. *PLOS One*, 7 (8), e42366.

Jost, J. T., Pelham, B. W., Sheldon, O. & Ni Sullivan, B. (2003). Social Inequality and the Reduction of Ideological Dissonance on Behalf of the System: Evidence of Enhanced System Justification among the Disadvantaged. *European Journal of Social Psychology*, 33 (1), 13 – 36.

Kraus, M. W., Piff, P. K. & Keltner, D. (2009). Social Class, Sense of Control, and Social Explanation. *Journal of Personality and Social Psychology*, 97 (6), 992.

Lincicome, S. (2022) This "Libertarian Moment" Could be more Lasting, Cato Institute. Retrieved from https://policycommons. ne/artifacts/2265863/this-libertarian-momentcould-be-more-lasting/3025527/on 03 May 2022. CID: 20. 500. 12592/tng2mz.

Liu, G. , Zeng, G. , Wang, F. , Rotshtein, P. , Peng, K. & Sui, J. (2018). Praising Others Differently: Neuroanatomical Correlates to Individual Differences in Trait Gratitude and Elevation. *Social Cognitive and Affective Neuroscience*, 13 (12), 1225–1234.

Lu, J. G. , Jin, P. & English, A. S. (2021). Collectivism predicts mask use during covid-19. *Proceedings of the National Academy of Sciences*, 118 (23), e2021793118.

Mullen, E. & Skitka, L. J. (2006). Exploring the Psychological Underpinnings of the Moral Mandate Effect: Motivated Reasoning, Group Differentiation, or Anger? *Journal of Personality and Social Psychology*, 90 (4), 629.

Paxton, J. M, Ungar, L. & Greene, J. D. (2012). Reflection and Reasoning in Moral Judgment. *Cognitive Science*, 36, 163–177.

Piff, P. K. , Stancato, D. M. , Côté, S. , Mendoza-Denton, R. & Keltner, D. (2012). Higher Social Class Predicts Increased Unethical Behavior. *Proceedings of the National Academy of Sciences*, 109 (11), 4086–4091.

Piff, P. K. (2014). Wealth and the Inflated Self: Class, Entitlement, and Narcissism. *Personality and Social Psychology Bulletin*, 40 (1), 34–43.

Putnam, R. D. (2015). *Our Kids the American Dream in Crisis*. Simon & Schuster.

Rambaud, S. , Collange, J. , Tavani, J. L. & Zenasni, F. (2021). Positive Intergroup Interdependence, Prejudice, Outgroup Stereotype and Helping Behaviors: The Role of Group-based Gratitude. *International Review of Social Psychology*, 34 (1).

Skitka, L. J. , Bauman, C. W. & Sargis, E. G. (2005). Moral Conviction: Another Contributor to Attitude Strength or Something More? *Journal of Personality and Social Psychology*, 88 (6), 895.

Skitka, L. J. , Morgan, G. S. & Wisneski, D. C. (2015). Political Orientation and Moral Conviction: A Conservative Advantage or an Equal Opportunity Motivator of Political Engagement. *Social Psychology and Politics*, 57–74.

Van Bavel, J. J. , Rathje, S. , Harris, E. , Robertson, C. & Sternisko, A. (2021). How Social Media Shapes Polarization. *Trends in Cognitive Sciences*, 25 (11), 913–916.

Varnum, M. E. , Blais, C. , Hampton, R. S. & Brewer, G. A. (2015). Social Class Affects Neural Empathic Responses. *Culture and Brain*, 3 (2), 122–130.

Xu, Y. & Hamamura, T. (2014). Folk Beliefs of Cultural Changes in China. *Frontiers in Psychology*, 5, e1066.

Zeng, R. & Greenfield, P. M. (2015). Cultural Evolution Over the Last 40 Years in China: Using the Google Ngram Viewer to Study Implications of Social and Political Change for Cultural Values. *International Journal of Psychology*, 50 (1), 47–55.

《中国社会心理学评论》 第 23 辑
第 15 ~ 38 页
© SSAP，2022

道德滑坡了吗？美式英语语言中的 社会道德时间变化[*]

喻 丰 许丽颖 丁晓军 钱小军[**]

摘 要：虽然道德滑坡的朴素观点十分普遍，但研究表明，道德滑坡可能仅仅是一种有偏知觉。我们认为，其产生的原因是时代发展（如个人主义的快速升高）与个人认知间的不平衡。通过分析谷歌图书 Ngram 数据库中的美式英语相关数据，我们发现道德语词的词频自 1960 年至 2000 年间并未出现显著的减少，并且对于个体化道德的关注还呈现显著的增加趋势。通过五个研究，我们发现与集体化道德相比，人们对个体化道德的关注逐渐增加（研究 1），这种情况尤其表现在正面积极道德语词中（研究 2）。当只考虑美德时，也会出现类似的情况：个体化道德词频增加而集体化道德词频减少（研究 3），但美德语词的总体词频并未显著减少（研究 3 和研究 4）。此外，道德动机作为道德的关键要素，其词频并未出现显著的变化（研究 5）。研究结果验证道德滑坡可能是一种错觉判断。

关键词：道德滑坡 大数据 道德基础 道德动机

一 引言

道德是人类经验和意义形成的核心（Janoff-Bulman，2013），这不仅由

* 本文受到国家社科基金青年项目"拟人化人工智能的道德责任归因研究"（项目编号：20CZX059）资助。
** 喻丰，武汉大学哲学学院心理学系教授、博士生导师，通信作者，Email：psychpedia@whu.edu.cn；许丽颖，清华大学心理学系博士后、助理研究员；丁晓军，西安交通大学人文社会科学学院哲学系副教授；钱小军，清华大学经管学院教授、博士生导师。

于道德是人类群体生活和社会适应的基础，也因为其对于个体幸福具有关键作用（Aristotle, 350 B. C. E. /2009；Peterson & Seligman, 2004）。当面对单一个体或群体时，人们会根据所感知到的道德品质迅速对其形成第一印象（Todorov, Pakrashi, & Oosterhof, 2009）。作为社会及群体知觉的基础，道德考量对于其他人类知觉而言也十分重要（Knobe, 2010），例如对他心的知觉及意图判断等（Knobe, 2003、2004；Gray, Gray, & Wegner, 2007；Gray & Wegner, 2009）。即使是在判断他人的心理状态（如意向性）时，大众也倾向于加入道德考量（Knobe, 2003）。

人们在感知外部世界时会考虑道德，并且也会试图将自身的道德表现地适应社会。这是由于合作和亲社会行为能够增加生存的概率（Rand & Nowak, 2013）。在许多情况下，人们表现的道德是为了提升自己的声誉和社会赞许度，哪怕这些行为虚伪无比（Batson, Kobrynowicz, Dinnerstein, Kampf, & Wilson, 1997；Batson, Thompson, Seuferling, Whitney, & Strongman, 1999；Monin & Merritt, 2011）。无论利他主义是否存在，大众和社会科学家都十分关注个体和社会行为的道德效价（Batson, 1991、2011；Stich, Doris, & Roedder, 2010）。

社会道德滑坡与否常常成为社会探讨的焦点（如《人民日报》2012年 3 月 11 日社论《社会道德，滑坡还是爬坡?》），无论中外，概莫能外（如李艳艳、朱继东，2013）。道德滑坡并非一个学术用语，民众在使用此词时通常秉承一种基本预设，即当今之道德不如往日之道德。是否道德滑坡很容易唤起民众情绪，并引发群体态度？图 1 展示了谷歌图书 Ngram Viewer 数据库的数百万美国图书中从 1960 年至 2000 年"道德滑坡（moral decline）"词频的 Z 分数。以美国出版物为例，总体而言"道德滑坡"的词频在增加，尤其是在 18 世纪 80 年代初到 90 年代末、90 年代末以及 19 世纪初这几个时期表现得尤为明显。并且"道德滑坡/滑坡"（"滑坡"一词出现时"道德滑坡"出现的条件概率）的词频和"道德滑坡/道德"的词频呈现相似的形态（以"道德"和"滑坡"作为基准是为了平衡词频带来的影响）。这表明在这一时期，至少美国社会对于道德滑坡的抱怨和对道德状况的批评都在增加。

当然，最直觉的可能性就是道德滑坡现象确实存在。Kesebir 和 Kesebir（2012）在谷歌图书数据库中统计了 10 个与一般道德相关名词的词频（品质、良心、正派、尊严、伦理、道德、公正、正义、正直和美德）。他们发现，除了道德和伦理以外，其他 8 个名词的词频在 1900 年至 2000 年呈下降态势。此外，他们还发现 50 个美德词语（如诚实、耐心、同情心）

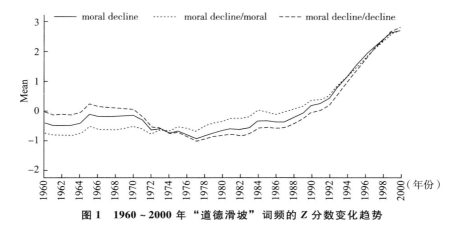

图1　1960～2000年"道德滑坡"词频的Z分数变化趋势

中有74%的词频在1900年至2000年期间也有所下降。Kesebir和Kesebir（2012）的研究结果为美国基于个人主义上升的道德滑坡提供了证据。

但是我们发现，这一研究有其局限。第一，该研究历时较长，而从该研究具体统计来看，这两百年历经了两三代人，而不同代际对道德的理解可能随着时代而发生变化，因此具体考察一个较短时间之内或曰一代人间的社会道德的详尽变化可能更有价值。第二，长时程变化容易在统计上因为两端的极端值变化而忽略中间精细的时间变化，造成结论的普适，这一点在Kesebir和Kesebir（2012）研究中较为突出，其多数词语均在1900年初始时处于极高值。第三，长时程也会造成语言使用的变化，并对结果造成影响。第四，也是最重要的，他们的研究未能将道德或美德的词汇划分为不同类型（如个体化 VS. 集体化、理性 VS. 感性，等等）（Park & Peterson，2010；Shryack，Steger，Krueger，& Kallie，2010），这造成所谓的社会道德难以被区分，并对其进行细致分析。第五，因为他们未对道德词汇进行分类，因此其研究所用词汇有限，仅为20个作者识别的和道德相关的词汇。

因此，我们的研究意在解决上述问题。

首先，我们选取1960～2000年的一代人的时间来进行研究。从1920年代开始，美国的城市人口数量逐渐超过农村人口（Greenfield，2013），这必然使得人们更加趋于个人主义（Greenfield，2013；Twenge，Campbell，& Gentile，2012a）。许多研究都认为在20世纪60年代至70年代个人主义加速发展（Twenge，Campbell，& Gentile，2012a；Twenge，Campbell，& Gentile，2012b）。例如，从19世纪60年代起，个人主义词汇和短语的使用量增加（Twenge，Campbell，& Gentile，2012a），单数代词的使用量也有所增加（Twenge，Campbell，& Gentile，2012b），并且在 50 年代到 60 年代之间父母会给自己的孩子取更独特、更少见的名字（Twenge，Abebe，& Campbell，2010）。多种 Ngram 心理学研究在采集时间区间时均考虑 1960 ~ 2000 年这一时间段（如 Twenge，Campbell，& Gentile，2012a；2012b），因为这是美国婴儿潮后的一代人。

　　其次，我们将社会道德分类化，分为个体化方式和集体化方式。如 Haidt（2007）就认为，有两种抑制自私的方式：或曰个体化（individualizing）与绑系（binding）。前一种聚焦于个体，通过直接保护个体的权利来抑制自私，而后一种则聚焦于群体，通过将人们凝聚成更大的群体以约束其不完美本性，进而抑制自私。采用这种个体化 - 集体化区分的研究发现，自由主义者更加关注个体化道德，而保守主义者对两种不同的道德方式给予同等关注（Graham，Haidt，& Nosek，2009；Iyer，Koleva，Graham，Ditto，& Haidt，2012）。在我们的研究中，我们将社会道德也分为朝向个人和朝向集体的两类以区别关注。需要说明的是，个体化 - 集体化的维度区别不同于个体化 - 绑系，我们更想探讨的是偏向文化区分的前者，而非偏向意识形态区分的后者。因此，对于个体化 - 集体化的维度，我们并非采用简单的 20 个与道德相关的词汇，而是采用多套不同词库（道德基础词库、提名美德、道德动机等）来交叉验证结论的鲁棒性。

　　简言之，本研究通过分析谷歌图书 Ngram 数据库，描述了 1960 年至 2000 年人们所感知的道德状况，并展示了个体化道德增加及集体化道德减少的过程。所有数据都来源于谷歌图书 Ngram 数据库中的美式英语语料库（2012 年 7 月第 2 版）。这一新版本的数据库包含 800 万本书籍（占所有出版书籍的 6%）（Lin，Michel，Aiden，Orwant，Brockman，& Petrov，2012），是研究历史文化变迁的良好工具（Acerbi，Lampos，Garnett，& Bentley，2013；Greenfield，2013；Kesebir & Kesebir，2012；Micheal，et al.，2011；Twenge，Campbell，& Gentile，2012a；Twenge，Campbell，& Gentile，2012b）。语言是人类思维最重要的工具之一，而书籍则是积累人类智慧的重要途径之一。词语的使用通常能够揭示出个体的心理和社会活动（Tausczik & Pennebaker，2010），如注意焦点（Rude，Gortner，& Pennebaker，2004）、情绪（Kahn，Tobin，Massey，& Anderson，2007）、思维方式（Pennebaker，Slatcher，& Chung，2005）、人格（Mehl，Gosling，& Pennebaker，2006）、社会关系（Slatcher，Vazire，& Pennebaker，2008）、社会等级（Sexton & Helmreich，2000）和道德（Newman，Pennebaker，Berry，

& Richards，2003）等。在本研究中，我们将词语使用作为文化变迁的指标、用词汇群来指示不同的道德维度。有别于之前使用谷歌图书 Ngram 数据库的研究（如 Greenfield，2013；Kesebir & Kesebir，2012），我们用词汇群而非单个词语来揭示道德的维度。例如，单词"moral"本身的频率只能揭示人们使用这一词语的频率，而这代表的是语言特点的一种变化。带有心理学意味的词汇群（如"help""steal""care"）则能够更好地揭示一个人或整个社会的心理状态。

我们通过五个研究展示了从 1960 年至 2000 年期间道德语词的变化。在前两个研究中，我们试图发现人们对不同道德领域的关注焦点是随时间变化的。我们的假设是，人们更少地关注集体化道德领域而更多地关注个体化道德领域，但整体的道德关注度并未下降。在接下来的两个研究中，我们试图发现虽然人们对个体化美德词汇的使用有所增加、对集体化美德词汇的使用有所减少，但是人们对整体美德词汇的使用并未下降。在最后一个研究中，我们试图发现虽然个体动机有所增加、他人动机有所减少，但道德动机的整体并未呈现显著变化。

二　实证研究

（一）研究 1：道德领域的焦点

在研究 1 中，基于 Haidt 的道德基础理论（Moral Foundation Theory，MFT；Haidt & Joseph，2004；Graham et al. ，2013），我们试图确定人们对不同道德领域的关注焦点随时间变化的趋势。道德基础理论来源于 Shweder 等（2003）的"大三"道德分类，其区分了三种不同的人类道德领域（自主、团体和神性）。自主与道德的个体化层面相关；团体与道德的集体化层面相关；而神性则与精神层面相关（Shweder et al. ，2003）。在五种道德基础中，伤害/关怀（harm/care）和公平/欺骗（fairness/cheating）与来源于自主的个体化道德有关；而忠诚/背叛（loyalty/betrayal）和权威/颠覆（authority/subversion）与来源于团体的集体化道德相关（Haidt & Joseph，2004；Graham，Nosek，& Haidt，2012；Graham et al. ，2013）。我们的假设为，人们对个体化道德领域的关注有所增加，而对集体化道德领域的关注有所减少。

1. 方法

用于 LIWC（Tauszik & Pennebaker，2010）的道德基础词典由 Gra-

ham、Haidt 和 Nosek（2009）编制而成，包括 1437 个单词。词典中的有些
单词标注有通配符（"∗"符号），意为带"∗"单词可以被所有可能字
母中的任一有效组合所替代。在我们的搜索过程中，我们选择了所有带
"∗"的单词，并且在之后谷歌图书 Ngram 数据的计算中加入了其所有可
能的变体（如单词"abandon"，我们在谷歌图书 Ngram 数据中计算了"a-
bandon + abandoning + abandoned + abandons + abandoner + abandoners + aban-
donment + abandonments"）。这个词典包括六种道德：伤害/关怀、公平/欺
骗、忠诚/背叛、权威/颠覆、圣洁/堕落和自由/压迫（liberty/oppression）
（Frimer，2013）。自由/压迫（liberty/oppression）这一道德基础的稳健性
需要进一步得到验证（见 Graham et al.，2013），因此在本研究中，我们采
用前五种较成熟的道德基础作为社会道德状况的指标。

2. 结果

表 1 为道德基础的描述性统计及其与年代的相关性。我们将伤害/关怀
和公平/欺骗相关词汇的词频相加得到个体化道德的词频，将忠诚/背叛和权
威/颠覆相关词汇的词频相加得到集体化道德的词频。此外，我们将所有五
个道德领域词汇的词频相加，试图探究人们对道德整体的关注度。图 2 展
示了 1960 年至 2000 年之间个体化道德和集体化道德词汇词频的标准化分
数。如图 2 所示，个体化道德随时间显著增加（$B = .949$，$t = 18.783$，$p <$
$.001$，$R^2 = .900$），而集体化道德随时间显著减少（$B = -.765$，$t =$
-7.417，$p < .001$，$R^2 = .585$），且人们对道德整体的关注并未发生显著变
化（$B = -.036$，$t = -.227$，$p = .822$，$R^2 = .001$）。结果表明，似乎美国
人更多地考虑个体化道德领域和更少地关注集体化道德领域，而对道德的
整体关注并无显著变化。

表 1　道德基础的描述性统计及其与年代的相关性

道德基础	M（SD）	r with years	顶峰年份	谷底年份	形态
伤害/关怀	0.0109（6.183E - 4）	.985 ***	2000	1964	
公平/欺骗	0.0060（1.217E - 4）	- .709 ***	1970	1987	
忠诚/背叛	0.0092（2.544E - 4）	- .563 ***	1970	1984	

续表

道德基础	M （SD）	r with years	顶峰年份	谷底年份	形态
权威/颠覆	0.0112 （4.699E − 4）	− .854***	1968	1984	
圣洁/堕落	0.0060 （1.153E − 4）	− .076	1960	1981	

注：* $p < .05$，** $p < .01$，*** $p < .001$。

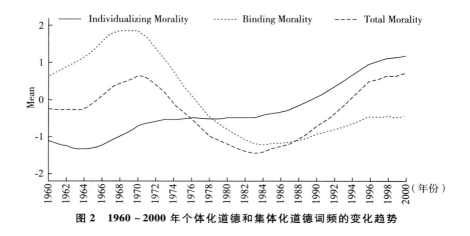

图 2　1960 ~ 2000 年个体化道德和集体化道德词频的变化趋势

（二）研究 2：道德领域的效价

在研究 1 中，我们用道德基础来考察美国人对不同道德领域的关注情况。道德基础是内在的、普遍的心理系统，能够代表不同的道德领域（Graham et al.，2013）。然而，道德基础理论的一个潜在问题在于道德基础只是道德领域或维度，这意味着它并不涉及道德的任何具体含义或效价。例如，伤害/关怀相关词汇的高频可能意味着负面词汇（如攻击、暴力、伤害等）出现的频率很高，也可能意味着正面词汇（如保护、关怀、安全等）的词频很高。因此，研究 1 的结果只能够用来解释美国的作家在不同时期对每种道德领域的关注情况。如果道德滑坡是真实存在的，那么可能表现为负面道德词汇的词频增加而正面道德词汇的词频减少。否则，道德滑坡现象的真实性就有可能遭到质疑。基于上述原因，我们在研究 2 中区分了每个道德领域的不同效价，以此来分别考察道德基础的正面词频和负面词汇的趋势。

1. 方法

我们使用 Graham 和 Haidt（2013）所编撰的用于 LIWC（Tausczik & Pennebaker，2010）词典，其中包含 324 个单词。和研究 1 中所用词典类似，这一词典中的有些单词也标注有通配符（"＊"符号），意为此带"＊"单词可以被所有可能字母中的任一有效组合所替代。在研究 2 的数据收集过程中，我们同样选择了所有带"＊"的单词，并且在之后谷歌图书 Ngram 数据的计算中加入了其所有可能的变体。词频数据均来源于谷歌图书 Ngram 数据库中的美式英语语料库（2012 年 7 月第 2 版）。

2. 结果

与研究 1 相同，我们将伤害/关怀和公平/欺骗相关词汇的词频相加得到集体化道德的词频，将忠诚/背叛和权威/颠覆相关词汇的词频相加得到个体化道德的词频。图 3 显示了 1960 年至 2000 年期间个体化道德和集体化道德的正面和负面词汇的词频变化趋势。如图 3 所示，个体化道德正面词汇的词频随时间显著增加（$B = .880$，$t = 11.60$，$p < .001$，$R^2 = .769$），而个体化道德负面词汇的词频则无显著变化（$B = -.256$，$t = -1.66$，$p = .016$，$R^2 = .066$）。此外，集体化道德正面词汇的词频随时间显著减少（$B = -.586$，$t = -.451$，$p < .001$，$R^2 = .343$），集体化道德负面词汇的词频也随时间显著减少（$B = -.876$，$t = -11.33$，$p < .001$，$R^2 = .767$）。根据我们之前的分析，即道德滑坡可能表现为道德正面词汇的减少和道德负面词汇的增加。但结果显示，集体化道德正面和负面词汇的词频都显著减少，而个体化道德正面词汇的词频在整个时期显著增加，且集体化道德的正面词汇的词频在 1980 年代早期显著增加。

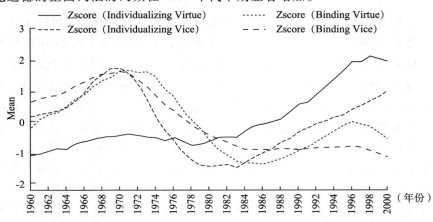

图 3　1960～2000 年个体化和集体化道德正面和负面词频的变化趋势

（三）研究 3：道德重要性

正如在前两个研究中我们所发现的，从 1980 年至 2000 年期间，人们对集体化道德的关注似乎有所上升。然而，这一事实并未减少人们对于道德滑坡的抱怨，这表明关于社会道德滑坡的大众观念与真实的社会道德状况并不同步。为什么在道德状况实际上有所提升的情况下人们仍然抱有道德滑坡的观念呢？我们认为，这可能是由于社会文化变化过于迅猛，以至于人们无法跟上节奏，在判断社会道德状况时仍然使用了过时的道德观念。因此，研究 3 试图探究大众观念和真实社会道德之间的不一致。具体而言，我们假设个体化美德随着时间变得越来越重要，而这可能与大众观念相左。

1. 方法

我们使用 Meindl 和 Graham（2014）研究中的 45 个道德品质或道德行为，在他们的研究中，905 个被试被要求回答此问题："你认为下列每种品质或行为对于做一个道德的人有多重要？"我们在表 2 中列出了 45 个道德品质或行为的排名。为求简洁，我们在本研究中用相关品质替代了一些行为。例如，"对动物人道的"被"人道的"所替代。词频数据均来源于谷歌图书 Ngram 数据库中的美式英语语料库（2012 年 7 月第 2 版）。

2. 结果

如表 2 所示，45 个道德品质和行为可以分为两个类型：个体化和集体化。由于某些单词比另外一些单词更为常见，因此词频都经过了标准化处理。根据 Meindl 和 Graham（2014）的研究结果（Likert 5 点量表），请 3 名心理学教授（其中 1 位为美籍）进行讨论与划分（因分类任务简单清晰，我们没有采取打分和计算一致性的方式进行，而是直接现场讨论确定）。需要说明的是，我们这里的分类与 Jonathan Haidt 的道德基础理论体现出的分类可能有别（比如涉及关怀的词在道德基础理论中应属于个体化，而我们认为其在个体化－集体化维度上属于集体化），因为我们实质上想要探讨的是个体主义与集体主义的区别，而我们采用道德基础理论也是为了某种程度说明集体主义与个体主义，而非直接考察个体化与绑系。在这个意义上，前两个研究用个体化与绑系作为集体主义与个体主义可能存在某些问题，在此挑选词语时我们直接采用其个体化与集体化的区别，而非个体化与绑系的区别。

结果可见在 25 个最重要品质中有 15 个集体化道德品质，而在 20 个次重要的品质中有 15 个个体化道德品质。换句话说，集体化道德品质被认为比个体化道德品质更为重要。然而，52.38% 的集体化美德词频随时间减少，而 47.62% 的个体化美德词频随时间减少（见表 2）。如图 4 所示，个体化道德品质词频随时间显著增加（$B = .868$，$t = 25.20$，$p < .001$，$R^2 = .515$），而集体化道德品质词频随时间显著减少（$B = .373$，$t = 2.509$，$p < .05$，$R^2 = .139$）。此外，整体道德品质词频也呈现上升趋势（$B = .603$，$t = 4.720$，$p < .001$，$R^2 = .364$）。三条曲线都呈 U 型，并且都在 1980 年左右到达谷底。

表 2　美德的描述性统计及其与年代的相关性

顺序	美德	M (SD)	rwith years	个体化/集体化
1	诚实的（honest）	4.39 (.90)	− .824 ***	集体化
2	公正的（just）	4.20 (.96)	.961 ***	集体化
3	有同情心的（compassionate）	4.04 (1.10)	− .994 ***	集体化
4	待人平等的（treats people equally）	3.91 (1.20)	− .992 ***	集体化
5	真诚的（genuine）	3.86 (1.07)	− .937 ***	个体化
6	友善的（kind）	3.83 (1.08)	− .929 ***	集体化
7	可敬的（honorable）	3.81 (1.18)	− .859 ***	个体化
8	容忍的（tolerant）	3.80 (1.12)	.951 ***	集体化
9	负责的（responsible）	3.74 (1.07)	− .716 ***	个体化
10	仁慈的（merciful）	3.68 (1.16)	− .795 ***	集体化
11	对动物人道的（humane towards animals）	3.61 (1.19)	− 803 ***	集体化
12	宽恕的（forgiving）	3.59 (1.19)	.963 ***	集体化
13	有礼貌的（respectful）	3.56 (1.19)	.458 ***	集体化
14	尽责的（conscientious）	3.51 (1.09)	− .923 ***	个体化
15	乐于助人的（helpful）	3.44 (1.00)	.944 ***	集体化
16	无偏见的（nonjudgmental）	3.34 (1.32)	.988 ***	个体化
17	忠诚的（loyal）	3.34 (1.19)	− .828 ***	个体化
18	慷慨的（giving）	3.31 (1.08)	− .825 ***	集体化
19	理性的（rational）	3.29 (1.28)	− .816 ***	个体化
20	有自制力的（self-controlled）	3.28 (1.18)	.470 ***	个体化
21	大方的（generous）	3.24 (1.14)	− .806 ***	集体化
22	给予支持的（supportive）	3.22 (1.08)	.963 ***	集体化
23	无私的（selfless）	3.19 (1.26)	.956 ***	集体化
24	耐心的（patient）	3.10 (1.15)	.857 ***	个体化
25	合作的（cooperative）	3.01 (1.15)	− .263	集体化

续表

顺序	美德	M（SD）	rwith years	个体化/集体化
26	明智的（wise）	3.00（1.34）	−.922 ***	个体化
27	能控制思想的（controls thoughts）	2.98（1.34）	.913 ***	个体化
28	坦率的（straightforward）	2.95（1.22）	.979 ***	个体化
29	有胆量的（courageous）	2.87（1.28）	−.811 ***	个体化
30	努力的（hardworking）	2.83（1.24）	.988 ***	个体化
31	环保的（environmentally friendly）	2.76（1.19）	.762 ***	集体化
32	有决心的（purposeful）	2.73（1.19）	−.656 ***	个体化
33	坚持不懈的（perseverant）	2.71（1.18）	−.657 ***	个体化
34	能控制情绪的（controls emotions）	2.68（1.16）	.891 ***	个体化
35	谦虚的（modest）	2.65（1.17）	.630 ***	个体化
36	友好的（friendly）	2.61（1.17）	−.682 ***	集体化
37	勇敢的（brave）	2.61（1.24）	−.802 ***	个体化
38	坚定的（determined）	2.56（1.22）	−.985 ***	个体化
39	非物质主义的（non-materialistic）	2.48（1.23）	.230	个体化
40	机智的（resourceful）	2.22（1.20）	−.654 ***	集体化
41	乐观的（optimistic）	2.18（1.22）	.277	个体化
42	理财的（spends money wisely）	2.12（1.22）	.682 ***	个体化
43	高尚的（spiritual）	1.88（1.20）	.365 *	个体化
44	恭顺的（obedient）	1.80（1.02）	−.883 ***	集体化
45	爱国的（patriotic）	1.59（.97）	−.896 ***	集体化

注：* $p < .05$，** $p < .01$，*** $p < .001$。

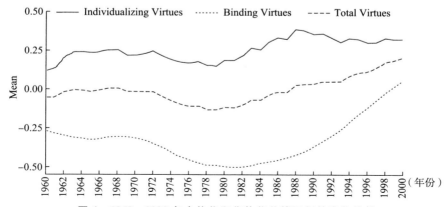

图 4　1960～2000 年个体化和集体化美德词频的变化趋势

(四）研究 4：美德提名

在研究 3 中，我们使用了 Meindl 和 Graham（2014）研究中的道德品质和行为，这些道德品质和行为是由研究者提供给被试进行评分的。然而，他们的研究中有一个潜在的问题，即有些重要的道德品质可能会被研究者忽略。因此，研究 4 试图通过让被试自己提名最重要的美德来解决这一问题。同样，我们会继续探究这些不同美德词频随时间的变化。

1. 方法

104 个美国被试（年龄为 32.13 岁，标准差为 10.83 岁；56 名男性、48 名女性）在 Amazon Mechanical Turk 上完成了问卷。我们让这些被试按照重要程度写下 10 个最重要的美德。词频数据均来源于谷歌图书 Ngram 数据库中的美式英语语料库（2012 年 7 月第 2 版）。

2. 结果

表 3 列出了被试所提到的各种美德被提名的次数，以及每种美德的加权频次（每种美德都被赋予 1 到 10 的加权，从最不重要到最重要）。与研究 3 中大部分为形容词不同，我们在研究 4 中使用的所有美德单词均为名词。我们保留了被提到 10 次以上或者加权频次大于 50 的 27 种美德，然后又请 3 名心理学教授（其中 1 位为美籍）进行讨论与划分（因分类任务简单清晰，我们没有采取打分和计算一致性的方式进行，直接现场讨论确定），将其分为两组（个体化美德和集体化美德）。具体而言，在前 14 个最重要美德中有 5 个个体化美德和 9 个集体化美德，而在后 13 个美德中则有 7 个个体化美德和 6 个集体化美德。集体化美德的提名频次（$M = 23.60$，$SD = 17.77$）高于个体化美德（$M = 18.25$，$SD = 7.50$，Cohen'$d = 0.392$）。集体化美德的加权频次（$M = 156.20$，$SD = 40.33$）也高于个体化美德（$M = 105.17$，$SD = 15.05$，Cohen'$d = 0.438$）。同时，53.33% 的集体化美德减少，而 42.86% 的个体化美德减少。

研究 4 中从谷歌图书 Ngram 数据库中获取的词频数据也都经过了标准化处理。图 5 描绘了个体化和集体化美德随时间的变化趋势。具言之，个体化道德品质的词频随时间逐渐减少（$B = -.401$，$t = -2.731$，$p < .01$，$R^2 = .161$），而集体化道德品质的词频无显著变化（$B = -.111$，$t = -.697$，$p = .490$，$R^2 = .012$），总体道德品质的词频也同样无显著变化（$B = -.260$，$t = -1.685$，$p = .100$，$R^2 = .068$）。与研究 3 结果类似，三条曲线也都呈 U 型，并且在 1980 年左右到达低谷。

表 3　美德（提名）的描述性统计及其与年代的相关性

顺序	美德	频次	加权频次	r with years	个体化/集体化
1	诚实（honesty）	77	656	−.809 ***	集体化
2	友善（kindness）	46	314	−.819 ***	集体化
3	同情心（compassion）	34	213	.964 ***	集体化
4	耐心（patience）	34	178	−.622 ***	个体化
5	忠诚（loyalty）	30	223	−.845 ***	个体化
6	可信（trustworthy）	25	187	−.119 ***	集体化
7	关怀（caring）	22	119	.985 ***	集体化
8	爱（love）	22	157	.760 ***	集体化
9	幽默（humor）	21	109	.844 ***	个体化
10	共情（empathy）	20	112	.995 ***	集体化
11	智力（intelligence）	20	137	−.925 ***	个体化
12	慷慨（generosity）	19	103	−.595 ***	集体化
13	努力（hard working）	19	109	.718 ***	个体化
14	有礼（respectfulness）	19	109	−.050	集体化
15	勇气（courage）	18	86	−.835 ***	个体化
16	宽容（forgiveness）	17	78	.931 ***	集体化
17	正直（integrity）	17	101	.935 ***	个体化
18	智慧（wisdom）	16	78	−.277	个体化
19	友好（friendliness）	12	39	−.940 ***	集体化
20	幸福（happiness）	12	61	−.910 ***	个体化
21	荣耀（honor）	12	72	−.476 ***	个体化
22	信仰（faith）	11	75	−.806 ***	集体化
23	助人（helpfulness）	11	59	−.986 ***	集体化
24	可靠（reliability）	11	71	.717 ***	集体化
25	创造力（creativity）	10	65	.987 ***	个体化
26	谦虚（humility）	10	43	−.743 ***	个体化
27	慈善（charity）	8	51	−.842 ***	集体化

注：* $p < .05$，** $p < .01$，*** $p < .001$。

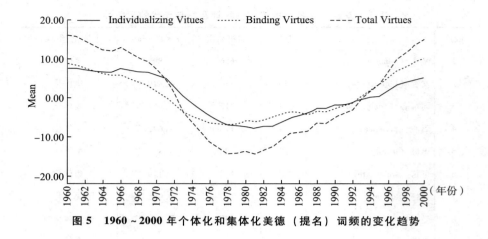

图 5   1960 ~ 2000 年个体化和集体化美德（提名）词频的变化趋势

（五）研究 5：道德动机

研究 5 的主要目标在于探究从 1960 年至 2000 年间社会道德动机的变化趋势。与前四个研究探讨更为外显的道德品质或行为有所不同，研究 5 试图探究更加内隐的道德动机。道德行为通常是由两种重要的动机所驱动的：能动性和共生性（Frimer, Walker, Dunlop, Lee, & Riches, 2011）。能动性是指做不道德行为的自利动机，与个体性道德有关；而共生性是指做道德行为的利他动机，与集体化道德有关。而道德动机是指共生性和能动性之间的差值（共生性减去能动性）（Frimer, Schaefer & Oakes, 2014）。

1. 方法

适用于 LIWC（Tausczik & Pennebaker, 2010）的道德动机词典由 Frimer（2013）编撰而成，其中包括 349 个能动性词和 146 个共生性词。与研究 1 和研究 2 中所用词典类似，这一词典中的有些单词也标注有"∗"，意为此带"∗"单词可以被所有可能字母中的任一有效组合所替代。在研究 5 的数据收集过程中，我们同样选择了所有带"∗"的单词，并且在之后谷歌图书 Ngram 数据的计算中加入了其所有可能的变体。词频数据均来源于谷歌图书 Ngram 数据库中的美式英语语料库（2012 年 7 月第 2 版）。

2. 结果

根据已有的研究方法（Frimer, Schaefer, & Oakes, 2014；Zhang & Yu, 2018），我们用以下方式计算道德动机：道德动机 = 共生性频率/146 – 能动性频率/349。如图 6 所示，能动性词汇的词频随时间显著增加（$B =$

.872，$t = 11.15$，$p < .001$，$R^2 = .761$），共生性词汇的词频也随时间显著增加（$B = .780$，$t = 7.784$，$p = <.001$，$R^2 = .608$）。然而，道德动机并无显著变化（$B = -.304$，$t = -1.990$，$p = .054$，$R^2 = .092$）。虽然共生性词汇词频的增加趋势与我们的预期不符，能动性词汇的增加趋势及道德动机的总体趋势仍然能够在一定程度上支持我们的假设，即道德滑坡只是一种幻觉。

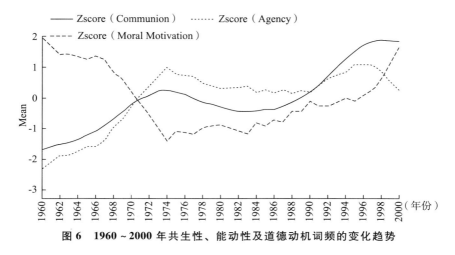

图 6　1960 ~ 2000 年共生性、能动性及道德动机词频的变化趋势

三　讨论

为了保证研究的稳健性，我们取五个研究中的数据 Z 分数的平均数，得到个体化道德词频、集体化道德词频和总体道德词频的大体趋势。如图 7 所示，个体化道德词频随时间显著增加（$B = .925$，$t = 15.177$，$p < .001$，$R^2 = .855$），而集体化道德词频无显著变化（$B = .202$，$t = 1.285$，$p = .206$，$R^2 = .041$）。另外值得一提的是，总体道德词频也呈现显著增加趋势（$B = .435$，$t = 3.016$，$p < .01$，$R^2 = .189$）。

道德滑坡到底是否存在呢？通过五个研究，我们发现 1960 年至 2000 年之间并未出现道德词汇的显著减少，并且人们对个体化道德的关注度出现显著增加。具言之，从道德基础理论（Haidt & Joseph，2004）的角度来看，我们发现与集体化道德相比，人们对个体化道德的关注随时间变化而增加（研究 1），尤其体现在正面积极道德词汇中（研究 2）。当单独考虑美德时，结果也类似：个体化道德词频增加的同时集体化道德词频减少

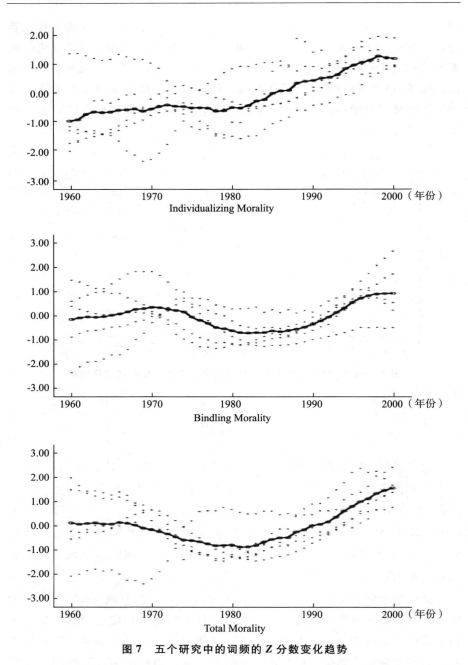

图 7　五个研究中的词频的 Z 分数变化趋势

（研究 3），而总体美德的词频并未出现显著变化（研究 3 和研究 4）。此外，作为道德的关键因素，道德动机词频在此期间也未见显著变化（研究

5）。当然，还必须说明的是，我们也发现，多数社会道德变化并非完全的线性变化，尤其是在朝向集体的道德维度，这说明社会道德的变化尤其在集体化道德层面存在复杂性，这需要今后更多研究的探讨。与集体化道德相对 U 型相反的是（当然，也不能排除其为周期性震荡但同样总体平稳的可能性，我们的研究取的时间段有限，因此这也是一种局限），朝向个体的道德维度几乎是线性增加，从这个意义上说，结果比较一致，也符合个体主义增加的社会变迁结果。

这说明什么呢？是否真的存在道德滑坡这一问题很难回答，但至少我们从结果上给出的是否定的答案。人们朴素生活上对道德滑坡的抱怨存在多种可能性。除了它可能存在，另外一种可能性就是道德滑坡现象只是一种幻觉，它存在于人们的直觉中，但实际上并不存在。这种可能性有以下几种可能的解释。第一，随着社交媒体的发展，信息变得更加可及。由于负面信息具有进化上的优先级，因此与正面信息相比，人们总是倾向于更多地对其投入注意和认知资源（Bradley，Mogg，& Lee，1997；Baumeister，Bratslavsky，Finkenauer，& Vohs，2001）。不仅如此，媒体也总是强调负面消息，观众就更容易将负面信息作为闪光灯记忆，这些都使得人们在做出判断更优先考虑负面信息（Brown & Kulik，1977；Tversky & Kahneman，1974）。第二，人类容易怀旧，这也可能导致其对当代社会道德地位的偏见（Havlena & Holak，1991；Kesebir & Kesebir，2012；Sedikides，Wildschut，Arndt，& Routledge，2008；Winter & Barenbaum，1999）。当我们说道德滑坡的时候，我们是在比较过去和当代的道德状况并且认为当代的更糟糕。然而，人们经常会忽视和高估过去的道德状况，并且对当代的道德状况做出更严格的评判。第三，在过去的 50 年中美国经济增长强劲。由于人们的基本需要得到了满足，因此人们就更有可能去追求精神价值如幸福和道德（Myers，2000；Diener & Suh，1997；Diener & Biswas-Diener，2002）。因此与过去几代人相比，当代人会希望社会呈现更好的道德状况。第四，社会文化变化太快，以至于人类心理无法跟上社会变化的节奏。社会文化的变化要求人们适应新的社会环境，并转换新的价值观和思维方式（Hitlin & Vaisey，2013；Inglehart，1997）。并且由于全球化的影响，社会文化在过去的 50 年中变化得非常快（Ferguson，1992；Inglehart，2000），而社会中个体的价值观变化却较慢，导致人们在评判当代社会时却仍将旧的道德价值观作为标准或规范。旧的道德认知与当下现实的不相容可能导致有偏判断。

我们持有上述第四种观点，即认为人们始终在以旧的道德观念衡量新的、变化中的社会现象，导致自身产生道德滑坡的幻觉。那么社会朝向何处变化呢？其基本方向便是朝向个体主义（Yu et al.，2016；黄梓航等，2018）。如前所述，我们可以假设人们之所以抱怨道德滑坡，至少有一种可能的原因是个人主义的增加使得人们更容易用旧有价值观念去衡量个人主义的社会，并将其与不道德联系起来。道德有许多方面，其中一些方面与个人主义有关，有些则无关（Graham，Nosek，Haidt，Iyer，Koleva，& Ditto，2011；Haidt，2007；Shryack，Steger，Krueger，& Kallie，2010）。道德本身在许多语境下有集体主义意味，但它不等同于亲社会，即类似自尊和自控这类美德随着个人主义的发展反而更加受到关注。我们认为，随着个人主义的发展，人们会更加关注个体道德领域，更多地使用反映个体化美德的词汇。基于我们的结果，道德滑坡可能只是一种幻觉。大众仍然在使用旧的道德价值，如亲社会来判断新的不断变化且包含新价值观的世界，因此，对一种新道德的不适应可能导致他们感知到道德滑坡。

通过分析从谷歌图书 Ngram 数据库中提取的数据，我们从一种新的角度更进一步地探究了道德滑坡现象的本质，阐明了为什么人们对于道德滑坡的知觉只是一种幻觉。

一方面，本研究用新的研究方法为 Eibach 和 Libby（2009）的观点提供了更多证据。通过问卷研究和实验研究，Eibach 和 Libby（2009）发现人们有时会在实际情况正在改善时感觉到社会和道德的滑坡。并且这种社会和道德滑坡幻觉存在的原因是人们倾向于将个人的转变误认为外部世界的变化。我们的研究通过一种更为直觉和直接大数据方法证明了道德滑坡是一种幻觉，在 1960 年至 2000 年期间，人们对道德话语的整体关注并未减少，而对于道德滑坡的夸大信念却十分普遍。

另一方面，本研究为道德滑坡幻觉之所以如此普遍提供了另外一种可能的解释。通过区分个体化道德和集体化道德，我们认为是个人主义的加剧（Yu et al.，2016）及人们将个人主义与不道德相联系的倾向性造成了普遍的道德滑坡幻觉。强调道德滑坡的人们总会抱怨以自我为中心的价值观变得比社会责任价值观更重要了。例如，一个 1996 年的调查表明，66.5% 的被试都认为美国人比 20 年前更加自私了（Wolfe，1998）。然而，道德并不等同于亲社会。根据道德领域理论（Graham，Nosek Haidt，Iyer，Koleva，& Ditto，2011）可知，存在五种常见的道德直觉。伤害/关怀和公平/欺骗这两种个体化道德基础强调个体道德的重要性，而另外的三种集体化道德基础（忠诚/背叛和权威/颠覆两个维度是集体化道德基础，纯洁/堕落维度是否属于集体化尚存争议，因此我们在研究中只计算了忠诚/背叛和权威/颠覆两个维度）则更加强调群体道德的重要性。也就是说，道德并不只关乎集体，它也关乎个体。因此，道德滑坡幻觉可能是个体化道德的增加造成的。此外，由于自由主义者将个体化道德置于其他集体化道德之上，而保守派恰恰相反，道德滑坡幻觉或许为保守派的运动提供了好处。

　　本研究从一个新的视角探究了道德滑坡的本质。换言之，从海量的书籍中的道德话语词频数据来看，道德幻觉的普遍观念或许只是个体化道德发展造成的一种幻觉。从原理上看，本研究说明的是美语作者对于不同类型的道德的关注程度的变化，而这种关注如何与社会实际的道德水平的变化对应起来，尚需讨论。这是因为个体类美德在书籍中的词频上升，不一定意味着人们对这种美德的重视程度上升，也可能是因为作家们确实感觉到了道德滑坡，而在作品中更多地对这种现象进行论述。这也提醒我们注意，虽然个人主义的增加和道德滑坡有较强的相关性，但这并不能得出两者之间有任何因果关系的结论，因此未来还需要更多的实验室实验进行探究。由于对道德滑坡幻觉的研究还十分有限，未来的研究还可以从以下几个方面入手。第一，未来的研究可以结合不同的方法，从个人主义的角度来研究道德滑坡幻觉。在本研究中，我们使用的是谷歌图书 Ngram 数据库，这种大数据方法是在道德研究中最新和强烈推荐的方法之一（Hoover，Dehghani，Johnson，Iliev，& Graham，2018）。虽然大数据方法在很多方面有其独特优势（如高外部效度），但传统的实验室实验或问卷研究也能够对本研究结果提供更多的补充和支持。第二，与个体化道德词频相比，集体化道德词频的趋势并不稳定，因此集体化道德词频为何存在明显拐点的原因尚不明确。正如本研究中的折线图所示，集体化道德的词频在 1980 年左右降到最低点，而之后又呈现显著的上升趋势。因此，未来可以从婴儿潮、冷战末期和经济增长等历史角度进一步探究出现这种现象的原因。第三，未来研究者还可以继续探究道德滑坡幻觉的后果以及如何减轻其负面影响。之前的研究表明，社会滑坡的世界观可能会使人们变得更加保守（Eibach & Libby，2009）。除了政治后果，未来研究还可以探索其他可能的后果，如对人们生活满意度的影响等。此外，幻觉是一种有偏判断，会干扰人们对外部条件的更准确感知，因此有必要找到一种策略来抵御这种道德滑坡幻觉。第四，我们的研究实际上探讨的是美国社会，以美国社会为缩影来考察人类的道德滑坡幻觉，虽然人类社会的发展轨迹有部分相通之处，人类对社会的知觉规律也同大于异，但是对于其他国家和文化的考量也应在今后研究中有所体现。

参考文献

黄梓航、敬一鸣、喻丰、古若雷、周欣悦、张建新、蔡华俭，2018，《个人主义上升，集体主义式微？全球文化变迁与民众心理变化》，《心理科学进展》第 11 期。

李艳艳、朱继东，2013，《美国社会四次严重道德滑坡评析》，《红旗文稿》，引自：http://theory. people. com. cn/n/2013/0110/c143844 – 20160539. html。

Acerbi, A. , Lampos, V. , Garnett, P. & Bentley, R. A. （2013）. The Expression of Emotions in 20th Century Books. *PloS ONE*, 8, e59030.

Aristotle. （350 B. C. E. /2009）. *The Nicomachean Ethic* （D. Ross, Trans. ）. Oxford, UK: Oxford University Press.

Batson, C. D. （2011）. *Altruism in Humans.* New York, NY, US: Oxford University Press.

Batson, C. D. , Kobrynowicz, D. , Dinnerstein, J. L. , Kampf, H. C. & Wilson, A. D. （1997）. In a Very Different Voice: Unmasking Moral Hypocrisy. *Journal of Personality and Social Psychology*, 72, 1335 – 1348.

Batson, C. D. （1991）. *The Altruism Question: Toward a Social-psychological Answer.* Hills-dale, NJ, US: Lawrence Erlbaum Associates.

Batson, C. D. , Thompson, E. R. , Seuferling, G. , Whitney, H. & Strongman, J. A. （1999）. Moral Hypocrisy: Appearing Moral to Oneself Without Being so. *Journal of Personality and Social Psychology*, 77, 525 – 537.

Baumeister, R. F. , Bratslavsky, E. , Finkenauer, C. & Vohs, K. D. （2001）. Bad is Stronger than Good. *Review of General Psychology*, 5, 323 – 370.

Bradley, B. P. , Mogg, K. & Lee, S. C. （1997）. Attentional Biases for Negative Information in Induced and Naturally Occurring Dysphonia. *Behaviour Research and Therapy*, 35, 911 – 927.

Brown, R. & Kulik, J. （1977）. Flashbulb Memories. *Cognition*, 5, 73 – 99.

Diener, E. & Biswas-Diener, R. （2002）. WillMoney Increase Subjective Well-being? . *Social Indicators Research*, 57, 119 – 169.

Diener, E. & Suh, E. （1997）. MeasuringQuality of Life: Economic, Social, and Subjective Indicators. *Social Indicators Research*, 40, 189 – 216.

Eibach, R. P. & Libby, L. K. （2009）. Ideology of the Good Old Days: Exaggerated Perceptions of Moral Decline and Conservative Politics. In J. T. Jost, A. C. Kay, & H. Thorisdottir （Eds. ）, *Social and Psychological Bases of Ideology and System Justification* （pp. 402 – 423）. New York: Oxford University Press.

Ferguson, M. （1992）. The Mythology about Globalization. *European Journal of Communication*, 7, 69 – 93.

Frimer, J. A. , Schaefer, N. K. & Oakes, H. （2014）. Moral Actor, Selfish Agent. *Journal of Personality and Social Psychology*, 106, 790 – 802.

Frimer, J. A. （2013）. *The Moral Motivation Dictionary.* Unpublished Materials. Available at http：// www. jeremyfrimer. com

Frimer, J. A. , Walker, L. J. , Dunlop, W. L. , Lee, B. & Riches, A. （2011）. The Integration of Agency and Communion in Moral Personality： Evidence of Enlightened Self-interest. *Journal of Personality and Social Psychology*, 101, 149 – 163.

Graham, J. , Haidt, J. , Koleva, S. , Motyl, M. , Iyer, R. , Wojcik, S. & Ditto, P. H. （2013）. Moral Foundations Theory： The Pragmatic Validity of Moral Pluralism. *Advances in Experimental Social Psychology*, 47, 55 – 130.

Graham, J. , Haidt, J. & Nosek, B. A. （2009）. Liberals and Conservatives Rely on Different Sets of Moral Foundations. *Journal of Personality and Social Psychology*, 96, 1029 – 1046.

Graham, J. & Haidt, J. （2013）. *The Moral foundation Dictionary*. Retrieved from http:// www. moralfoundations. org/sites/default/files/files/downloads/moral% 20foundations% 20dictionary. dic Oct. 19th, 2013.

Graham, J. , Nosek, B. A. , Haidt, J. , Iyer, R. , Koleva, S. & Ditto, P. H. （2011）. Mapping the Moral Domain. *Journal of Personality and Social Psychology*, 101, 366 – 385.

Graham, J. , Nosek, B. A. & Haidt, J. （2012）. The Moral Stereotypes of Liberals and Conservatives： Exaggeration of Differences across the Political Spectrum. *PLoS ONE*, 7, e42366.

Gray, H. , Gray, K. & Wegner, D. M. （2007）. Dimensions of Mind Perception. *Science*, 315, 619.

Gray, K. & Wegner, D. M. （2009）. Moral Typecasting： Divergent Perceptions of Moral Agents and Moral Patients. *Journal of Personality and Social Psychology*, 96, 505 – 520.

Greenfield, P. M. （2013）. The Changing Psychology of Culture from 1800 through 2000. *Psychological Science*, 24, 1722 – 1731.

Haidt, J. & Joseph, C. （2004）. Intuitive Ethics： How Innately Prepared Intuitions Generate Culturally Variable Virtues. Daedalus, 133 （4）, 55 – 66.

Haidt, J. （2007）. The New Synthesis in Moral Psychology. *Science*, 316, 998 – 1002.

Havlena, W. J. & Holak, S. L. （1991）. The Good Old Days： Observations on Nostalgia and Its Role in Consumer Behavior. In R. H. Holmanand & M. R. Solomon （Eds. ）, *Advances in Consumer Research*, （pp. 323 – 329）. Provo, UT： Association for Consumer Research.

Hitlin, S. & Vaisey, S. （2013）. The New Sociology of Morality. *Annual Review of Sociology*, 39, 51 – 68.

Hoover, J. , Dehghani, M. , Johnson, K. , Iliev, R. & Graham, J. （2018）. Into the Wild： Big Data Analytics in Moral Psychology. In K. Gray & J. Graham （Eds. ）, *Atlas of Moral Psychology： Mapping Good and Evil in the Mind* （pp. 525 – 536）. New York： Guilford.

Inglehart, R. （2000）. Globalization and Postmodern Values. *Washington Quarterly*, 23, 215 – 228.

Inglehart, R. (1997). *Modernization and Postmodernization: Cultural, Economic, and Political Change in 43 Societies.* Princeton, NJ: Princeton University Press.

Iyer, R., Koleva, S., Graham, J., Ditto, P. & Haidt, J. (2012). Understanding Libertarian Morality: The Psychological Dispositions of Self-identified Libertarians. *PloS One,* 7 (8), e42366.

Janoff-Bulman, R. (2013). Meaning and Morality: A Natural Coupling. In K. D. Markman, T. Proulx, & M. J. Lindberg (Eds.), *The Psychology of Meaning* (pp. 191 – 213). Washington, D. C., US: American Psychological Association Press.

Kahn, J. H., Tobin, R. M., Massey, A. E. & Anderson, J. A. (2007). Measuring Emotional Expression with the Linguistic Inquiry and Word Count. *American Journal of Psychology,* 120, 263 – 286.

Kesebir, P. & Kesebir, S. (2012). The Cultural Salience of Moral Character and Virtue Declined in Twentieth Century America. *The Journal of Positive Psychology,* 7, 471 – 480.

Knobe, J. (2003). Intentional Action and Side Effects in Ordinary Language. *Analysis,* 63, 190 – 193.

Knobe, J. (2004). Intention, Intentional Action and Moral Considerations. *Analysis,* 64, 181 – 187.

Knobe, J. (2010). Person as Scientist, Person as Moralist. *Behavioral and Brain Sciences,* 33, 315 – 365.

Lin, Y., Michel, J. B., Aiden, E. L., Orwant, J., Brockman, W. & Petrov, S. (2012). Syntactic Annotations for the Google Books Ngram Corpus. In *Proceedings of the ACL 2012 System Demonstrations* (pp. 169 – 174). Association for Computational Linguistics.

Mehl, M. R., Gosling, S. D. & Pennebaker, J. W. (2006). Personality in its Natural Habitat: Manifestations and Implicit Folk Theories of Personality in Daily Life. *Journal of Personality and Social Psychology,* 90, 862 – 877.

Meindl, P. & Graham, J. (2004). Know Thy Participant: The Trouble with Nomothetic Assumptions in Moral Psychology. In H. Sarkissian & J. C. Wright (Eds.), *Advances in Experimental Moral Psychology* (pp. 233 – 252). London: Bloomsbury.

Micheal, J., Shen, Y. K., Aiden, A. P., Veres, A., Gray, W. K., The Google Books Team, Pickett, J. P., Hoiberg, D., Clancy, D., Norvig, P., Orwant, J., Pinker, S., Nowak, M. A. & Aiden, E. L. (2011). Quantitative Analysis of Culture Using Millions of Digitized Books. *Science,* 331, 176 – 182.

Monin, B. & Merritt, A. (2011). Moral hypocrisy, Moral Inconsistency, and the Struggle for Moral Integrity. In M. Mikulincer & P. Shaver (Eds.), *The Social Psychology of Morality: Exploring the Causes of Good and Evil, Herzliya Series on Personality and Social Psychology,* Vol. 3 (pp. 167 – 184). Washington, DC: American Psychological Association.

Myers, D. G. (2000). The Funds, Friends, and Faith of Happy People. *American Psychologist,* 55, 56 – 67.

Newman, M. L., Pennebaker, J. W., Berry, D. S. & Richards, J. M. (2003). Lying words: Predicting deception from linguistic styles. *Personality and Social Psychology Bulletin*, 29 (5), 665 – 675.

Park, N. & Peterson, C. (2010). Does it Matter Where We Live? The Urban Psychology of Character Strengths. *American Psychologist*, 65, 535 – 547.

Pennebaker, J. W., Slatcher, R. B. & Chung, C. K. (2005). Linguistic Markers of Psychological State through Media Interviews: John Kerry and John Edwards in 2004, Al Gore in 2000. *Analyses of Social Issues and Public Policy*, 5, 197 – 204.

Peterson, C. & Seligman, M. E. P. (2004). *Character Strengths and Virtues: A Handbook and Classification.* Washington, D. C., US: American Psychological Association Press.

Rai, T. S. & Fiske, A. P. (2011). Moral Psychology is Relationship Regulation: Moral Motives for Unity, Hierarchy, Equality, and Proportionality. *Psychological Review.* 118, 57 – 75.

Rand, D. G. & Nowak, M. A. (2013). Human Cooperation. *Trends in Cognitive Sciences*, 17, 413 – 425.

Rude, S., Gortner, E. M. & Pennebaker, J. (2004). Language use of Depressed and Depression-vulnerable College students. *Cognition & Emotion*, 18, 1121 – 1133.

Sedikides, C., Wildschut, T., Arndt, J. & Routledge, C. (2008). Nostalgia past, Present, and Future. *Current Directions in Psychological Science*, 17, 304 – 307.

Sexton, J. B. & Helmreich, R. L. (2000). Analyzing Cockpit Communications: The Links between Language, Performance, and Workload. *Human Performance in Extreme Environments*, 5, 63 – 68.

Shryack, J., Steger, M. F., Krueger, R. F. & Kallie, C. S. (2010). The Structure of Virtue: An Empirical Investigation of the Dimensionality of the Virtues in Action Inventory of Strengths. *Personality and Individual Differences*, 48, 714 – 719.

Shweder, R. A., Much, N., Park, L. & Mahapatra, M. M. (2003). The 'big three' of Morality (autonomy, community, divinity) and the 'big three' Explanations of Suffering. In R. A. Shweder (Eds.), *Why Do Men Barbecue? Recipes for Cultural Psychology* (pp. 119 – 169). Cambridge, MA: Havrard University Press.

Slatcher, R. B. & Pennebaker, J. W. (2006). How do I Love Thee? Let Me Count the Words: The Social Effects of Expressive Writing. *Psychological Science*, 17, 660 – 664.

Slatcher, R. B., Vazire, S. & Pennebaker, J. W. (2008). Am "I" More Important than "We"? Couples' Word Use in Instant Messages. *Personal Relationships*, 15 (4), 407 – 424.

Stich, S., Doris, J. M. & Roedder, E. (2010). Altruism. In J. M. Doris and the Moral Psychology Research Group (Eds.), *The Moral Psychology Handbook* (pp. 147 – 205). New York, NY, US: Oxford University Press.

Tausczik, Y. & Pennebaker, J. W. (2010). The Psychological Meaning of Words: LIWC and Computerized Text Analysis Methods. *Journal of Language and Social Psychology*, 29, 24 – 54.

Todorov, A., Pakrashi, M. & Oosterhof, N. N. (2009). Evaluating Faces on Trustworthiness after Minimal Time Exposure. *Social Cognition*, 27, 813 – 833.

Tversky, A. & Kahneman, D. (1974). Judgment Under Uncertainty: Heuristics and biases. *Science*, 185, 1124 – 1131.

Twenge, J. M., Abebe, E. M. & Campbell, W. K. (2010). Fitting in or Standing Out: Trends in American Parents' Choices for Children's Names, 1880 – 2007. *Social Psychological and Personality Science*, 1, 19 – 25.

Twenge, J. M., Campbell, W. K. & Gentile, B. (2012a). Increases in Individualistic Words and Phrases in American Books, 1960 – 2008. *PloS ONE*, 7, e40181.

Twenge, J. M., Campbell, W. K. & Gentile, B. (2012b). Changes in Pronoun Use in American Books and the Rise of Individualism, 1960 – 2008. *Journal of Cross-Cultural Psychology*, 44, 406 – 415.

Winter, D. G. & Barenbaum, N. B. (1999). History of Modern Personality Theory and Research. In L. A. Pervin & O. P. John (Eds.), *Handbook of Personality: Theory and Research* (2nd ed., pp. 3 – 27). New York: Guilford Press.

Wolfe, A. (1998). *One Nation, After All: What Middle-class Americans Really Think about God, Country, Family, Racism, Welfare, Immigration, Homosexuality, Work, the Right, the Left, and each other.* New York: Viking.

Yu, F., Peng, T., Peng, K., Tang, S., Chen, C. S., Qian, X., … & Chai, F. (2016). Cultural Value Shifting in Pronoun use. *Journal of Cross-Cultural Psychology*, 47, 310 – 316.

Zhang, Y. & Yu, F. (2018). Which Socio-economic Indicators Influence Collective Morality? Big Data Analysis on Online Chinese Social Media. *Emerging Markets Finance and Trade*, 54, 792 – 800.

《中国社会心理学评论》 第 23 辑

第 39～60 页

© SSAP，2022

不道德行为惩罚的公平感研究：
"富人严惩效应"[*]

杨金花　李芳芳　金盛华^{**}

摘　要： 随着互联网的飞速发展，人们对不道德行为的关注增多，不道德行为惩罚的结果也会受到网友的热议。为了研究人们对不道德行为惩罚的公平感，本文采用了实验研究的方法，探讨贫富身份和公平信念对其的影响。先后有 239 名和 228 名职场人士参与线上实验。研究者从贫富群体不道德行为入手，探讨人们在不道德行为惩罚后所体验到的公平感，以及公平信念对此的调节作用。结果显示：（1）不道德行为惩罚会影响公平感，对不道德行为的轻判会引发人们较低的公平感；（2）不道德者的贫富身份对不道德行为惩罚的公平感具有调节作用；对富人不道德行为的惩罚更严时，人们感知到的公平感更强，即对不道德行为惩罚时出现了"富人严惩效应"；（3）当加入公平信念变量后，"富人严惩效应"仍然存在；（4）公平信念能够正向预测公平感，但并未调节人们对贫富群体不道德行为惩罚引发的公平感。这些发现对弱化贫富身份、促进共同富裕、提升人们社会公平感与构建和谐社会具有一定的启发。

关键词： 不道德行为　惩罚程度　公平感　贫富身份　公平信念

＊ 本研究获得北京联合大学 2017 年面向特色学科科研项目（KYDE40201705）和 2022 年度教育教学研究与改革项目（项目号：JY2022Z003）的支持。

＊＊ 杨金花，北京联合大学师范学院心理学系、北京联合大学儿童与青少年学习与心理发展研究所副教授，北京师范大学心理学部博士生；李芳芳，北京联合大学师范学院心理学系研究生；金盛华，北京师范大学心理学部教授，通信作者，email：jshpsych@126.com。

一　引言

在万物互联的信息化时代，个体的道德行为得到广泛传播，与此同时，人们对不道德行为的批评声也不绝于耳，人们对不道德行为的关注似乎要多于道德行为（喻丰等，2013），因此对不道德行为的惩罚也备受关注。由于财富差距，人们对贫富群体的心理融合存在"道德突显效应"，即道德因素在人们对穷人和富人的心理融合过程中起重要作用（杨金花、金盛华，2017）。那么，对不道德行为进行惩罚时，人们体验到的公平感会因不道德行为者贫富身份的差异而有所不同吗？人们所持有的公平信念是否会对此起到调节作用？当人们感受到公平时，会更多地表现出积极的亲社会行为（Van Prooijen et al.，2006）；反之，会产生怀疑、愤怒和无助感，容易导致消极舆论和极端事件的出现，这不利于司法部门做出合理判决，更不利于构建和谐社会。因此，研究人们对贫富群体不道德行为惩罚所引发的公平感以及公平信念对此的调节作用是很有必要的。

（一）不道德行为惩罚与公平感的关系

不道德行为是指个体为了自身利益而违反所处社会的核心价值观、法律或道德标准，做出损害他人或公共利益的行为（Umphress & Bingham，2011）。在一项网络调查（"过去一小时内出现的道德或不道德行为"）研究中，34.43%的被试报告了道德相关事件，且报告不道德事件（28.48%）的频率明显高于道德事件（5.95%）（赵英男，2021：21），这表明不道德行为受到了人们更多的关注。Greene 等（2001）的道德双加工理论认为，在道德判断中，人们会根据不同情景来调用认知或情绪这两种互相竞争的加工机制，在与认知相匹配的情景中，人们更多按结果利益最大化原则进行道德抉择，而在与情绪相关的情景中，人们则更多以人文道义为准进行道德抉择（Greene et al.，2001；Greene，2007）。此外，当个体出现不道德行为时，人们会对其进行道德评判，并认为严重不道德行为者应该受到相应的惩罚或谴责（张玉，2021：5），而对不道德行为者的惩罚程度可能与人们感知到的公平感密切相关。

公平感是人们对公平问题进行评判时产生的心理感受或主观判断，与之伴随着情绪体验，并影响着人们的行为（Colquitt et al.，2001；周浩、龙立荣，2010）、社会政治态度、群体关系和政治信任（李春玲，2005；袁浩、顾洁，2015）。林健和肖唐镖（2021）的研究发现，人们的社会公平感与政治参与行为显著相关，公平感越高的人，参与群体性事件和维权抗争等活动的可能性越小，越愿意参加投票选举等政治活动，对选举的公平性评价越高。相对剥夺感理论认为，当个体遭受的不公平程度过大，就会产生被剥夺的愤怒感受，对制造不公平的人产生不满，甚至敌对情绪（Shaw & Costanzo，1982），如果制造不公平的不是具体的某个人，个体就将产生的不满情绪转移到相关群体身上（如社会上层群体），其社会态度容易出现"嫌富怜贫"的倾向（翁定军，1999；翁定军，2010）。此外，个体自身的特征可能会影响公平感（赵琼，2005），比如，人们对不同分配结果的公平反应会受个体社会经济地位、权力及社会距离等个人和环境因素的影响（周晓林、胡捷、彭璐，2015；Gao et al.，2018）。

基于此，在互联网时代，不道德行为的惩罚与公平感之间的关系值得高度关注和研究。本研究假设1：不道德行为惩罚会影响公平感。

（二）贫富身份与公平感的关系

关于贫与富的界定，存在不同的划分方法，但贫富身份主要是从经济资源的拥有状况来衡量的。根据陆学艺（2002）和陶塑（2010）的研究，本研究对贫富身份进行了界定：富人群体包括经理阶层和私营企业主阶层等；而穷人群体则包括产业工人阶层、农业劳动者阶层和城乡无业、失业、半失业人员阶层等。

中国传统的儒家和道家思想中都强调贫富、道德和公平问题。儒家思想提出"贫而无谄，富而无骄"（《论语》），要做到"穷则独善其身，达则兼济天下"（《孟子·尽心上》），还强调"不患寡而患不均，不患贫而患不安"，将"分配均衡"视为公平，而将"贫富不均"视为不公平。道家思想提出"天之道，损有余而补不足。人之道则不然，损不足以奉有余。孰能有余以奉天下？为有道者"（《老子》），意思是社会公平是天道的内在要求和人事的外在表现。道家思想坚决反对人为制造不公平，主张缩小贫富贵贱的差距。贫富差距的拉大使人们产生了失衡的感觉，引发了社会不公平的问题（石磊，2001）。

从古至今，人类都在追求社会的公平正义，但目前不少研究证据表明，相比于低阶层者，拥有较多社会财富的高阶层者不愿意财富分享（王阳、丁毅、郭永玉，2021），更多表现出了低道德水平。例如，美国学者对不同社会阶层者道德的研究结果发现，高社会阶层者的道德低于低社会阶层，富人比穷人更容易出现违规、欺骗、撒谎等不道德的行为（Piff et al.，2010）。我国学者对贫富群体心理融合的研究结果也发现，在评价贫富群体时道德因素是最为重要的一个变量。在一般情境和贫富冲突情境下，人们对富人的心理融合高于穷人，但在不道德条件下，人们对富人的心理融合低于穷人（杨金花、金盛华，2017）。由此可见，人们对于富人不道德行为的容忍度更低，社会或相关机构对不道德行为的惩罚势必会引发社会公平感问题，进而影响社会心态与和谐稳定。

基于此，本研究假设 2：不道德者的贫富身份对不道德行为惩罚的公平感具有调节作用。

（三）公平信念与公平感的关系

社会冲突产生的根源在于不平等，而公平和正义是政治秩序的首要品质（吕晓俊，2010）。公正世界信念理论认为，人类生活在一个无法预测、无法控制和变化无常的不公正世界中（Simmons，1966；Lerner，1980）。公正世界信念是指个体是否认为自己所处的世界是公正的（孔恺臻、顾宇涵，2021），持有公平信念的人会有一种安全感和对世界的控制感（Lerner & Miller，1978）。因此，大多数人都会接受和试图维持"世界公正信念"，这种信念促使个体对所观察到的不公平事件做出不同的反应。例如，人们会做出帮助或责备受害者等行为，来维持世界公正信念（Hafer & Olson，1989；景卫丽，2011）。高公平信念的人在面对穷人和富人的财富地位不平等时，会将这种不平等合理化，在认知上降低由此带来的不公正感（Dalbert，1999；Dalbert，2002），以减少冲突感，维持其公正世界信念（张茂鑫、刘红云，2019），并助力个体成功应对不公正情境。此外，高公平信念能缓解人们忧虑与愤怒的情绪、促进积极情绪（肖竺等，2020）、增强社会责任感（易梅等，2019）、维护其心理健康水平（Dalbert，2002；Dalbert & Stoeber，2005）。

陶塑等（2015）发现，世界公正信念具有补偿作用，他们采用自编短文启动被试对贫富群体的刻板印象，探究作为一种补偿性刻板印象的公正世界信念对人们公平感体验的影响。结果表明，与非补偿条件相比，补偿性刻板印象启动条件下的被试体验到的个人公平感更强，公正世界信念对富人群体的态度存在一定相关性。此外，"最后通牒博弈"是公平研究中常用的范式，采用该范式的一些研究发现，当提议者提出的分配方案越不公平时，回应者拒绝方案的可能性会越高，导致双方的收益均会受到损失（张文睿，2020），也就是说，回应者感知到不公平感时，更容易拒绝分配方案，以达成对对方不道德行为的惩罚，此时公平信念起到了补偿作用。

综上，本研究假设 3：公平信念在不道德行为惩罚与贫富身份对公平感的影响中起到调节作用。

二　研究 1：不道德行为惩罚与贫富身份对公平感的影响

（一）研究方法

1. 研究对象

本研究共有 294 名职场人士参与，均为某师范大学在职教育本科生或专升本学生，年龄均在 18 周岁以上。有效被试 239 名，其中男性 100 人，占比 41.8%，女性 139 人，占比 58.2%；主观高社会经济地位 39 人，占比 16.3%，主观中等社会经济地位 59 人，占比 24.7%，主观低社会经济地位 140 人，占比 58.6%。

2. 研究工具

自编实验材料。采用自编的不道德行为（肇事逃逸）的司法判决新闻。新闻材料标题如："宝马男子肇事撞人逃逸判决，知名律师称判决可能过轻/适当/过严"；"面包车男子肇事撞人逃逸判决，知名律师称判决可能过轻/适当/过严"。为了使实验结果更具生态效度，以新京报和朝阳法庭为真实主体，请职业律师评判了六种情境中的量刑，确保均在法律允许范围内，保证了新闻材料的合理性。

公平感测量。参考 Messé 和 Watts（1983）的量表及胡小勇等（2016）的量表，其研究中使用一个项目来测量实验情境引发的因变量。本研究为了测量对司法判决的公平感，也采用一个项目测量公平感："您认为法院对薛林春的判决是否公平？"，评分采用李克特 7 点评分，从 1 至 7 代表从"非常不公平"至"非常公平"。

3. 研究设计

本研究采用 3（惩罚程度：轻判、标准判、严判）×2（不道德者身份：贫、富）的被试间实验设计。自变量为惩罚程度和不道德者身份。惩罚程度的操作是通过阅读材料完成，其中知名律师的点评"轻判、适当和严判"体现该变量的操作。不道德者身份的操作通过主人公的职业和所驾驶的车辆共同设定，将驾驶宝马车的企业老总看作富人，而将驾驶面包车的建筑工人看作穷人。因变量：被试判断新闻材料中不道德行为者（肇事者）所受惩罚的公平感得分。

4. 研究程序

研究过程均借助 Qualtrics 平台线上完成。研究者按照实验情境制作实验链接，发送给被试。

实验前，被试被告知要参与一个有关社会新闻的调查，愿意参与即可开始实验，过程中可随时退出。

实验中，被试被随机分配到 6 种实验情境中，阅读一份新闻材料，包括新闻事件信息和律师的评判，然后完成 3 个有关新闻材料的问题（肇事司机所驾驶的车辆品牌、职业、律师的评判）。最后，被试对自己感知到的肇事司机社会经济地位和本案惩罚公平程度进行评价，以完成实验。

实验后，采集被试的性别信息和主观社会经济地位。被试随机领取 0 ~ 5 元红包作为报酬，并被告知研究者的邮箱和手机号，以便后续答疑解惑。

（二）研究结果

本研究对数据进行整理，采用 SPSS 22.0 进行独立样本 t 检验和方差分析。

1. 操作检查

本研究将被试对不道德行为者的社会经济地位状况感知做独立样本 t 检验，结果发现，被试对肇事者的贫富身份评价存在显著差异 [t（237） $= -57.68$, $p < 0.001$, $Cohen's\ d = 9.54$, N（穷） $= 124$, M（穷） $= 2.12$, SD（穷） $= 0.67$, N（富） $= 115$, M（富） $= 6.65$, SD（富） $= 0.05$]，这表明对不道德行为者的贫富身份操作成功。

2. 不道德者贫富身份、惩罚程度与公平感

本研究对惩罚的公平感得分进行 3（惩罚程度：轻判、标准判、严判）× 2（不道德者身份：贫、富）的多因素方差分析，结果发现，贫富身份的主效应不显著 [F（1233） $= 2.97$, $p = 0.086$, N（富） $= 115$, M（富） $= 3.71$, SD（富） $= 2.03$, N（穷） $= 124$, M（穷） $= 4.17$, SD（穷） $= 1.68$]，惩罚程度的主效应显著 [F（1, 233） $= 21.38$, $p < 0.001$, $\eta_p^2 = 0.16$, N（严判） $= 70$, M（严判） $= 4.63$, SD（严判） $= 1.75$, N（标准判） $= 79$, M（标准判） $= 4.42$, SD（标准判） $= 1.75$, N（轻判） $= 90$, M（轻判） $= 3.01$, SD（轻判） $= 1.67$]，贫富身份与惩罚程度的交互作用显著 [F（1, 233） $= 3.77$, $p = 0.025$, $\eta_p^2 = 0.03$]。

本研究对惩罚程度的主效应进行分析表明，在不同惩罚程度下被试的公平感差异显著 [F（2, 236） $= 21.77$, $p < 0.001$, $\eta_p^2 = 0.16$]，进行事后多重比较检验后发现，被试在轻判惩罚条件下的公平感显著低于标准判

和严判（$ps < 0.001$）。

　　本研究对贫富身份与惩罚程度的交互作用进行简单效应检验，结果发现：在标准判和轻判条件下，人们对富人的公平感显著低于穷人［F（2，233）（标准判）$= 6.36$，$p = 0.012$；F（2，233）（轻判）$= 5.32$，$p = 0.022$］。无论对穷人还是富人，人们对轻判惩罚条件下的公平感显著低于标准判和严判［F（2，233）（穷）$= 7.34$，$p = 0.001$；F（2，233）（富）$= 19.42$，$p < 0.001$］，对富人严判的公平感显著高于惩罚标准判和轻判［F（2，233）$= 16.53$，$p < 0.001$］，结果见图 1。

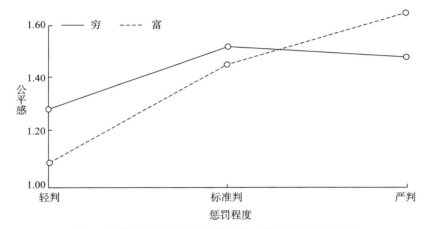

图 1　不道德行为惩罚与贫富身份对公平感的交互作用

（三）讨论

1. 不道德行为轻判后的公平感低

　　本研究的结果表明，对于肇事逃逸这样的不道德行为，惩罚结果为轻判后人们的公平感显著低于标准判和严判后的公平感。这一点体现出人们的法律意识比较强，对不道德行为的容忍度较低，一旦出现轻判的情况，就会引发他们的低公平感。相应地，当不道德行为被执行标准判或严判后，人们有了更高的公平感，从而维护他心中的社会公平与正义。

2. 不道德行为者惩罚的公平感："富人严惩效应"

　　从研究结果可以看出，人们对不道德行为惩罚的公平感会受到贫富身份与惩罚程度的交互影响。当富人不道德行为被标准判和轻判时，人们的公平感均显著低于严判。此外，无论是穷人还是富人，其不道德行为被轻判时，人们的公平感均显著低于其被标准判和严判，但当富人的不道德行为被严判时，人们的公平感显著高于其被标准判和轻判。这表明，当对富人不道德行为的惩罚更严时，人们感知到的公平越强。笔者将这种现象称为"富人严惩效应"，即对不道德富人的惩罚越严厉，人们的公平感越强。

"富人严惩效应"出现的原因可能是被试自身主观的社会阶层地位影响了其对肇事者受惩罚的公平感。以往研究发现，主观社会阶层与社会公平感存在正相关关系，相比于低主观社会阶层者，主观社会阶层高者拥有更高的社会公平评价（方学梅，2017）。而本研究中被试主观评价自身社会经济地位的均值为 3.33，标准差为 1.07，低于理论均值 4（李克特 7 点量表），被试对自己社会经济地位的主观评价不高，更容易将富人知觉为外群体成员，外群体贬抑可能导致了"富人严惩效应"的出现。未来需要媒体和富人群体的共同努力来改变人们对富人的刻板印象以加强他们的社会公平感，因为公平感会影响人们的政治态度和群体关系（李春玲，2005），甚至会对政治信任和政治行为产生影响（袁浩、顾洁，2015；林健、肖唐镖，2021），不利于社会和谐。当然，在涉及富人的司法判决时，司法机关应尽量避免对富人轻判后所引发的不公平感，以及进而引发的嫌富心理（翁定军，2010），这会导致公众对制造不公平的人或机构产生不满和敌对情绪（Shaw & Costanzo，1982），影响社会的和谐稳定。

三　研究 2：贫富不道德行为惩罚与公平信念对公平感的影响

公平感具有个体差异，个体的公平信念能够从认知上降低情境所带来的不公正感（Dablert & Stoeber，2005；杜建政、祝振兵，2007），能给人一种安全感和对世界的控制感（Lerner & Miller，1978）。Dablert 等（2005）认为，个体所持有的公平信念在一定程度上会影响他们所体验到的公平感。因此，研究二将加入公平信念变量，探讨不道德行为惩罚与贫富身份对公平感的影响中公平信念的调节作用。

（一）研究方法

1. 研究对象

本研究共有 294 名职场人士参与，来自某师范大学，均为在职教育本科生或专升本学生，年龄均在 18 周岁以上。有效被试 228 名，其中男性 89 人，占比 39.0%，女性 139 人，占比 61.0%；主观高社会经济地位 45 人，占比 19.7%，主观中等社会经济地位 51 人，占比 22.4%，主观低社会经济地位 131 人，占比 57.5%。

2. 研究材料

公平信念量表。采用陶塑 2010 年修订的公平信念量表，共 15 道题目。采用李克特 7 点评分，内部一致性信度（α 系数）为 0.777。

自编的新闻材料和公平感的测量（同研究一）。

3. 研究设计

本研究采用 3（惩罚程度：轻判、标准判、严判）×2（不道德者身份：贫、富）×2（公平信念：低、高）的三因素被试间实验设计。自变量中惩罚程度和不道德者身份的操作同研究一。公平信念根据被试在公平信念量表上的得分进行高低分组，中、高分和低分 27% 的被试被分别作为高公平信念组和低公平信念组。因变量：被试判断新闻材料中惩罚的公平感得分。

4. 研究程序

研究程序同研究一，只是在实验开始前先填写公平信念问卷。

（二）研究结果

本研究对数据进行整理，采用 SPSS 22.0 进行独立样本 t 检验、方差分析、相关分析和回归分析。

1. 操作检查

本研究将被试对不道德者（肇事者）的社会经济地位状况感知做独立样本 t 检验，结果发现，被试对不道德者的贫富身份评价存在显著差异 [t (226) = −54.61, $p < 0.001$, $Cohen's d = 7.20$, N（富）= 120, M（穷）= 2.07, N（穷）= 108, SD（穷）= 0.67, M（富）= 6.54, SD（富）= 0.56]，这表明我们对不道德者的贫富身份操作成功。

2. 不道德者贫富身份、惩罚程度、公平信念与公平感

本研究对惩罚的公平感进行 3（惩罚程度：轻判、标准判、严判）×2（不道德者身份：贫、富）×2（公平信念：低、高）的多因素方差分析，结果发现，不道德者贫富身份的主效应不显著 [F (1, 216) = 0.95, $p = 0.332$, N（富）= 120, M（富）= 3.95, SD（富）= 2.10, N（穷）= 108, M（穷）= 4.25, SD（穷）= 1.89]，惩罚程度的主效应显著 [F (2, 216) = 15.65, $p < 0.001$, $\eta_p^2 = 0.13$, N（严判）= 70, M（严判）= 4.83, SD（严判）= 1.76, N（标准判）= 81, M（标准判）= 4.42, SD（标准判）= 2.01, N（标准判）= 77, M（轻判）= 3.08, SD（轻判）= 1.80]，公平信念的主效应不显著 [F (1, 216) = 0.80, $p = 0.373$, N

（高）＝ 113，*M*（高）＝ 4.32，*SD*（高）＝ 2.00，*N*（低）＝ 115，*M*（低）＝ 3.87，*SD*（低）＝ 1.99］，不道德者贫富身份与惩罚程度的交互作用显著 ［$F_{(2,216)}$ ＝ 7.61，*p* ＝ 0.001，η_p^2 ＝ 0.07］，不道德者贫富身份与公平信念的交互作用不显著 ［$F_{(1,216)}$ ＝ 0.51，*p* ＝ 0.476］，不道德者惩罚程度与公平信念的交互作用不显著 ［$F_{(2,216)}$ ＝ 1.14，*p* ＝ 0.322］ 以及三者之间的交互作用不显著 ［$F_{(2,216)}$ ＝ 0.44，*p* ＝ 0.645］。

本研究对惩罚程度的主效应进行分析表明，在三种惩罚程度下被试的公平感有显著差异 ［$F_{(2,225)}$ ＝ 18.03，*p* < 0.001，η_p^2 ＝ 0.14］，被试在轻判条件下的公平感显著低于标准判和严判 （*ps* < 0.001），该研究结果同研究一。

本研究对贫富身份与惩罚程度的交互作用进行进一步的简单效应检验，结果表明，在对富人不道德行为标准判条件下，人们体会到的公平感显著低于在对穷人不道德行为标准判 ［$F_{(1,222)}$ ＝ 8.71，*p* ＝ 0.004］，在严判条件下，人们对富人的惩罚公平感显著高于对穷人的惩罚公平感 ［$F_{(1,222)}$ ＝ 8.13，*p* ＝ 0.005］，见图 2。

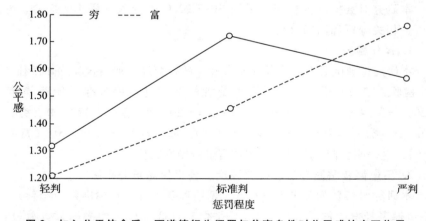

图 2　加入公平信念后，不道德行为惩罚与贫富身份对公平感的交互作用

3. 公平信念与公平感

本研究对公平感与公平信念两个变量做相关分析，结果发现二者存在显著相关性 （*R* ＝ 0.16，*p* ＝ 0.014），用公平信念预测公平感时，回归方程显著 ［R^2 ＝ 0.03，ΔR^2 ＝ 0.02，$F_{(1,226)}$ ＝ 6.09，*p* ＝ 0.014］，公平信念能够正向预测公平感 （*β* ＝ 0.03，*t* ＝ 2.47，*p* ＝ 0.014）。

（三）讨论

1. 不道德行为被轻判后的公平感低

本研究的结果与研究一相同，相较于标准判和严判的情况，对不道德者轻判后人们的公平感低。在面对不道德行为的惩罚或涉及整个社会公平公正的问题时，相关部门对不道德者的惩办不宜轻判，这会降低人们的不公平感，促进社会和谐稳定。公正的社会环境也有利于促生道德行为和提升人与人的互相信任感（吴侨峰、彭凯平，2019）。

2. 不道德行为惩罚的公平感："富人严惩效应"

在加入公平信念变量后，人们对他人不道德行为惩罚的公平感仍会受到贫富身份与惩罚程度的交互影响。在对富人不道德行为进行标准判后，人们体会到的公平感显著低于对穷人不道德行为的标准判。人们对富人不道德行为严判后的公平感显著高于对穷人不道德行为的严判。这一结果同样表明对富人不道德行为的惩罚更严时，人们感知到的公平越强。这与研究一的结果基本一致，再次出现了"富人严惩效应"。

3. 公平信念能预测公平感，但不能调节不道德行为惩罚所引发的公平感

本研究发现公平信念能够正向预测公平感，但公平信念并未起到调节不道德行为惩罚程度和贫富身份在公平感中的作用。首先，参与研究二的被试在公平信念的总均分是 5.47，显著高于理论均值 4，标准差为 0.87，离散性较低，表明被试整体的公平信念水平较高且集中，出现了天花板效应，不容易起到调节作用。其次，或许公平信念更多停留在了超我的理想层面，在面临不道德行为惩罚的现实情境时，人们当下体验到的公平感可能会受到具体信息的影响（如不道德者的贫富身份），这时便不易于启动公平信念来感知对不道德行为惩罚的公平性。

四　总讨论

（一）不道德行为惩罚的公平感

本研究的结果发现，不道德行为惩罚会影响公平感，对不道德行为的轻判会引发人们较低的公平感。这正好验证本文的假设 1。近年来，互联网的快速发展使得大量的案例出现在人们的视野中，人们对"佛山小悦悦事件""江歌案""郑某代孕"等事件的关注，以及对事件主人公的道德评价，在一定程度上反映了人们对公平、正义、道德等美好品质的追求，体现了人们的公平信念水平的确位于中等偏上的稳定水平。然而，当对不道德行为惩罚结果与其公平感知不符时，人们往往难以接受，这将会引发人们对事件主人公的极端关注，挖掘并曝光事件主人公的隐私，也会对相关机构产生不满和不信任，使相关机构公信力降低。

本研究的结果发现，不道德者的贫富身份对不道德行为惩罚的公平感具有调节作用。对不道德行为惩罚的公平感会受到贫富身份与惩罚程度的交互影响，相较于严判的惩罚，对不道德的富人轻判后，人们的公平感低，即出现"富人严惩效应"。这也正好验证了本文的假设 2。在本研究的实验情境中，被试既不是不道德行为事件直接的行为者，也不是受害者，而是只作为一个旁观者来对不道德行为惩罚的公平性进行感知，除了上文讨论过的被试主观社会经济地位的影响，人们在个人经验和共情能力等方面的差异，也会影响他们对不道德行为惩罚程度做出不同的公平感反应。一般而言，人们更可能怜悯穷人等低社会阶层群体，同理，则更不理解富人等高社会阶层，这会导致人们对富人等高社会阶层的群体存在不良印象（方学梅，2017），出现严惩富人的倾向。与杨金花等（2017）提出的"富人道德极化"现象相似，"富人严惩效应"表达了人们对富人有更高的要求。

本研究的结果发现，公平信念可以正向预测公平感，但公平信念并没有调节不道德行为惩罚程度和贫富身份对公平感的影响。这与本文的假设 3 有些不符。可能的原因有如下两点。

一方面，本研究为了使实验所使用的新闻材料有更高的真实性，涉及了新京报、朝阳法院等真实的高权威机构，这容易使被试认为对不道德行为的惩罚是合理的，不易产生异议，从而未启动自己的公平信念来调节自己对惩罚结果的公平感。此外，研究中新闻材料选取的是微小违法事件而非纯道德问题，法律可能是一个额外变量。因此，在进行司法判决时，相关机构和人员需要注意启动自身公平信念，使判决结果更加合理化，从而提升社会大众的公平感。

另一方面，人们与不道德者的社会距离也可能会影响公平信念。人们在对亲密伙伴、陌生人甚至敌人会做出截然不同的道德责任归因判断（喻丰、许丽颖，2019）。在完全虚构的道德归因情境中，观点采择与责备程度不存在显著相关，然而将亲密的人代入其中后却发现被试越能站在亲密者的角度考虑问题，会越少地将道德责任归因于亲密者（Arriaga & Rusbult，1998）。本研究采用的是虚构情境，人们与不道德者的距离显然比较远，很有可能不会启动公平信念来思考惩罚的合理性或公平性。例如，近年来人们在网络平台上对不道德行为的热议中，会不假思索地对不道德者进行评判，进而引发了一系列负面的社会影响。这将不利于社会的和谐安定。因此，在进行不道德行为评判或司法判决时，应从多个角度平等看待不道德者，客观公正地惩罚不道德者，多启动公平信念来维持社会和谐稳定，不能一概而论或随波逐流。

（二）研究意义

本研究发现的不道德行为惩罚对公平感的影响，以及"富人严惩效应"，对构建我国和谐社会、促进社会公平正义有一定的启示。

相关机构在面对不道德行为问题的警告、处罚、判决等处理时，要有理有据、按章办事，以便更好地维护人们的公平感。特别是在网络时代，处理不当会引发网友较低的社会公平感，他们会产生怀疑、愤怒和无助感，容易引发消极舆论和网络极端事件，不利于构建和谐社会。反之，进行合理恰当的处理，激发人们的公平感，也会激发人们更多积极的亲社会行为（Van Prooijen et al. ，2006）。

社会舆论对富人形象的评价不够积极，认为富人会借助各种资源，利用手中的财富，动用各种手段来干预司法、花钱买减刑，甚至逃避法律制裁（谭晓玉，2009）。这些表现代表了人们对社会公平公正的担忧。如果司法机关依法办事、秉公执法，法律面前人人平等，老百姓就会有较高的公平感，对贫富身份不同的不道德者惩罚的公平感知差异也就会减小。

缩小贫富差距，弱化贫富身份，这正是我国现阶段提出的共同富裕目标的重要意义，在中国特色社会主义制度保障下，全体人民共创日益发达、领先世界的生产力水平，共享日益幸福而美好的生活（刘培林等，2021）。也就是说，要尽可能地将贫富差距控制在一定范围内，保证人民最大程度的公平，提升人民的公平感，实现社会的公平正义与和谐稳定，让全体人民共同过上美好生活，从而实现新时代共同富裕的美好愿景。

（三）研究局限与展望

本研究也存在一定的局限。第一，研究选择了一个对违法行为量刑的案例，虽然是对不道德行为者的惩罚程度做道德判断，但仍存在法律与道德相掺杂的问题。未来可以将违法行为换成纯道德行为进一步验证"富人严惩效应"。第二，本研究过程中所呈现的文字类材料可能会造成疲劳效应，从而影响实验结果。未来可以用更简洁直观的图片、视频或漫画册等图文并茂的材料进行研究。第三，本研究中公平感因特定情境限制，由一道题目完成测量，尽管也有研究者在其研究中使用一个项目测量因变量（Messé & Watts，1983；胡小勇、郭永玉、李静、杨沈龙，2016），但未来可以选用信效度更好的公平感量表进行测量。第四，本研究采取了被试间设计，不同组别间不能做到完全同质，组间差异可能对实验结果的准确性有一些影响。比如，有些被试之前经历的不公平事件较多，这会降低其公平感，减弱他们对他人的信任（Barone & Mocetti，2016），并增加攻击与报复行为（Brüne，Juckel，& Enzi，2013），即认为不道德行为的惩罚越严越好。在未来研究中，研究人员可以考虑进行被试内实验设计或混合设计，进一步验证本研究的假设。第五，在研究二中，对公平信念的测量没有进行后测，理论上来讲，公平信念是比较稳定的，但不道德行为惩罚的判决是否会影响被试的公平信念呢？未来研究可以将公平信念进行实验后测，进行进一步的研究。

（四）结论

综上所述，本研究发现：（1）不道德行为惩罚会影响公平感，对不道德行为的轻判会引发人们较低的公平感；（2）不道德者的贫富身份对不道德行为惩罚的公平感具有调节作用；对富人不道德行为的惩罚更严时，人们感知到的公平更强，即对不道德行为惩罚时出现了"富人严惩效应"；（3）当加入公平信念变量后，"富人严惩效应"仍然存在；（4）公平信念能够正向预测公平感，但并未调节人们对贫富群体不道德行为惩罚引发的公平感。

参考文献

杜建政、祝振兵，2007，《公正世界信念：概念、测量、及研究热点》，《心理科学进展》第 15 期。

方学梅，2017，《不平等归因、社会比较对社会公平感的影响》，《华东理工大学学报》（社会科学版）第 2 期。

胡小勇、郭永玉、李静、杨沈龙，2016，《社会公平感对不同阶层目标达成的影响及其过程》，《心理学报》第 3 期。

景卫丽，2011，《受害者无辜、群体类型对公正世界信念构成威胁的影响》，硕士学位论文，河南大学。

孔恺臻、顾宇涵，2021，《相对剥夺感与应对方式及公正世界信念的中介作用》，《延安职业技术学院学报》第 4 期。

李春玲，2005，《各阶层的社会不公平感比较分析》，《中国党政干部论坛》第 9 期。

林健、肖唐镖，2021，《社会公平感是如何影响政治参与的？——基于 CSS2019 全国抽样调查数据的分析》，《华中师范大学学报》（人文社会科学版）第 6 期。

刘培林、钱滔、黄先海、董雪兵，2021，《共同富裕的内涵、实现路径与测度方法》，《管理世界》第 8 期。

陆学艺，2002，《当代中国社会阶层研究报告》，社会科学文献出版社。

吕晓俊，2010，《社会公平感形成的心理机制研究述评》，《河南师范大学学报》（哲学社会科学版）第 3 期。

石磊，2001，《简述我国社会的贫富阶层状况——由贫富差距看社会公平》，《南开大学法政学院学术论丛》。

谭晓玉，2009，《“富二代”同样需要法律的公平对待》，《青少年犯罪问题》第 4 期。

陶塑，2010，《对贫、富群体的刻板印象补偿——公平信念的作用机制研究》，博士学位论文，北京师范大学。

陶塑、许燕、袁灿灿，2015，《补偿性刻板印象激活对公平感的影响》，《中国临床心理学杂志》第 4 期。

王阳、丁毅、郭永玉，2021，《高社会阶层者的财富分享行为及其促进》，《心理科学》第 4 期。

翁定军，1999，《公平与公平感的社会心理分析》，《上海大学学报》（社会科学版）第 6 期。

翁定军，2010，《阶级或阶层意识中的心理因素：公平感和态度倾向》，《社会学研究》第 1 期。

吴侨峰、彭凯平，2019，《系统公正信念的积极社会意义——基于道德行为的考察》，《江淮论坛》第 5 期。

肖竺、王海霞、郭宇、林冰、蒋怀滨，2020，《大学生公正世界信念对抑郁的影响：希望和宽恕的多重中介作用》，《中华行为医学与脑科学杂志》第 1 期。

杨金花、金盛华，2017，《贫富群体心理融合中的“道德突显现象”》，《心理学探新》第 2 期。

杨金花、金盛华、曾美英、吴南、徐华，2017，《贫富群体心理融合中的“富人道德极化”现象》，《心理学进展》第 11 期。

易梅、田园、明桦、黄四林、辛自强，2019，《公正世界信念与大学生社会责任感的关系：人际信任的解释作用及其性别差异》，《心理发展与教育》第 3 期。

喻丰、彭凯平、董蕊、柴方圆、韩婷婷，2013，《道德人格研究：范式与分歧》，《心理科学进展》第 12 期。

喻丰、许丽颖，2019，《道德责任归因中的变与不变》，《武汉科技大学学报》（社会科学版）第 1 期。

袁浩、顾洁，2015，《社会公平感、政治效能感与政治信任——基于 2010 年中国综合社会调查数据的分位数回归分析》，《甘肃行政学院学报》第 2 期。

张茂鑫、刘红云，2019，《公平感对社会认知的影响：经济因素的调节作用》，《心理学探新》第 2 期。

张文睿，2020，《“为富不仁？”社会阶层与道德敏感性的关系研究》，硕士学位论文，湖南师范大学。

张玉，2021，《大学生对不同社会阶层行为者的道德判断》，硕士学位论文，云南师范大学。

赵英男，2021，《日常生活中的道德：中国人的道德基础研究》，硕士学位论文，吉林
大学。

赵琼，2005，《影响社会公平感的心理因素和社会因素》，《光明日报》。

周浩、龙立荣，2010，《公平感社会比较的参照对象选择研究述评》，《心理科学进展》
第 6 期。

周晓林、胡捷、彭璐，2015，《社会情境影响公平感知及相关行为的神经机制》，《心理
与行为研究》第 5 期。

Arriaga Ximena, B. & Rusbult Caryl, E. (1998). Standing in my Partner's Shoes: Partner
Perspective Taking and Reactions to Accommodative Dilemmas. *Personality and Social
Psychology Bulletin*, 24 (9), 927 – 948.

Barone, G. & Mocetti, S. (2016). Inequality and Trust: New Evidence from Panel Da-
ta. *Economic Inquiry*, 54 (2), 794 – 809.

Brüne, M., Juckel, G. & Enzi, B. (2013). "An Eye for an Eye"? Neural Correlates of
Retribution and Forgiveness. *PLoS ONE*, 8 (8), e73519.

Colquitt, J. A., Conlon, D. E., Wesson, M. J., Porter, C. O. L. H. & Ng, K. Y.
(2001). Justice at the Millennium: A Meta-analytic Review of 25 Years of Organiza-
tional Justice Research. *Journal of Applied Psychology*, 86, 425 – 445.

Dalbert, C. (2002). Beliefs in a Just World as a Buffer Against Anger. *Social Justice Re-
search*, 15 (2), 123 – 145.

Dalbert, C. & Stoeber, J. (2005). The Belief in a Just World and Distress at School. *Social
Psychology of Education*, 123 – 135.

Dalbert, C. (1999). The World is More Just for Me than Generally: About the Personal
Belief in a Just World Scale's Validity. *Social Justice Research*, 12 (2), 79 – 98.

Gao, X. X., Yu, H. B., Sáez, I., Blue, P. R., Zhu, L. S., Hsu, M. & Zhou,
X. L. (2018). Distinguishing Neural Correlates of Context-dependent Advantageous—
and Disadvantageous Inequity Aversion. *Proceedings of the National Academy of Sciences*,
115 (33), 7680 – 7689.

Greene, J. D., Sommerville, R. B., Nystrom, L. E., Darley, J. M. & Cohen, J. D.
(2001). An f MRI Investigation of Emotional Engagement in Moral Judgment. *Science*,
293, 2105 – 2108.

Greene, J. D. (2007). The Secret Joke of Kant's soul. In W. Sinnott-Armstrong (Eds.),
Moral psychology, vol. 3: *The Neuroscience of Morality: Emotion, Disease, and Develop-
ment*, (pp. 35 – 80). Cambridge, MA: MIT Press.

Hafer, C. L., & Olson, J. M. (1989). Belief in a just World and Reactions to Personal
Deprivation. *Journal of Personality*, 57, 799 – 823.

Lerner, M. J. & Miller, D. J. (1978). Just World Research and the Attribution Process:
Looking back and ahead. *Psychological Bulletin*, 85 (5), 1030 – 1051.

Lerner, M. J. (1980). *The Belief in a Just World: A Fundamental Delusion*. New York: Ple-
num Press.

Messé，L. A. & Watts，B. L.（1983）. Complex Nature of the Sense of Fairness: Internal Standards and Social Comparison as Bases for Reward Evaluations. *Journal of Personality and Social Psychology*，45（1），84 – 93.

Piff，P. K.，Kraus，M. W.，Côté，S.，Cheng，B. H. & Keltner，D.（2010）. Having less，Giving more: The Influence of Social Class on Prosocial Behavior. *Journal of Personal and Social Psychology*，99，771 – 784.

Shaw，M. E. & Costanzo，P. R.（1982）. *Theories of Social Psychology*. New York St. Louis San Francisco Auckland Bogota Hamburg: Mc Graw-Hill Book Company.

Simmons，C. H.（1966）. Observer's Reaction to the "innocent victim": Compassion or Rejection? *Journal of Personality and Social Psychology*，4（2），203 – 210.

Umphress，E. E. & Bingham，J. B.（2011）. When Employees do bad Things for Good Reasons: Examining Unethical Pro-organizational Behaviors. *Organization Science*，22（3），621 – 640.

Van Prooijen，J. W.，Van den Bos，K.，Lind，E. A. & Wilke，H. A. M.（2006）. How do People React to Negative Procedures? On the Moderating Role of Authority's Biased Attitudes. *Journal of Experimental Social Psychology*，42（5），632 – 645.

附　录

1. 实验材料

指导语：下面，您将会看到一则新闻，该新闻是最近发生的一件社会新闻，来自北京发行量最大的报纸《新京报》2011 年 10 月 17 日的新闻报道。请您认真阅读这篇新闻报道，之后回答一些问题。

富人轻判

宝马男子肇事撞人逃逸判决，知名律师称判决可能过轻

2011 年 8 月 5 日 15：30 分左右，某企业老总薛林春（化名）驾一辆黑色宝马轿车在太阳宫公交车站附近，将一名横穿马路的中年男子撞飞。薛林春不但没有停车，反而加速行驶，迅速逃离。多名路人呼喊未果，目击者记下肇事车牌号后报警。被撞男子在送往医院的途中死亡。

警方根据目击者提供的车牌号找到肇事司机薛林春，对薛林春采血，并对所驾宝马车进行检测，鉴定其为醉酒超速驾驶。

肇事司机薛林春为一家大型企业的老总，案发后，薛林春的家属积极赔偿，赔偿死者家属 46 万元，取得对方谅解。法庭鉴于薛林春的认罪态度较好，其亲属积极赔偿受害人损失，酌情从轻处罚。

此案于 2011 年 10 月 15 日在北京市朝阳区人民法院公开开庭审理。朝阳区人民检察院以交通肇事罪起诉薛林春，列举了相关犯罪事实。薛林春

对犯罪事实供认不讳。

朝阳区人民法院15日以交通肇事罪判处犯罪嫌疑人薛林春有期徒刑6年。薛林春对判决没有发表意见。

知名律师质疑：本案惩罚可能过轻

最高人民法院2009年印发了《关于醉酒驾车犯罪法律适用问题的意见》。即：行为人醉酒驾车"肇事后继续驾车冲撞，造成重大伤亡，说明行为人主观上对持续发生的危害结果持放任态度，具有危害公共安全的故意。对此类醉酒驾车造成重大伤亡的，应依法以危险方法危害公共安全罪定罪"。本案中，被告人薛林春违反交通法规醉酒驾车，持放任态度，已构成了刑法上的"间接故意"。此外，被告人薛林春在撞飞他人后蓄意逃逸是明显的主观故意行为。因此本案更符合危害公共安全罪的构成，根据危害公共安全罪的判处原则，应该判处有期徒刑10年。而本案中的判决可能过轻。

富人标准判

宝马男子肇事撞人逃逸判决，知名律师称惩罚适当

2011年8月5日15:30分左右，某企业老总薛林春（化名）驾一辆黑色宝马轿车在太阳宫公交车站附近，将一名横穿马路的中年男子撞飞。薛林春不但没有停车，反而加速行驶，迅速逃离。多名路人呼喊未果，目击者记下肇事车牌号后报警。被撞男子在送往医院的途中死亡。

警方根据目击者提供的车牌号找到肇事司机薛林春，对薛林春采血，并对所驾宝马车进行检测，鉴定其为醉酒超速驾驶。

肇事司机薛林春为一家大型企业的老总，案发后，薛林春的家属积极赔偿，赔偿死者家属46万元，取得对方谅解。法庭鉴于薛林春的认罪态度较好，其亲属积极赔偿受害人损失，酌情从轻处罚。

此案于2011年10月15日在北京市朝阳区人民法院公开开庭审理。朝阳区人民检察院以交通肇事罪起诉薛林春，列举了相关犯罪事实。薛林春对犯罪事实供认不讳。

朝阳区人民法院15日以交通肇事罪判处犯罪嫌疑人薛林春有期徒刑6年。薛林春对判决没有发表意见。

知名律师解读：本案惩罚适当

对于判处薛林春有期徒刑6年的惩罚依据，朝阳区人民法院答复称，惩罚首先要符合法律规定，其次要符合宽严相济刑事政策，同时考虑被告人的从宽和从严处罚情节，在法定惩罚范围内，慎重稳妥地做出决定。《中华人民共和国刑法》第133条规定，交通肇事后逃逸的，应当判处3

年以上 7 年以下有期徒刑。虽然薛林春亲属积极代为赔偿被害人经济损失，取得被害方的谅解，且其当庭自愿认罪，悔罪态度较好，具有酌定从轻处罚的幅度，但薛林春醉酒驾车、超速行驶，致受害者死亡，且肇事后逃逸，犯罪情节恶劣，应依法严惩。一审法院综合考虑本案的具体情节，判处薛林春有期徒刑 6 年，惩罚适当。

富人严判

宝马男子肇事撞人逃逸判决，知名律师称判决可能过重

2011 年 8 月 5 日 15：30 分左右，某企业老总薛林春（化名）驾一辆黑色宝马轿车在太阳宫公交车站附近，将一名横穿马路的中年男子撞飞。薛林春不但没有停车，反而加速行驶，迅速逃离。多名路人呼喊未果，目击者记下肇事车牌号后报警。被撞男子在送往医院的途中死亡。

警方根据目击者提供的车牌号找到肇事司机薛林春，对薛林春采血，并对所驾宝马车进行检测，鉴定其为醉酒超速驾驶。

肇事司机薛林春为一家大型企业的老总，案发后，薛林春的家属积极赔偿，赔偿死者家属 46 万元，取得对方谅解。法庭鉴于薛林春的认罪态度较好，其亲属积极赔偿受害人损失，酌情从轻处罚。

此案于 2011 年 10 月 15 日在北京市朝阳区人民法院公开开庭审理。朝阳区人民检察院以危害公共安全罪起诉薛林春，列举了相关犯罪事实。薛林春对犯罪事实供认不讳。

朝阳区人民法院 15 日以危害公共安全罪判处犯罪嫌疑人薛林春有期徒刑 10 年。薛林春对判决没有发表意见。

知名律师质疑：本案惩罚可能过重

根据《中华人民共和国刑法》第 133 条规定，交通肇事后逃逸的，应当判处 3 年以上 7 年以下有期徒刑。本案中行为人薛林春酒后驾车，应定为交通肇事罪，交通肇事罪属过失犯罪，而法院以危害公共安全罪故意犯罪定罪可能不妥。此外，薛林春的亲属积极代为赔偿被害人经济损失，试图取得被害方的谅解，且其当庭自愿认罪，悔罪态度较好，具有酌定从轻处罚的幅度。法院应综合考虑本案的具体情节，判处薛林春有期徒刑 7 年。而本案中的判决可能过严。

穷人轻判

面包车男子肇事撞人逃逸判决，知名律师称判决可能过轻

2011 年 8 月 5 日 15：30 分左右，某建筑工人薛林春（化名）驾一辆二手面包车在太阳宫公交车站附近，将一名横穿马路的中年男子撞飞。薛林春不但没有停车，反而加速行驶，迅速逃离。多名路人呼喊未果，目击者记下肇事车牌号后报警。被撞男子在送往医院的途中死亡。

警方根据目击者提供的车牌号找到肇事司机薛林春，对薛林春采血，并对所驾二手面包车进行检测，鉴定其为醉酒超速驾驶。

肇事薛林春为一家建筑工地的工人。案发后，薛林春的家属积极赔偿，尽其所能赔偿死者家属 1 万元，希望取得对方谅解。法庭鉴于薛林春的认罪态度较好，其亲属倾其所能，积极赔偿受害人损失，酌情从轻处罚。

此案于 2011 年 10 月 15 日在北京市朝阳区人民法院公开开庭审理。朝阳区人民检察院以交通肇事罪起诉薛林春，列举了相关犯罪事实。薛林春对犯罪事实供认不讳。

朝阳区人民法院 15 日以交通肇事罪判处犯罪嫌疑人薛林春有期徒刑 7 年。薛林春对判决没有发表意见。

知名律师质疑：本案惩罚可能过轻

最高人民法院 2009 年印发了《关于醉酒驾车犯罪法律适用问题的意见》。即：行为人醉酒驾车"肇事后继续驾车冲撞，造成重大伤亡，说明行为人主观上对持续发生的危害结果持放任态度，具有危害公共安全的故意。对此类醉酒驾车造成重大伤亡的，应依法以危险方法危害公共安全罪定罪。"本案中，被告人薛林春违反交通法规醉酒驾车，持放任态度，已构成了刑法上的"间接故意"。此外，被告人薛林春在撞飞他人后蓄意逃逸是明显的主观故意行为。因此本案更符合危害公共安全罪的构成，根据危害公共安全罪的判处原则，应该判处有期徒刑 10 年。而本案中的判决可能过轻。

穷人标准判

面包车男子肇事撞人逃逸判决，知名律师称惩罚适当

2011 年 8 月 5 日 15：30 分左右，某建筑工人薛林春（化名）驾一辆二手面包车在太阳宫公交车站附近，将一名横穿马路的中年男子撞飞。薛林春不但没有停车，反而加速行驶，迅速逃离。多名路人呼喊未果，目击者记下肇事车牌号后报警。被撞男子在送往医院的途中死亡。

警方根据目击者提供的车牌号找到肇事司机薛林春，对薛林春采血，并对所驾二手面包车进行检测，鉴定其为醉酒超速驾驶。

肇事薛林春为一家建筑工地的工人。案发后，薛林春的家属积极赔偿，尽其所能赔偿死者家属 1 万元，希望取得对方谅解。法庭鉴于薛林春的认罪态度较好，其亲属倾其所能，积极赔偿受害人损失，酌情从轻处罚。

此案于 2011 年 10 月 15 日在北京市朝阳区人民法院公开开庭审理。朝阳区人民检察院以交通肇事罪起诉薛林春，列举了相关犯罪事实。薛林春对犯罪事实供认不讳。

朝阳区人民法院 15 日以交通肇事罪判处犯罪嫌疑人薛林春有期徒刑 7 年。薛林春对判决没有发表意见。

知名律师解读：本案惩罚适当

对于判处薛林春有期徒刑 7 年的惩罚依据，朝阳区人民法院答复称，惩罚首先要符合法律规定，其次要符合宽严相济刑事政策，同时考虑被告人的从宽和从严处罚情节，在法定惩罚范围内，慎重稳妥地做出决定。《中华人民共和国刑法》第 133 条规定，交通肇事后逃逸的，应当判处 3 年以上 7 年以下有期徒刑。虽然薛林春亲属积极代为赔偿被害人经济损失，取得被害方的谅解，且其当庭自愿认罪，悔罪态度较好，具有酌定从轻处罚的幅度，但薛林春醉酒驾车、超速行驶，致受害者死亡，且肇事后逃逸，犯罪情节恶劣，应依法严惩。一审法院综合考虑本案的具体情节，判处薛林春有期徒刑 7 年，惩罚适当。

穷人严判

面包车男子肇事撞人逃逸判决，知名律师称判决可能过重

2011 年 8 月 5 日 15：30 分左右，某建筑工人薛林春（化名）驾一辆二手面包车在太阳宫公交车站附近，将一名横穿马路的中年男子撞飞。薛林春不但没有停车，反而加速行驶，迅速逃离。多名路人呼喊未果，目击者记下肇事车牌号后报警。被撞男子在送往医院的途中死亡。

警方根据目击者提供的车牌号找到肇事司机薛林春，对薛林春采血，并对所驾二手面包车进行检测，鉴定其为醉酒超速驾驶。

肇事薛林春为一家建筑工地的工人。案发后，薛林春的家属积极赔偿，尽其所能赔偿死者家属 1 万元，希望取得对方谅解。法庭鉴于薛林春的认罪态度较好，其亲属倾其所能，积极赔偿受害人损失，酌情从轻处罚。

此案于 2011 年 10 月 15 日在北京市朝阳区人民法院公开开庭审理。朝阳区人民检察院以危害公共安全罪起诉薛林春，列举了相关犯罪事实。薛林春对犯罪事实供认不讳。

朝阳区人民法院 15 日以危害公共安全罪嫌疑人薛林春有期徒刑 10 年。薛林春对判决没有发表意见。

知名律师质疑：本案惩罚可能过重

根据《中华人民共和国刑法》第 133 条规定，交通肇事后逃逸的，应

当判处 3 年以上 7 年以下有期徒刑。本案中行为人薛林春酒后驾车，应定为交通肇事罪，交通肇事罪属过失犯罪，而法院以危害公共安全罪故意犯罪定罪可能不妥。此外，薛林春的亲属积极代为赔偿被害人经济损失，试图取得被害方的谅解，且其当庭自愿认罪，悔罪态度较好，具有酌定从轻处罚的幅度。法院应综合考虑本案的具体情节，判处薛林春有期徒刑 7 年。而本案中的判决可能过严。

2. 问卷

您认为法院对薛林春的判决是否公平？

1 非常不公平　2 比较不公平　3 有点不公平　4 不好说　5 有点公平
6 比较公平　7 非常公平

3. 基本公平信念问卷

指导语：下面有 15 个表述，请您判断您是否同意这些描述，并在数字上**画圈（○）**，1 表示完全不同意，2 表示比较不同意，3 表示有点儿不同意，4 表示不好说，5 表示有点儿同意，6 表示比较同意，7 表示完全同意。选择没有对错好坏之分，仅作科学研究之用，且绝对保密，所以请放心如实作答。

题项	完全不同意						完全同意
我相信好人必有好报。	1	2	3	4	5	6	7
我相信"物极必反"。	1	2	3	4	5	6	7
如果人们足够努力工作，就会得到好的生活。	1	2	3	4	5	6	7
我相信"善有善报，恶有恶报"。	1	2	3	4	5	6	7
我相信有得必有失。	1	2	3	4	5	6	7
我相信"天道酬勤"。	1	2	3	4	5	6	7
我相信付出和收获是公平的。	1	2	3	4	5	6	7
我相信"人无远虑，必有近忧"。	1	2	3	4	5	6	7
所有事情到最后终将公平。	1	2	3	4	5	6	7
我相信"人无完人"。	1	2	3	4	5	6	7
只要努力工作、提升自己，就必定可以成功。	1	2	3	4	5	6	7
绝大多数人都同时拥有好的和坏的品质。	1	2	3	4	5	6	7
我相信"塞翁失马，焉知非福"。	1	2	3	4	5	6	7
我相信"大难不死，必有后福"。	1	2	3	4	5	6	7
任何事情都既有积极的一面，也有消极的一面。	1	2	3	4	5	6	7

《中国社会心理学评论》　第 23 辑

第 61～78 页

© SSAP，2022

努力的意义：基于中国学生成长思维
与成就动机的阶层分析*

茅云云　周　婵　吴胜涛**

摘　要：努力奋斗是个体的道德义务，也是低阶层改变命运的道德动力。本研究基于国际学生评估项目（PISA）中国中学生样本（n = 12058）及某市大学生群体（n = 311），探讨了成长思维——相信人的能力可以后天改变，而非先天固定不变的思维模式——的阶层差异，及其与成就动机的关系。结果发现，低阶层学生成长思维与高阶层学生相当；成长思维对努力信念、掌握目标等成就动机指标具有显著的正向预测效应，且阶层在二者之间起调节作用，即相对于高阶层，低阶层学生成长思维对成就动机的预测效应更大。总之，成长思维有助于提升成就动机，是低阶层学生的重要心理资源，有助于减少成就动机的阶层差异。本研究对打破能力的天资伦、重新定义低阶层努力的道德价值具有重要理论和现实意义，也对教育实践和阶层治理具有重要启发。

关键词：成长思维　成就动机　努力信念　掌握目标　社会阶层

一　引言

随着经济全球化与中国社会的快速变迁，阶层分化问题凸显；尤其随

---

* 本研究获得厦门大学校长基金（20720221017）与国家社科基金一般项目（22BSH094）的资助。

** 茅云云，厦门大学社会与人类学院博士研究生；周婵，北京体育大学教育学院讲师、硕士生导师；吴胜涛，厦门大学社会与人类学院副教授，博士生导师，通信作者，E-mail：michaelstwu@ xmu. edu. cn。

着社会心态及个人选择的多元化，在部分物质匮乏的低阶层身上出现了精神妥协、放弃奋斗的现象。以"三和青年"为例，尽管他们过着睡大街、饿肚皮的底层生活，但仍然"做一天玩三天""混过今天，不想明天"，在生活困境面前失去了奋斗、翻身的动力（田丰、林凯玄，2020）。

近年来，研究者从成长思维这一社会认知因素入手，探索通过成就动机来促进阶层流动的心理路径，但对成长思维与成就动机之间的关系多停留在理论预设，而较少进行实证检验，尤其缺乏中国文化的直接证据。因此，本研究基于国际学生评估项目（PISA）中国大陆样本和中国某市大学生样本，考察中国文化背景下成长思维发挥作用的动机过程，分析不同阶层的成长思维差异，及其与成就动机的关系以及社会阶层的调节作用。

（一）努力的道德意义

努力是一种资源投入的承诺，它不仅是狭义的、物质资源投入的承诺，更重要的是情感、动机等心理资源投入的承诺，后者体现了一个人的核心品格与道德行为（Bigman & Tamir，2016）。研究发现，被试对高努力水平工人比对低努力水平工人的道德评价更高，尽管工人的努力行为不能产生经济价值；此外，基于自我目标的努力（如通过跑步保持自身健康）也会引发积极的道德判断（Celniker et al.，2020）。在人际互动的环境中，即使努力并没有产生物质价值，也会被认为具有道德价值；相反，懒惰或表现较少努力行为的人经常被贬值，被认为不值得获得帮助（Petersen et al.，2012）。

但值得注意的是，低阶层学生的努力容易被过度解读成天资不足的补偿。例如，一些特权者可能会把对劳动的崇尚解读为穷苦劳动者的斤斤计较和艰苦努力，认为艰苦努力只是用来弥补天资的不足。正是从这个意义上讲，有人对努力持补偿规则信念，认为"努力可以弥补低水平能力"，即低阶层、低能力者更需要努力，正所谓"勤能补拙"（Hong，2001）。在现实生活中，低成就者往往比高成就者工作更努力，这既是社会的道德期待，也是个体的道德义务。例如，Salili 等（1988）发现，中国香港的学生在学校的成绩明显低于欧裔加拿大学生，但中国香港的学生平均每周学习的时间更多。在努力的道德化动机驱使下，表现不佳的学生会强调努力学习，并更多地相信能力补偿规则；尤其当低阶层感知到较高的阶层流动时，会减弱阶层外归因的倾向，从而在学业坚持上表现得更好（伍升萍，2021）。

面对特权者对努力意义的价值颠倒，低阶层需要"抵制的再生产"，

带回被支配者的 "主体性"，所以更要重新定义努力的意义（吕鹏，2006）。从该角度出发，努力被认为是一种积极规则信念。在许多文化下，努力均是获得有益回报的道德前提。正所谓 "天道酬勤"，相信努力能换来成功是社会公理之一，该信念与自尊、敬业、创新人格、冲突解决等社会适应指标正向关联（Bond et al.，2004；Chen，Bond，& Cheung，2006；Lam et al.，2010；zhou，Leung，& Bond，2009）。在西方文化中，努力信念是新教工作伦理的重要体现；在中国文化中，努力被视作一种文化规范和文化常态，大多数人持有一种积极规则信念，即努力工作的人有更高的能力，而有高能力的人一定是努力工作的，正所谓 "能者多劳"（Hong，2001；Salili，Chiu，& Hong，2001）。对于学生而言，努力取得成绩被视为一种道德义务，努力是责任、也是一种实现掌握目标的方式（Tao & Hong，2000）。

总之，积极规则和补偿规则这两种看似矛盾的规则实际是共存的，且二者都是中国文化的基本道德规范——只不过前一种积极规则信念被广泛认同，而后一种补偿规则信念则存在明显的个体或群体差异。因此，在中国文化背景下探讨努力的道德意义，尤其是不同阶层成就动机及其背后的社会认知基础，具有重要的理论和现实意义。

（二）成长思维与成就动机

思维模式是个体看待自己和世界的认知方式或解释风格，对事实的解释和事实本身同样重要，甚至更重要（Dweck & Yeager，2019）。Dweck 基于 Whitehead（1938）的过程哲学和 Kelly（1955）的内隐理论提出了两种思维模式：动态发展观或成长思维（growth mindset），静态实体观或固定思维（fixed mindset）。成长思维者相信人的大部分基本能力（如智力和天分）都是可塑的，因此能够通过努力学习进行培养和发展；而固定思维者相信人的大部分基本能力都是与生俱来、无法改变的实体，因此会花时间去证明，而不是去培养和发展自己的天分（Dweck，2017；Dweck，Chiu，& Hong，1995）。

值得注意的是，很多研究主要关注成长思维与成绩的关系，而忽视了其背后的动机因素。如 Yeager 等（2018）指出成长思维显著正向预测学生的学业成绩和挫折之后的坚韧不拔，在支持成长思维干预的学校尤其如此。基于亚太经合组织 77 个经济体的大型调查发现，相对于持有固定思维者，持有成长思维的青少年语文、数学、科学成绩提高了 23% ~ 27%，有更高的生活满意度和更少的失败恐惧感——上述效应在国家层面也得到了验证（OECD，2019）。也有研究发现，成长思维促进人们形成积极的努力信念和学习目标，从而导致更少的无助归因和更积极的策略，最终推动成绩的提高（Blackwell，Trzesniewski，& Dweck，2007）。

从理论上讲，思维模式会影响一个人的动机及相关的信念、行为，甚至整个意义系统（Dweck & Yeager，2019）。成长思维模式促使人们重视勤奋努力，更关注学习过程中对目标的掌握程度，而非能力表现，在面临挫折时较少自责、会乐观地采用解决问题的应对方式；而固定思维模式促使人们更关注能力、对结果做特质归因，认为勤奋及失败都是能力低下的表现，在面对挫折、逆境时倾向于回避挑战（Dweck，2017；Dweck & Leggett，1988）。这为探讨成长思维的动机过程提供了理论依据，但很少有研究者意识到成长思维在特别重视努力道德的中国文化背景下如何表现（Weber & Kalberg，2013）。例如，研究表明努力归因可能会让中国学生觉得自身能力差、是低任务导向的（Hong，2001；Stevenson et al.，1991），低成就学生花在学习上的时间可能仅仅是履行角色义务的一种手段，而不是被能力补偿规则所激励，并且过高水平的努力会引起他们的焦虑。但也有研究表明，努力归因与成长思维存在正向关联，例如，倾向于努力归因的教师比倾向于能力归因的教师，更可能认为人的智力是可塑的（Hong，2001）。

（三）成长思维的阶层差异

许多研究将成长思维形容为能够解决各类教育弊病的万金油，却忽视了结构性障碍和社会经济资源对成长思维的影响，这导致了一些与之前研究相矛盾的结果，如成长思维负向预测学生的学业成绩（Aronson et al.，2002；Corradi et al.，2019），或与学业成绩无关（Furnham et al.，2003；Macnamara & Rupani，2017）。因为社会经济地位（如经济资源、社区环境、生活经历、社会网络等）会系统地影响一个人的自我定位（Destin et al.，2019），低阶层的孩子更有可能制定避免产生负面结果的表现目标、而非掌握目标（Dweck & Leggett，1988），所以需要重视成长思维与结构因素的相互作用（Claro et al.，2016；Walton & Yeager，2020）。

然而，若低阶层者持有更多的成长思维，则会表现出更高的努力水平和学业成就。基于智利中学生的全国大样本分析表明，尽管来自低收入家庭的学生较少可能持有成长思维，但对于成长思维者而言，低收入家庭的学生与高收入家庭学生的语言、数学成绩差距更小，这说明成长思维部分抵消了贫困带来的不利影响（Claroa et al.，2016）。一项基于美国大一新生的大样本在线干预实验表明，在线成长思维干预可以显著缩小种族、民族、经济收入等造成的学业成绩群体差异，可以促进弱势群体学生更多地去寻求学校服务、同伴友谊及导师支持（Yeager et al.，2016）。基于亚太经合组织 77 个经济体的大型调查发现，相对于固定思维，持有成长思维的学生在学业成绩上表现出更小的群体分化，例如，相对于男生和来自高阶层、非移民家庭的学生，成长思维对女生和来自低阶层、移民家庭的学生的学业成绩的正向预测效应更显著（OECD，2019）。

以上研究说明，成长思维持有者相信现状可以被改变（如自己的社会经济地位可以被改变），尤其在个体面临挫折时，成长思维者很少用当下的社会经济地位来定义自己的能力，相反更有可能设定更高的目标并且采取持续、有效的努力，并在解决问题的过程中保持积极的期望；而固定思维者强调自我与世界的稳定性及未来的可预测性，促使个体对挫折进行特质归因，做出消极、无助的应对（Burnette，2010；Dweck，Chiu，& Hong，1995）。

阶层文化心理研究表明，高阶层偏向于个人主义，强调独立自我，注重特质归因；低阶层偏向于集体主义，强调互依自我，注重情境归因（Kraus et al.，2012；Stephens，Markus，& Fryberg，2012）。进而，个体主义的高阶层更容易产生固定思维，相信人的能力固定不变；集体主义的低阶层容易产生成长思维，相信人的能力是可塑的（Dweck，Chiu，& Hong，1995）。跨文化研究也表明，相比于个体主义文化，在集体主义的亚洲文化中，人们更加相信和关注人的可发展特征（Stevenson & Stigler，1994）。因此，我们有理由相信，对那些处境不利的低阶层而言，成长思维更可能因为文化价值观的匹配而被认同，也更可能产生积极的成就动机效应，至少能缩小外部不利环境（如社会经济地位低下）造成的群体分化。

（四）研究问题与假设

尽管成长思维与努力信念、掌握目标等成就动机指标具有内在的理论关联性，且已经在西方社会得到证实；但全球大样本调查显示，不同国家或地区学生的成长思维存在群体差异，且在不同文化下人们对成长思维的理解和努力的道德规范也有所不同（辛涛、贾瑜，2019；OECD，2019），因此有必要在中国社会背景下重新审视、验证成长思维与成就动机的关系，以及社会阶层的作用。本研究拟通过 PISA 项目中国中学生样本及某市大学生样本，考察中国文化背景下成长思维的阶层差异，及其与成就动机的关系。

首先，高阶层的个体主义让他们更重视个人特质归因，低阶层的集体主义让他们更倾向于看到环境的动态复杂性，所以后者更容易产生相信人的能力具有可塑性的成长思维（Dweck，Chiu，& Hong，1995），也就是说，对处境不利的低阶层而言，成长思维是与其价值观更匹配的思维模式。所以，我们假设：成长思维具有显著的阶层差异，低阶层比高阶层持有更多的成长思维（H1）。

其次，鉴于成长思维促使人们重视勤奋努力，更关注学习过程中目标的掌握程度，而非能力表现（Dweck，2017；Dweck & Leggett，1988），我们假设：成长思维正向预测成就动机，成长思维得分越高，越认同努力信念和掌握目标（H2）。

最后，考虑到环境的动态复杂性是低阶层更为突出的生活现实，成长思维有助于他们在面临挫折时较少自责、采用乐观于问题解决的应对方式（Dweck，2017），可以部分抵消贫困等处境不利因素带来的负面影响（Yeager et al.，2016），我们假设：相对于来自高阶层的学生，低阶层学生的成长思维对成就动机的预测效应更大（H3）。

二　研究1：来自国际学生评估项目（PISA）的证据

（一）研究方法

1. 数据来源

PISA（Programme for International Student Assessment）是 OECD 进行的当前最具国际影响力的教育状况评价项目，从 2000 年起每 3 年一次。2018年，教育部组织北京、上海、江苏、浙江四省市参加了 PISA。调查采用严格的两阶段抽样，首先在整个省内不同办学水平的学校中采用分层等比抽样选中样本学校，再以完全随机抽样法在样本学校内部抽取一定数量的学生样本（辛涛等，2020）。最终，四省市 361 所学校的 12058 名学生参加了测验及问卷调查，其中男生 6283 人、女生 5775 人，年龄为 15.77 ± 0.29 岁。

2. 研究材料

成长思维的测量是问被试在多大程度上同意"你的智力是你难以大幅改变的"这一说法（1 = 非常不同意、4 = 非常同意），反向记分后，分数越高表示学生越可能具有成长思维。

成就动机包括努力信念、掌握目标两个指标。其中努力信念的测量采用 3 个条目，如"在学校努力学习有助于我将来找份好工作""在学校努力学习有助于我将来考进好大学""在学校努力学习很重要"，1~4 点计分（1 = 非常同意、4 = 非常不同意，*Cronbach's* α = 0.88），反向计分后，分数越高表示学生的努力信念越强。掌握目标量表也有 3 个题目，如"我的目标是学得越多越好""我的目标是完全掌握课堂上的教学内容""我的目标是尽可能彻底理解课堂内容"，1 ~ 5 点计分（1 = 完全不准确、5 = 极为准确，$Cronbach's\ \alpha = 0.72$），分数越高表示学生越认可掌握目标。

社会阶层的测量由父母最高教育水平、父母最高职业地位、家庭财产（含图书保有量）三个指标合成。三个指标中若有一个为缺失值，则使用基于其他两个指标回归方程的预测值再加一个随机成分来替代；若有两个或以上指标为缺失值，则社会阶层指标为缺失值。

（二）结果

1. 成长思维与成就动机的相关分析

首先，对学生的成长思维、努力信念、掌握目标及社会阶层进行描述性统计和相关分析。如表 1 所示，成长思维与社会阶层、年龄显著负相关，与努力信念、掌握目标显著正相关；努力信念与掌握目标显著正相关，且二者均与社会阶层呈显著正相关。

表 1　中学生成长思维与成就动机的相关分析

变量	M	SD	1	2	3	4	5
1. 成长思维	2.60	0.90					
2. 努力信念	3.44	0.62	0.04 **				
3. 掌握目标	3.39	0.85	0.06 **	0.28 **			
4. 年龄	15.77	0.29	− 0.04 **	− 0.03 **	− 0.03 **		
5. 性别[a]	N/A	N/A	0.06 **	− 0.06 **	− 0.02 *	0.00	
6. 社会阶层	− 0.36	1.09	− 0.09 **	0.10 **	0.15 **	− 0.04 **	− 0.02 *

注：[a]1 = 女，2 = 男；* $p < 0.05$，** $p < 0.01$。

进而，我们按照二分法将非常不同意或不同意"你的智力是你难以大幅改变的"这一说法编码为成长思维（占 52.6%），同意或非常同意的为固定思维（占 47.4%），对努力信念、掌握目标进行独立样本 t 检验。结果如图 1 所示，相对于固定思维者（$M_{努力信念} = 3.41$，$SD_{努力信念} = 0.63$；$M_{掌握目标} = 3.35$，$SD_{掌握目标} = 0.84$），持有成长思维的学生努力信念、掌握目标得分显著更高（$M_{努力信念} = 3.46$，$SD_{努力信念} = 0.62$；$M_{掌握目标} = 3.42$，$SD_{掌握目标} = 0.86$），$t = 4.34 \sim 4.68$，Cohen's $d = 0.08$，均 $p < 0.001$。

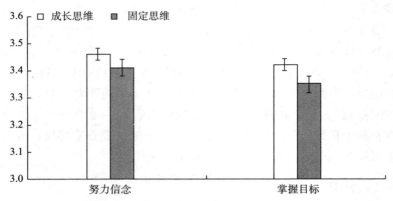

图 1 不同思维方式学生在努力信念、掌握目标上的组间差异

2. 社会阶层在成长思维与成就动机之间的调节作用

为了进一步检验社会阶层的调节作用，我们将成长思维得分作为自变量、社会经济作为调节变量，以性别、年龄为协变量，并分别将努力信念、掌握目标作为因变量进行多元回归。如表 2 所示，对于努力信念，年龄、性别、社会阶层、成长思维、成长思维与社会阶层交互项的预测效应均达到显著水平；对于掌握目标，性别、社会阶层、成长思维、成长思维与社会阶层交互项的预测效应均达到显著水平。简单效应分析表明，对于低社会阶层者，成长思维显著预测努力信念 ($B = 0.06$, $SE = 0.01$, $t = 6.66$, $p < 0.001$) 与掌握目标 ($B = 0.09$, $SE = 0.01$, $t = 7.33$, $p < 0.001$)；对于高社会阶层者，成长思维显著预测努力信念 ($B = 0.02$, $SE = 0.01$, $t = 2.19$, $p < 0.05$) 与掌握目标 ($B = 0.06$, $SE = 0.01$, $t = 4.98$, $p < 0.001$)，但效应量较小。

表 2 中学生成长思维与成就动机的分层回归

	阶层调节模型				性别调节模型			
	（1）努力信念		（2）掌握目标		（3）努力信念		（4）掌握目标	
	B	SE	B	SE	B	SE	B	SE
年龄	-0.02*	0.01	-0.02	0.01	-0.02*	0.01	-0.02	0.01
性别[a]	-0.06***	0.01	-0.02**	0.01	-0.03	0.03	-0.00	0.03
社会阶层	0.19***	0.03	0.21***	0.03	0.11***	0.01	0.16***	0.01
成长思维	0.05***	0.01	0.07***	0.01	0.09**	0.03	0.10***	0.03
成长思维 * 社会阶层	-0.10***	0.03	-0.06*	0.03				

续表

	阶层调节模型				性别调节模型			
	（1）努力信念		（2）掌握目标		（3）努力信念		（4）掌握目标	
	B	SE	B	SE	B	SE	B	SE
成长思维 * 性别					− 0.05	0.04	− 0.04	0.04
R^2	0.02		0.03		0.02		0.03	
调整后的 R^2	0.02		0.03		0.02		0.03	
Num. obs.	11976		11974		11976		11974	

注：[a]1 = 女，2 = 男；* $p < 0.05$，** $p < 0.01$，*** $p < 0.001$。

　　如图 2 所示，社会阶层在成长思维与成就动机之间起显著调节作用，即相对于高阶层，低阶层的成长思维对努力信念、掌握目标的预测效应更显著。类似地，我们以性别为调节变量，对努力信念、掌握目标进行多元回归分析，但调节效应均未达到显著水平，详见表 2。

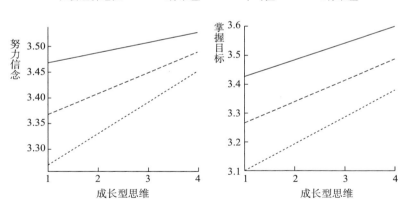

图 2　社会阶层对成长思维与努力信念（左）、掌握目标（右）的调节作用

（三）讨论

　　基于 PISA 中国大陆中学生样本的分析表明，成长思维存在阶层差异，即相对于高阶层，低阶层学生有更多成长思维，但效应量很低（$d = .08$），因此，只能说低阶层的成长思维与高阶层相当。进而，成长思维正向预测成就动机，且相对于高阶层学生，低阶层学生的成长思维对努力信念、掌握目标的预测效应更显著。

然而，研究 1 中成长思维仅使用单题测量，缺乏信度指标；且 intelligence 被翻译成"智力"、而非一般意义上的"能力"，在中文语境下容易引起误解。此外，PISA 项目只调查了 15 岁左右的初中生，其结论的可推广性有限。

三 研究 2：关于某市大学生群体的研究

研究 2 基于中国大陆某市的大学生样本，对研究 1 中发现的成长思维的阶层差异及成就动机效应进行重复验证。同时，对成长思维的测量采用以往学术研究中的多条目量表，以保证关键指标测量的可靠性。

（一）研究方法

1. 被试

以某市大学生为被试在课堂上进行集体施测，发放问卷 321 份，其中 10 人随机作答，最终收回有效问卷 311 份，有效率 97%。在有效被试中，男生 118 人、女生 193 人，平均年龄为 20.01 ± 1.22 岁，理科生有 188 人、文科生有 123 人。

2. 研究材料

成长思维量表包含 3 个条目（Dweck，Henderson，1988），如"一个人的能力是一定的，真的不能做太多改变""一个人的能力是无法改变的""一个人可以学习新的东西，但基本能力是无法真正改变的"。量表采用 1 ~ 6 点计分（1 = 极不赞同，6 = 极其赞同，Cronbach's α = 0.74），反向记分后，分数越高表示学生越可能具有成长思维。

成就动机的测量同研究 1，努力信念（Cronbach's α = 0.81）、掌握目标（Cronbach's α = 0.66）的测量信度良好。社会阶层采用 MacArthur 主观社会经济地位量表测量（Adler et al.，2000），被试根据其生活境况、受教育程度、工作、收入等方面在 1 ~ 10 点量尺上评价其在整个社会等级中所处的位置，1 代表社会最底层，10 代表社会最高层。

（二）结果

1. 成长思维与成就动机的相关分析

首先，对学生的成长思维、社会阶层及努力信念、掌握目标进行描述性统计和相关分析。由表 3 可见，成长思维与社会阶层、努力信念、掌握目标的相关均不显著；努力信念与掌握目标显著正相关，但二者与社会阶层的相关均不显著。

表 3　大学生成长思维与成就动机的相关分析

变量	M	SD	1	2	3	4	5	6
1. 成长思维	4.59	0.92						
2. 努力信念	4.34	0.64	0.05					
3. 掌握目标	3.50	0.77	0.05	0.30**				
4. 年龄	19.99	1.21	0.09	−0.15**	−0.04			
5. 性别[a]	N/A	N/A	−0.08	0.10	−0.03	−0.18**		
6. 社会阶层	2.03	0.68	0.03	0.08	0.04	−0.17**	0.05	
文理科[b]	N/A	N/A	−0.04	0.02	0.02	−0.06	0.35**	−0.00

注：[a]1 = 女，0 = 男；[b]1 = 理科，2 = 文科；* $p < 0.05$，** $p < 0.01$。

2. 社会阶层在成长思维与成就动机间的调节作用

为进一步检验社会阶层的调节作用，我们将成长思维得分作为自变量，以社会阶层为调节变量，将性别、年龄、文理科作为协变量，分别以努力信念、掌握目标为因变量进行多元回归分析。如表 4 所示，对于努力信念，年龄、成长思维的预测效应均达到显著水平，成长思维与社会阶层的交互项为边缘显著水平；对于掌握目标，社会阶层、成长思维、成长思维与社会阶层交互项的预测效应均达到显著水平。简单效应分析表明，对于低社会阶层而言，成长思维预测努力信念（$B = 0.11$，$SE = 0.05$，$t = 2.06$，$p = .08$）与掌握目标（$B = 0.13$，$SE = 0.06$，$t = 2.05$，$p < .05$）；对于高社会阶层而言，成长思维不能显著预测努力信念（$B = -0.02$，$SE = 0.05$，$t = -0.32$，$p = 0.79$）与掌握目标（$B = -0.05$，$SE = 0.07$，$t = -0.78$，$p = 0.44$）。

表 4　大学生成长思维与成就动机的分层回归

	阶层调节模型				性别调节模型			
	（1）努力信念		（2）掌握目标		（3）努力信念		（4）掌握目标	
	B	SE	B	SE	B	SE	B	SE
年龄	−0.14*	0.06	−0.05	0.06	−0.45	0.31	−0.04	0.32
性别[a]	0.08	0.06	−0.05	0.06	0.08	0.06	−0.05	0.06
文理科[b]	−0.01	0.06	0.03	0.06	−0.01	0.06	0.04	0.06
社会阶层	0.50	0.26	0.57*	0.27	0.06	0.06	0.03	0.06
成长思维	0.34*	0.16	0.37*	0.17	0.94	0.99	0.07	1.00

续表

	阶层调节模型				性别调节模型			
	（1）努力信念		（2）掌握目标		（3）努力信念		（4）掌握目标	
	B	SE	B	SE	B	SE	B	SE
成长思维 * 社会阶层	−0.54	0.31	−0.65*	0.31				
成长思维 * 性别					1.09	1.06	−0.03	1.08
R^2	0.05	0.02	0.04	0.01				
调整后 R^2	0.03	0.00	0.02	−0.01				
Num. obs.	311	311	311	311				

注：[a]1 = 女，2 = 男；[b]1 = 理科，2 = 文科；* $p < 0.05$，** $p < 0.01$，*** $p < 0.001$。

如图 3 所示，社会阶层在成长思维与成就动机之间起显著调节作用，低阶层的成长思维能够显著预测努力信念、掌握目标，高阶层的成长思维对努力信念、掌握目标的预测效应不显著。类似地，我们以性别为调节变量，对努力信念、掌握目标进行多元回归分析，但调节效应均未达到显著水平，详见表 4。

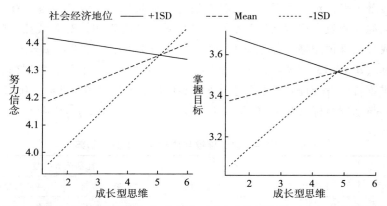

图 3　社会阶层对成长思维与努力信念（左）、掌握目标（右）的调节作用

（三）讨论

总之，研究 2 基于中国大陆某市的大学生样本，总体重复验证了研究 1PISA 项目的发现，即成长思维显著正向预测成就动机，且社会阶层在成长思维与成就动机之间起调节作用，即低阶层学生的成长思维显著预测其

努力信念、掌握目标，但高阶层学生的成长思维对其努力信念、掌握目标的预测效应不显著。此外，成长思维与社会阶层的相关不显著，但至少说明低阶层学生的成长思维并不比高阶层少。

四　综合讨论

本研究通过 PISA 中国大陆中学生样本及某市大学生样本，发现低阶层的成就动机（努力信念、掌握目标）更低，或者与高阶层相当，说明当今中国社会阶层分化的症结之一是心理固化或者低阶层的成就动机不足。本研究发现，低阶层学生的成长思维与高阶层相当，尽管 H1 关于低阶层可能有更多成长思维的假设未得到验证，但也说明低阶层具有积极的自我、社会认知，这对于从社会认知层面解决阶层固化问题具有启发意义。

虽然边缘化的"三和青年"凸显了部分低阶层的心理困境——容易放弃努力、展现较低的成就动机水平，但低阶层学生身上的成长思维却有助于他们形成积极的自我、社会认知。低阶层学生在教育环境中不仅经受单一的经济贫困障碍，还会面临心理障碍（如情感体验、身份管理、自我感知）（Jury et al.，2017）。以往很多研究者及政策制定者把为弱势群体提供更多资源和机会视作优先事项，但成长思维的培养可以使这些来自低阶层家庭的孩子获得心理赋能、主动摆脱困境。并且，通过成长思维能够强化自我肯定，这有助于较低社会阶层的学生恢复一种平等、合法和归属的感觉（Cohen & Sherman，2014）。

进而，与成长思维的理论预期相一致，中国大、中学生的成长思维显著正向预测努力信念和掌握目标，且该效应在低社会阶层学生身上更加明显，这是复杂挑战环境下成长思维促进心理应对与行为改变的体现（Dweck，Chiu，& Hong，1995；Hong et al.，1999）。教育是实现社会经济流动的有效手段，低阶层的成长思维打破了特权阶层借助能力神授论/天资论使它们的文化特权合法化的思想，因为这些特权会使社会性继承转化为个人的功绩。如果社会底层越是不为学习的成功树立一种相反的形象，越是接受上层的本质主义并把自己的不利处境视为个人的命运，那么特权阶级的天资就被现实化了（布尔迪厄、帕斯隆，2002）。正如布尔迪厄看到了能力神授论/天资论残余的危害，本研究指出了低阶层的另一面，即"底层再生产"的复杂性和积极性在于，许多持有成长思维的低阶层学生通过对努力学习改变命运的"信"而保持强烈的成就动机，这在某种意义上避免了本质主义的伤害。

就努力的道德意义及动力机制来看，积极规则和补偿规则在中国学生中并存。首先，努力是成长思维在行为动机上的体现，那些认为能力是一种可塑品质的人倾向于提升他们对于努力的道德化理解，他们在学习过程中锻炼和发展自身的能力，并追求以掌握为导向的目标。其次，低阶级的努力也是一种"穷则思变"的表现，这离不开中国文化的浸润，是个体克服逆境的心理动力。在中国，儒家文化作为一种被广泛共享和接受的社会规范，尤其近年来儒家文化的复兴催生了集体自尊和文化自豪，更多人把努力学习、掌握技能视为一种主观规范，倡导通过努力来获得进步（赵志裕、康萤仪，2011）。此外，低阶层的努力动机有可能是出于他们在社会结构、资本受限等不利条件下形成的社会认知，这使其在主观上减弱了社会结构限制，避免了"天资神授论"的侵扰，从而仍旧保持着对读书传统的信仰和追求，最终取得学业成功（董永贵、王静宜，2022）。

值得注意的是，本研究的样本包含了初中生和大学生，这在一定程度上说明了成长思维在不同的学业阶段上均具有积极作用。尤其是大学环境为检验内隐智力理论的影响提供了一个理想的环境，因为相比于初高中，大学系统通过促进更符合高社会阶层家庭实践的言语、行为和知识来维持社会不平等的再现（Bourdieu, Passeron, & Nice, 1990），这使得大学中的社会阶层差异表现更接近于社会；另外，大学提供了诸多成就机会，此时大学生的发展动机对兴趣培养和自我能力提升具有更重要的影响。

以往多数关于教育阶级差异的研究都聚焦于学业和成就的客观结果，主观思维过程是一个尚未被充分探索的黑盒子，而本研究结果强调了通过提升成长思维促进成就动机，并缓解阶层分化的心理方案（Chiu et al., 1997）。对出身于低阶层的人来说，学校是接受文化资本提升的难得途径。因此，教育研究者和政策制定者首先应避免持有固定观念，不能把对社会不平等简化为天资的不同，相反，应该说明学生当前的成功与失败是如何受早期社会因素的叠加影响（如城乡不平等，李春玲，2014；如教育系统的分流模式，侯利明，2020）。其次，要重视提升学生的成长思维和成就动机，并以此来缓解阶层不平等的问题，促进阶层流动和社会良性发展。当然，相信能力天资论比相信通过艰苦劳动去掌握技术所付出的代价要低，而学校要引导学生把勤奋努力而非天资展示作为主导目标。具体而言，以成长思维为核心培养学生的积极社会认知（如意识到社会出身是可以通过教育行动进行部分纠正的东西），摒弃固定思维，即对实现命运的途径保持觉悟，从而促进自身命运的改善（Autin, Batruch, & Butera, 2015）。

当然，本研究只是基于一项四省市调查数据和小样本大学生数据的相关分析，而没有进行纵向追踪，也没有严格的干预实验，因此，关于成长思维的阶层差异及其与成就动机的因果关系还有待将来做更严格、更深入的检验。更重要的是，笔者推测在高成就动机的情形下，青年可能展示出更多的成就表现，因为持有高努力信念和掌握目标的人拥有问题解决导向的自我认知和自我监控行为，他们乐观向上、坚持不懈，所以更可能实现目标、取得成就，并促进阶层流动和社会平等（Browman et al.，2017；Dweck & Leggett，1988）。未来研究将纳入客观的学业成就、阶层流动变量，在更完整理论框架基础上检验成长思维通过成就动机提升学业成绩、社会平等的可能性。

　　总之，尽管存在一些不足，但本研究基于 PISA 中国样本数据和某市大学生样本直接检验了成长思维的阶层差异及其与成就动机的关系。结果表明，通过提升中国学生的成长思维来改变努力信念、掌握目标是可行的，这尤其对来自低阶层家庭的学生在通过努力学习改变命运方面具有重要启发。这暗示我们，教育研究者和政策制定者、实践者应采取行动改变学生认知和成就动机，这为提升教育质量、促进社会平等具有重大的现实意义。

参考文献

布尔迪厄、帕斯隆，2002，《继承人：大学生与文化》，邢克超译，商务印书馆。

董永贵、王静宜，2022，《"信"与"从"：底层文化资本发挥作用的密钥》，《中国青年研究》第 1 期，第 104～110 页。

侯利明，2020，《教育系统的分流模式与教育不平等——基于 PISA 2015 数据的国际比较》，《社会学研究》第 06 期。

李春玲，2014，《教育不平等的年代变化趋势（1940～2010）——对城乡教育机会不平等的再考察》，《社会学研究》第 2 期，第 65～89 页。

吕鹏，2006，《生产底层与底层的再生产——从保罗·威利斯的〈学做工〉谈起》，《社会学研究》第 2 期，第 230～242 页。

仅升萍，2021，《社会阶层对学业坚持性的影响》，硕士学位论文，南京师范大学。

孙楚航、刘文政、李红，2007，《关于大学生上大学理由取向的调研——以重庆市七所高校大学生为例》，《中国青年研究》第 11 期。

田丰、林凯玄，2020，《岂不怀归》，海豚出版社。

辛涛、贾瑜，2019，《国际视野与本土探索："国际学生评估项目"的作用及启示》，《教育研究》第 12 期。

辛涛、贾瑜、李刚、赵茜、常颖昊、张佳慧，2020，《PISA2018 解读：全球视野与中国表现——基于中国四省市 PISA2018 数据的分析与国际比较》，《中小学管理》第 1 期。

赵志裕、康萤仪，2011，《文化社会心理学》，中国人民大学出版社。

Adler, N. E. , Epel, E. S. , Castellazzo, G. & Ickovics, J. R. （2000）. Relationship of Subjective and Objective Social Status with Psychological and Physiological Functioning: Preliminary Data in Healthy, White Women. *Health Psychology*, 19 （6）, 586.

Aronson, J. , Fried, C. B. & Good, C. （2002）. Reducing the Effects of Stereotype Threat on African American College Students by Shaping Theories of Intelligence. *Journal of Experimental Social Psychology*, 38 （2）, 113 – 125.

Autin, F. , Batruch, A. & Butera, F. （2015）. Social Justice in Education: How the Function of Selection in Educational Institutions Predicts Support for （non） Egalitarian Assessment Practices. *Frontiers in Psychology*, 6, 707.

Bigman, Y. E. & Tamir, M. （2016）. The Road to Heaven is Paved with Effort: Perceived Effort Amplifies Moral Judgment. Journal of Experimental Psychology: General, 145 （12）, 1654.

Blackwell, L. S. , Trzesniewski, K. H. & Dweck, C. S. （2007）. Implicit Theories of Intelligence Predict Achievement across an Adolescent Transition: A Longitudinal Study and an Intervention. *Child Development*, 78 （1）, 246 – 263.

Bond, M. H. , Leung, K. , Au, A. , Tong, K. K. , & Chemonges-Nielson, Z. （2004）. Combining Social Axioms with Values in Predicting Social Behaviours. *European Journal of Personality*, 18 （3）, 177 – 191.

Bourdieu, P. , Passeron, J. C. , & Nice, R. （1990）. *Reproduction in Education, Society and Culture* （2nd ed.）. Thousand Oaks, CA: Sage Publications.

Brighton, K. L. （2007）. *Coming of Age: The Education and Development of Young Adolescents: a Resource for Educators and Parents.* National Middle School Assn.

Browman, A. S. , Destin, M. , Carswell, K. L. , & Svoboda, R. C. （2017）. Perceptions of Socioeconomic Mobility Influence Academic Persistence among Low Socioeconomic Status Students. *Journal of Experimental Social Psychology*, 72, 45 – 52.

Burnette, J. L. （2010）. Implicit Theories of Body Weight: Entity Beliefs can Weigh you Down. *Personality and Social Psychology Bulletin*, 36 （3）, 410 – 422.

Celniker, J. , Gregory, A. , Koo, H. , Piff, P. K. , Ditto, P. H. & Shariff, A. （2020）. The Moralization of Effort. https://dol. org/10. 31234/osf. Io/nhgax.

Chen, S. X. , Bond, M. H. , & Cheung, F. M. （2006）. Personality Correlates of Social Axioms: Are Beliefs Nested within Personality? *Personality and Individual Differences*, 40 （3）, 509 – 519.

Chiu, C. Y. , Dweck, C. S. , Tong, J. Y. Y. & Fu, J. H. Y. （1997）. Implicit Theories and Conceptions of Morality. *Journal of Personality and Social Psychology*, 73 （5）, 923.

Claro, S. , Paunesku, D. & Dweck, C. S. （2016）. Growth Mindset Tempers the Effects of Poverty on Academic Achievement. *Proceedings of the National Academy of Sciences of the United States of America*, 113 （31）, 8664 – 8668.

Corradi, D. , Nicolaï, J. & Levrau, F. （2019）. Growth Mindset and its Predictive Validity—do Migration Background and Academic Validation Matter? *Higher Education*, 77 （3）, 491 – 504.

Costa, A. & Faria, L. (2018). Implicit Theories of Intelligence and Academic Achievement: A Meta-analytic Review. *Frontiers in Psychology*, 9, 829.

Destin, M., Hanselman, P., Buontempo, J., Tipton, E. & Yeager, D. S. (2019). Do Student Mindsets Differ by Socioeconomic Status and Explain Disparities in Academic Achievement in the United States?. *AERA Open*, 5 (3).

Dweck, C. S., Chiu, C. & Hong, Y. (1995). Implicit Theories and Their Role in Judgments and Reactions: A World from Two Perspectives. *Psychological Inquiry*, 6, 267 – 285.

Dweck, C. S. (2017). From needs to Goals and Representations: Foundations for a Unified Theory of Motivation, Personality, and Development. *Psychological Review*, 124, 689 – 719.

Dweck, C. S. & Leggett, E. L. (1988). A Social-cognitive Approach to Motivation and Personality. *Psychological Review*, 95 (2), 256.

Dweck, C. S. & Yeager, S. D. (2019). Mindsets: A View from Two Eras. *Perspectives on Psychological Science*, 14 (3) 481 – 496.

Furnham, A., Chamorro-Premuzic, T. & McDougall, F. (2003). Personality, Cognitive Ability, and Beliefs about Intelligence as Predictors of Academic Performance. *Learning and Individual Differences*, 14 (1), 47 – 64.

Hau, K. T. & Salili, F. (1990). Examination Result Attribution, Expectancy and Achievement Goals among Chinese Students in Hong Kong. *Educational Studies*, 16 (1), 17 – 31.

Hong, Y. Y. (2001). *Chinese Students' and Teachers' Inferences of Effort and Ability*. In Student motivation (pp. 105 – 120). Springer, Boston, MA.

Hong, Y. Y., Chiu, C. Y., Dweck, C. S., Lin, D. M. S. & Wan, W. (1999). Implicit Theories, Attributions, and Coping: A Meaning System Approach. *Journal of Personality and Social Psychology*, 77 (3), 588 – 599.

Jury, M., Smeding, A., Stephens, N. M., Nelson, J. E., Aelenei, C. & Darnon, C. (2017). The Experience of Low-SES Students in Higher Education: Psychological Barriers to Success and Interventions to Reduce Social-class Inequality. *Journal of Social Issues*, 73 (1), 23 – 41.

Kelly, G. A. (1955). *The Psychology of Personal Constructs*. New York: Norton.

Kraus, M. W., Piff, P. K., Mendoza-Denton, R., Rheinschmidt, M. L. & Keltner, D. (2012). Social Class, Solipsism, and Contextualism: How the Rich are Different from the Poor. *Psychological Review*, 119 (3), 546.

Lam, B. C., Bond, M. H., Chen, S. X., & Wu, W. C. (2010). Worldviews and Individual Vulnerability to Suicide: The Role of Social Axioms. *European Journal of Personality*, 24 (7), 602 – 622.

Macnamara, B. N. & Rupani, N. S. (2017). The Relationship between Intelligence and Mindset. *Intelligence*, 64, 52 – 59.

OECD. (2019). *PISA 2018 results: What Students Know and Can do*. Pairs: OECD Publishing.

Petersen, M. B. , Sznycer, D. , Cosmides, L. & Tooby, J. （2012）. Who Deserves Help? Evolutionary Psychology, Social Emotions, and Public Opinion about Welfare. *Political Psychology*, 33 （3）, 395 – 418.

Robins, R. W. & Pals, J. L. （2002）. Implicit Self-theories in the Academic Domain: Implications for Goal Orientation, Attributions, Affect, and Self-esteem Change. *Self and Identity*, 1 （4）, 313 – 336.

Salili, F. , Chiu, C. Y. & Hong, Y. Y. （2001）. The Culture and Context of Learning. In *Student Motivation* （pp. 1 – 14）. Springer, Boston, MA.

Salili, F. & Mak, P. H. T. （1988）. Subjective Meaning of Success in High and Low Achievers. *International Journal of Intercultural Relations*, 12 （2）, 125 – 138.

Stephens, N. M. , Markus, H. R. & Fryberg, S. A. （2012）. Social Class Disparities in Health and Education: Reducing Inequality by Applying a Sociocultural Self Model of Behavior. *Psychological Review*, 119 （4）, 723.

Stevenson, H. & Stigler, J. W. （1994）. Learning gap: Why our Schools are Failing and What We can Learn from Japanese and Chinese Education. Simon and Schuster.

Stevenson, H. W. , Stigler, J. W. , Lee, S. Y. , Lucker, G. W. , Kitamura, S. & Hsu, C. C. （1991）. *Cognitive Performance and Academic Achievement of Japanese, Chinese, and American Children.* In 1986 Annual Progress In Child Psychiatry （pp. 324 – 350）. Routledge.

Tao, V. & Hong, Y. Y. （2000）. A Meaning System Approach to Chinese Students' Achievement Goals. *Journal of Psychology in Chinese Societies.* 1 （2）, 13 – 38.

Walton, G. M. & Yeager, D. S. （2020）. Seed and Soil: Psychological Affordances in Contexts Help to Explain where Wise Interventions Succeed or Fail. *Current Directions in Psychological Science*, 29 （3）, 219 – 226.

Weber, M. & Kalberg, S. （2013）. *The Protestant Ethic and the Spirit of Capitalism.* Routledge.

Whitehead, A. N. （1938）. *Modes of thought.* New York: Free Press.

Yeager, D. S. , Dahl, R. E. & Dweck, C. S. （2018）. Why Interventions to Influence Adolescent Behavior often Fail but Could Succeed. *Perspectives on Psychological Science*, 13 （1）, 101 – 122.

Yeager, D. S. , Walton, G. M. , Brady, S. T. , Akcinar, E. N. , Paunesku, D. , Keane, L. , …& Dweck, C. S. （2016）. Teaching a Lay Theory before College NarrowsAchievement Gaps at Scale. *Proceedings of the National Academy of Sciences of the United States of America*, 113 （24）, E3341 – E3348.

Zhou, F. , Leung, K. , & Bond, M. H. （2009）. Social Axioms and Achievement Across Cultures: The Influence of Reward for Application and Fate Control. *Learning and Individual Differences*, 19 （3）, 366 – 371.

《中国社会心理学评论》 第 23 辑

第 79～99 页

© SSAP，2022

善良人格影响善行表达的边界条件：
基于控制与直觉加工的视角[*]

张和云 许 燕 赵欢欢[**]

摘 要：为了探究善良人格影响善行表达的边界条件，本研究基于善行表达的双加工系统模型，设计了两个实验研究，分别探讨了时间压力和自我控制资源耗损在善良人格与善行表达之间的调节作用。结果发现：（1）时间压力调节了善良人格与善行表达的关系。在高时间压力下，善良人格显著正向预测善行表达，高善良倾向者善行表现优于低善良倾向者；在低时间压力下，高、低善良倾向者的善行表现无显著差异；（2）自我控制资源耗损在善良人格与善行表达之间起调节作用。在高自我耗损条件下，善良人格可以正向预测善行表达，高善良倾向者的善行表现更高；在低自我耗损条件下，低善良倾向者的善行表现向好，且与高善良倾向者无显著差异。这些结果提示我们，通过营造友善的社会氛围，形成良好的社会规范，构建安全的社会保障，训练个体的自我控制能力，可以在一定程度上提升人们做好事的可能性。

关键词：善良人格 善行表达 直觉行善 控制行善 双加工系统模型

[*] 本文得到上海市哲学社会科学规划教育学青年项目（B1804）、教育部人文社会科学研究项目青年基金（19YJC190032）、上海学校德育实践研究课题（2019－D－156）、中国－上海合作组织国际司法交流合作培训基地研究基金项目（18SHJD033）及国家自然科学基金面上项目（31671160）的资助。

[**] 张和云，上海师范大学心理学系副教授；许燕，北京师范大学心理学部教授，通讯作者，Email：xuyan@ bnu. edu. cn；赵欢欢，上海师范大学心理学系副教授，通讯作者，Email：hhzhaopsy@ shnu. edu. cn。

一　引言

我们的社会需要"好人"，有了"好人"我们在落难时才能有人帮助，在遇险时才能有人挺身而出。季羡林先生曾说"考虑别人比考虑自己稍多一点就是好人"；心理学中认为，大众口中的"好人"往往被形容为"善良"的人，是具有善良人格品质的人（王登峰、崔红，2005；张和云，2016）。善良人格是指个体在人际互动中形成和表现出的尽责、诚信、利他、友善、宽容、重情义等美好的人格品质，表达了人格中积极的价值取向，是一个具有中国文化特色的人格心理学研究主题（张和云、赵欢欢、许燕，2018）。善良的"好人"应该做出更多的"善行"，这是人们心中美好的愿景，也是社会的需要。在社会主义核心价值观中，明确提出"倡导爱国、敬业、诚信、友善"，表明当今社会对善良推崇备至。如何引导人们做出更多的友善行为成为时代的需要。为此，我们就需要清晰地了解个体的善行是如何产生的，并基于此探究善良人格影响善行表达的边界条件。

（一）理论综述

善良行为（virtuous deeds）可以笼统地从知情意上被定义为好的行为，体现为个体对他人做出的有益行为，例如，仁慈的、道德的、利他的、助人的、合作的、亲社会的好行为，个体打算做出、将要做出或实际做出上述行为的过程，被称为善行表达（exhibition of virtuous deeds）（张和云，2016）。以往研究认为善行表达是控制加工的结果，是通过自我控制抑制内在自私自利冲动之后的产物，即控制行善；近年来，有研究者提出直觉亲社会模型（Zaki & Mitchell，2013），认为善行表达是直觉加工的结果，即直觉行善。个体的善行（善行表达）究竟是基于直觉做出的，还是基于认知控制做出的，目前还存在争论。

1. 善行是控制加工的产物

西方主要持人性恶的人性观，认为人都是本能驱动的、趋利避害的（林小妹，2004）。很多研究认为善良行为（如亲社会行为）是通过自我控制来克服或抑制原始冲动后做出的，即这被认为是一种"控制行善"。相互依赖理论和自我控制资源有限理论，可以用来解释控制行善的过程。

相互依赖理论（interdependence theory）认为，人们需要通过一个努力的、深思熟虑的过程来摒弃自私自利的冲动，这个过程叫作"动机转化"（Dehue，McClintock，& Liebrand，1993；Kelley & Thibaut，1978）。动机转化的过程需要个体频繁的摒弃他们即时的、自私自利的冲动，基于对更广泛的价值观和关系的考量，进而采取亲社会行为反应。

此外，Baumeister 等（2007）提出自我控制资源有限模型，认为个体的自我控制资源是有限的，当个体的自我控制资源耗损后，就会影响其随后的任务表现（Baumeister & Exline，1999）。因此，在人们做出行为决策时，如果其自我控制资源被耗损，就会按照其自动的、习惯性的反应，做出快速的、无需努力的认知加工。相反，如果人们拥有足够的自我控制资源，就会采取分析的、深思熟虑的认知加工以抑制其内在自发的冲动。

事实上，相互依赖理论和自我控制资源有限理论是从不同角度阐述了同样的问题。相互依赖理论基于过程视角，而自我控制资源有限理论则是基于动力视角。动机转化需要自我控制资源的支持，如果个体的自我控制资源耗损了，动机转化就难以进行，最终无法做出善行。很多研究发现，当个体自我控制资源耗损之后，动机转化失去了动力，就会减少利他、助人、道德等行为，转而会按照自身自动的、习惯化的方式行事，从而表现出更多的自私自利、伪善、欺骗、不诚实等非善良行为。

在西方人性恶的文化心理基础上，"控制行善"的观点在一定程度上解释了某些善行表达的现象，特别是有的情况下"坏人"也可能通过抑制其本能冲动做出好事。然而，"控制行善"的观点也存在一定的局限性。例如，对于具有善良人格的"好人"而言，其本能的、习惯化的反应就是向善（张和云，2016），个体不需要通过消耗控制资源抑制其本能而行善。此外，很多研究指出过多控制加工的参与，并不利于善行的表达。现代学者钱穆在《论语新解》中指出"事有贵于刚决，多思转多私，无足称"。意为有时候过多的思考（过多控制加工）反倒会使个体变得更自私。其实，这些观点正是对"控制行善"观点的一种挑战。

2. 善行是直觉加工的产物

近年来，很多研究发现直觉加工或许能诱发更多的善良行为（如合作、利他、亲社会行为等），这个过程也可以称为"直觉行善"。Rand，Greene 和 Nowak（2012）通过系列研究发现，在亲社会合作这样的善良行为上，人们的直觉反应往往是更加亲社会的、利他的；而深思熟虑的反应，却显得相对自私和贪婪。Rand 和 Epstein（2014）以获得卡耐基英雄奖章的道德榜样为研究对象，分析他们接受采访时关于如何做出善良行为决策的表述，结果发现道德榜样往往是基于自发的、直觉式思维做出善行决策的；即使在有充分时间下，他们也倾向于做出直觉的善行决策。Righetti，Finkenauer 和 Finkel 考察了自我控制资源耗损对伴侣的自我牺牲行为，结果发现在自我控制资源耗损的情况下，被试对伴侣做出了更多的自我牺牲行为，这种反应实际上也是一种直觉的反应。此外，Carlson，Aknin 和 Liotti（2016）的 ERP 研究发现了一个早期脑电成分 P300，即被试在看到刺激后的 300ms 左右，大脑中就能够标记出直觉性的亲社会动机，并预测随后的亲社会行为的参与，为直觉行善提供了神经生理方面的证据。

Zaki 和 Mitchell（2013）在前人研究的基础上提出了直觉亲社会模型，认为善行（如亲社会行为）是直觉加工的产物。该模型从三个方面进行了论证。（1）自动化的行为特征。很多证据表明直觉行为具有自动化的特点，主要体现在速度快和有能力对抗分心刺激（Bargh & Chartrand，1999）。亲社会行为决策本身就是一种直觉式的决策。（2）奖赏寻求的神经特征。研究表明亲社会选择通常不涉及与认知控制相关的脑区（Dawes et al.，2012），而中脑边缘多巴胺系统与内隐的奖赏寻求相关联的脑区会自动激活（Lieberman，2007）。这表明亲社会行为可能不需要抑制自私的优势反应，而是一种奖赏寻求的自发反应形式，即直觉行善。（3）早期发展。研究发现在个体发展的早期，即在儿童发展出能够对其行为进行较好的认知控制之前，也更多的是依据直觉（或本能）做出某些亲社会行为的。直觉亲社会模型的提出，促使研究者对亲社会性的根源进行重新思考，支持了"直觉行善"的观点。

总的来说，"直觉行善"的观点在一定程度上对"控制行善"观点进行了补充。"直觉行善"观点可以很好地解释具有善良人格的"好人"行善的过程。善良者往往依据"最初一念"和非"多思"的直觉方式行善（张和云，2016），直觉思维能促进个体的善行表达。然而"直觉行善"的观点无法解释"坏人"做出好事的过程，因此，其也具有一定的局限性。

3. 善行表达的双加工模型

双加工理论（dual-process model）自其被提出以来，受到研究者们的广泛关注。研究者们基于双加工模型，在多个领域开展研究，不断完善和发展了双加工理论（Neys & Pennycook，2019）。在信息加工和决策推理研究领域，双加工理论被广泛应用，研究者们揭示了控制和直觉加工的过程和特点。前者基于理性分析，加工速度较慢，需要较多的心理资源；后者更多地依赖于直觉，加工速度快，不占用或很少占用心理资源（Kahneman，2011）。Greene（2007）将双加工理论引入道德决策的研究当中，整合了情绪和认知两因素在道德决策过程中的作用。他指出在人类做出的道德决策中，那些功利主义判断往往依赖于其推理认知系统，而那些道义主义的判断则依赖于其情绪直觉系统（Greene，2007；2015）。近年来，研究者开始关注直觉亲社会行为（Rand，Greene，& Nowak，2012；Rand & Epstein，2014），并指出相比于控制加工，直觉加工往往会促使个体表现出更高的亲社会性。这意味着在人们的善行表达过程中可能存在两种认知加工方式："控制行善"与"直觉行善"。"控制行善"是一个需要自我控制资源参与的过程，当个体的自我控制资源耗损后，不道德的行为就可能出现；"直觉行善"是一个启发式的善行表达过程，个体不需要消耗太多自我控制资源，就能够更快更多的做出善行。Rand 等（2014）结合双加工理论，提出了社会启发式假设。该假设认为善行表达过程中存在直觉启发式和深思熟虑的过程。直觉启发式可以将个体内化的优势反应，外溢到其他非典型环境中；深思熟虑则可能通过抑制直觉优势反应，使个体把他们的行为转变为在当下情境中最有利的行为，可能使个体表现得"自私"。因而，在善行表达过程中可以同时存在两种加工过程。二者并不是完全对立冲突的，而是存在解释互补的关系。"控制行善"不能很好地解释好人行善的过程，而"直觉行善"则不能解释坏人有时也行善的现象。因此，本研究拟将二者整合，提出善行表达的双加工模型，以相对全面地解释善行表达的过程，并将其作为本研究的理论基础。

（二）问题提出

本研究的主要目的是探究善良人格影响善行表达的边界条件。研究表明一个具有高善良人格品质的好人往往会表现出更多的仁慈、利他、诚信、正直、友善、宽容、重情义等特点（焦丽颖、杨颖、许燕、高树青、张和云，2019；张和云、赵欢欢、许燕，2018）。诸多研究表明，在现实生活中善良的好人往往会表现出更强的亲社会意向，做出更多的利他行为。郑显亮（2013）的研究也发现，现实生活中利他水平较高的好人，在网络情境中也会表现出更多的利他行为。根据人格特质理论的观点，善良人格作为一种相对稳定的人格特质，可以使个体在不同情境中表现出相对一致的反应倾向。由此可以推测，善良人格可以正向预测个体的善行表达（假设1）。

现实生活中，善良的好人也有不去做好事的时候，坏人也有做好事的情形。那么，到底是什么因素影响了个体做出善行的可能性？很多社会心理学研究者从外在情境因素着手，揭示了众多情境因素对个体做好事的影响。Latané 等（1981）关于旁观者效应的系列研究发现，情境因素（如旁观者人数、自然环境等）对个体助人行为的影响非常强烈，有时候会阻碍个体的善行表达。著名心理学家 Zimbardo（2007b）认为情境因素决定了个体的善恶表现，他认为情境可以让一个好人变成恶魔，即出现"路西法效应"；也可以"时势造英雄"，在特定的时刻和情境下，道德英雄（好人）就会自然而然地出现，并做出道德行为（善行）。这些证据已经充分证明了外在情境因素是个体做出善行的重要边界条件之一。Jayawickreme 等（2014）对以往社会心理学家的大量研究进行了分析，指出外在情境因素对个体的善良行为的影响很大，但个体因素的作用也不可忽视。以往研究发现，高善良者往往具有"直觉行善"的特点（张和云，2016）；而对于低善良者，可能出于本能做出"直觉不善"的行为，也可能迫于社会规范的压力做出"控制行善"的行为。事实上，个体做出善行的过程离不开其认知加工的参与。因而，我们需要通过分析和比较不同认知加工方式的特点，找准切入点，探究善良人格影响善行表达的边界条件。

　　在理论综述部分，本研究基于前人研究基础提出了善行表达的双加工系统模型。我们通过分析和比较可以发现，善行表达过程中的直觉加工和控制加工的主要区别集中在：（1）**加工时间上**，直觉加工往往是快速的、自发的、启发式的，因而直觉加工更快，用时更短；（2）**加工耗能上**，直觉加工是高效率的、自发的、启发式的、无需努力的、占用心理资源少，因而直觉加工具有耗能低的特点。因此，相较于控制加工，直觉加工"用时短"和"耗能低"的特点可以作为重要的研究切入点。

　　针对直觉加工"用时短"的特点，时间压力（time pressure）可能是影响个体做出善行的一个重要因素。一般来说，时间压力要求个体在短时间内做出某些选择或决策，这样可以使个体没有过多的时间去思考，更多地需要依赖个体本身自发的、习惯的、直觉的方式去行事。以往很多研究通过时间压力迫使个体使用直觉加工系统，结果发现高时间压力下，个体做出了更多的亲社会和利他行为。依据社会启发式假设理论，高、低善良倾向者内化了不同的直觉优势反应，高善良者的直觉优势反应是行善利他，而低善良倾向者的直觉优势范式可能是非善利己。因而，当时间压力迫使个体使用直觉加工方式时，高、低善良倾向者的外在行为表现也并不一致；此外，有研究指出高善良倾向者往往采用直觉的认知加工方式，而低善良倾向者采用控制加工方式（张和云，2016）。这意味着高、低善良倾向者本身的认知加工速度不同。对于高善良倾向者来说，本身的认知加工相对较快，因而时间压力对他们的善行表达的影响可能不大；而对于低善良倾向者来说，时间压力使他们无法通过自我控制资源去抑制自私自利的本能冲动，因而善行表达可能会受到损害。因此，本研究提出假设2：时间压力可能会调节善良人格对善行表达的影响。

针对直觉加工"耗能低"的特点，自我控制资源耗损（ego depletion）可能会对高、低善良倾向者的善行表达产生不同的影响。依据自我控制资源有限理论（Baumeister et al.，2007），个体的自我控制资源是有限的，当自我控制资源耗损后，个体的利他行为就会减少，自私自利的行为就会增多。但是，对于高善良倾向者而言，其在行善过程中耗能相对较低（直觉行善）（张和云，2016），不需要耗费太多自我控制资源。所以，当某些任务耗损了其自我控制资源后，高善良倾向者的善行表达的可能性仍然相对较高。但对于低善良倾向者而言，他们的行善往往需要耗费内部控制资源（Stevens & Hauser，2004），即控制行善。所以当某些任务耗损了低善良倾向者的自我控制资源之后，他们的善行表现就会变差。因此，本研究提出假设3：自我控制资源耗损会调节善良人格与善行表达的关系。

（三）研究概览

本研究基于善行表达的双加工系统模型，从影响个体认知加工的因素着手，设计了两个研究来探究和揭示善良人格影响善行表达的边界条件。研究1针对直觉加工用时短的特点，将单次公共物品游戏作为善行表达的实验任务，探究了时间压力在善良人格与善行表达之间的调节作用；研究2针对直觉加工耗能低的特点，将真实助人行为作为善行表达的实验任务，探究了自我控制资源耗损在善良人格与善行表达关系中的调节作用。

二　研究1 善良人格对善行表达的影响：
时间压力的调节作用

（一）被试

本研究共招募320名被试，年龄在18～35岁，受教育水平在专科及以上。研究人员通过某在线调查平台进行施测，测试分为两个阶段。第一个阶段，让所有被试填写《善良人格问卷》，并根据得分排序筛选出80名高善良倾向者和 80 名低善良倾向者。第二个阶段，将被试随机分到高善良高时间压力组、高善良低时间压力组、低善良高时间压力组与低善良低时间压力组，每组 40 人。研究人员将实验任务定向发送给被试，让被试按照要求完成相应的任务。所有完成任务的被试可以获得一定的现金奖励。

由于是网络定向发送任务，有部分被筛选的被试流失，还有部分被试未通过答题时间要求、态度测试和规则理解测试，最终各组的有效数据情况如下：**高善良高时间压力组**的有效被试为 22 人［男性 9 名，女性 13 名，平均年龄 22.82 岁（$SD = 3.46$）］；**高善良低时间压力组**的有效被试为 22 人［男性 6 名，女性 16 名，平均年龄 21.64 岁（$SD = 3.24$）］；**低善良高时间压力组**的有效被试为 23 人［男性 6 名，女性 17 名，平均年龄 21.43 岁（$SD = 2.94$）］；**低善良低时间压力组**的有效被试为 23 人（男性 5 名，女性 18 名，平均年龄 22.30 岁（$SD = 3.08$））。本研究通过 G * Power 分析方法对样本量进行估算，结果表明若要使本研究达到中等效应量的水平，至少需要的样本量为 $N = 72$，即每种实验条件下的样本量至少为 18 名。因而，本研究中的最终样本量达到了基本要求。

（二）研究程序

研究采用 2（善良：高 vs 低）×2（时间压力：高 vs 低）被试间实验设计。整个研究程序及使用的材料如下。

第一步，筛选被试。采用张和云等（2018）编制的《善良人格问卷》筛选被试，该问卷共 33 个形容词，让被试评估自己在日常生活中表现出这些形容词所描述的特征情况，5 点计分，得分越高表示善良人格倾向越高。本研究中，该问卷的内部一致 α 系数为 0.94。此外，在问卷中加入了 3 道态度筛查题，以考察被试的答题态度。根据被试善良人格问卷总分进行排序，筛选出高、低善良倾向者各 80 名。

第二步，完成实验任务。将第一步中获得的高、低善良倾向的被试分半，随机分到高、低时间压力组，完成"单次公共物品分配游戏"任务（Rand, Greene, & Nowak, 2012）。本研究通过指导语和时间提示设置不同的时间压力：高时间压力组要求被试在 10 秒内尽快做出分配决策，太慢将无法获得任何奖励；而低时间压力组则要求被试至少思考 10 秒后再做出分配决策，太快将无法获得任何奖励。

第三步，记录答题时间、分配金额以及两道规则理解测试题的答案，对数据进行初步筛选。将未通过规则理解测试和态度测试的被试，以及未按答题时间要求作答的被试剔除。最终，高善良高时间压力组有 22 人，高善良低时间压力组有 22 人，低善良高时间压力组 23 人，低善良低时间压力组 23 人。然后，研究人员对数据进行进一步的差异检验和分析比较。

（三）研究结果

首先，以善良人格得分为因变量，进行 2（善良倾向：高 vs 低）×2（时间压力：高 vs 低）方差分析。结果发现：善良倾向的主效应显著（$M_{高善良} = 147.86$，$SD = 6.86$；$M_{低善良} = 114.13$，$SD = 9.34$），$F（1，89）= 384.79$，$p < 0.001$，$\eta^2 = 0.82$；时间压力的主效应不显著 [$M_{高压力} = 132.02$，$SD = 19.33$；$M_{低压力} = 129.16$，$SD = 18.47$，$F（1，89）= 2.81$，$p > 0.05$；$\eta^2 = 0.03$]；善良倾向与时间压力之间的交互作用也不显著 [$F（1，89）= 0.35$，$p > 0.05$]。表明该实验分组是有效的。

然后，以分配到公共账户中的金额数目为因变量，进行 2（善良：高 vs 低）×2（时间压力：高 vs 低）方差分析。结果发现：善良倾向的主效应显著 [$F（1，89）= 11.04$，$p < 0.01$，$\eta^2 = 0.11$]；时间压力的主效应显著 [$F（1，89）= 4.22$，$p < 0.05$，$\eta^2 = 0.05$]；善良倾向与时间压力的交互作用也达到显著水平 [$F（1，89）= 4.49$，$p < 0.05$，$\eta^2 = 0.05$]。各组的描述统计结果见表 1。

表 1　描述统计及差异分析结果

时间压力类型	善良倾向水平	捐到公共账户的金额		t	Cohen's d
		M	SD		
高时间压力	低善良（$N = 23$）	21.48	11.09	-3.82***	-1.14
	高善良（$N = 22$）	33.05	9.09		
低时间压力	低善良（$N = 23$）	30.35	8.71	-0.86	-0.26
	高善良（$N = 22$）	32.91	11.19		

注：* $p < 0.05$；** $p < 0.01$；*** $p < 0.001$。

本研究通过进一步的简单效应分析发现，在高时间压力条件下，高善良倾向的个体比低善良倾向的个体捐助了更多的金额到公共账户当中 $\{M_{高善良} = 33.05$，$SD = 9.09$；$M_{低善良} = 21.48$，$SD = 11.09$；$t = -3.82$，$p < 0.001$，Cohen's $d = -1.14$，置信区间（95% CI）为 [0.51，1.77]$\}$；但在低时间压力条件下，高善良倾向的个体和低善良倾向的个体捐助的金额没有显著差异 $\{M_{高善良} = 32.91$，$SD = 11.19$；$M_{低善良} = 30.35$，$SD = 8.71$；$t = -0.86$，$p > 0.05$，Cohen's $d = -0.26$，置信区间（95% CI）为 [-0.84，0.33]$\}$。

这个结果表明时间压力调节了善良人格倾向对利他行为决策（善行表达）的影响。具体的交互作用见图 1。

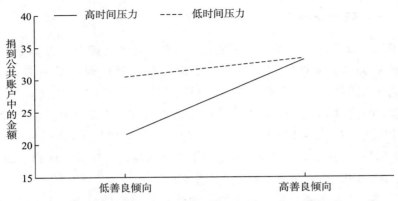

图 1　善良人格与时间压力的交互作用分析结果

（四）分析与讨论

从研究结果来看，善良人格与时间压力的交互作用显著。简单效应分析的结果表明，在高时间压力条件下，高、低善良倾向的个体捐到公共账户中的金额（合作利他的善行表达）存在显著差异。高善良倾向的个体捐出了更多的钱到公共账户中，而低善良倾向的个体则捐出了相对较少的钱。该结果可以看成高、低善良倾向个体在高时间压力条件下的本性流露，即"直觉行善"与"直觉不善"的过程，体现了时间压力对善良人格与善行表达关系的调节作用。该结果与前人研究结果一致（Carlson, Aknin, & Liotti, 2016; Shi et al., 2020）。事实上，这种时间压力的作用效果，可以在现实生活中找到对应的佐证事例。例如，在某些紧急情境下，那些真正善良的好人就会站出来做出善行，而那些低善良的个体往往基于自利的本能而不会及时做出善行。

此外，本研究还发现在低时间压力条件下，高、低善良倾向者的捐款数无显著差异，且低善良倾向者的捐款数相比在高时间压力条件下有所提升。以往研究指出，很多善行（如亲社会、利他、助人行为等）都是需要个体通过自我控制资源抑制内在自私自利的本能冲动之后产生的。在低时间压力下，低善良倾向的个体有充分的时间通过调用自我控制资源来压抑内在自私自利的本能冲动，进而做出符合社会规范的"好"行为（Rand & Kraft-Todd, 2014）。这说明在低时间压力条件下低善良倾向者的善良行为，可能是"控制行善"的结果。

总的说来，时间压力调节了善良人格对个体善行表达的影响。在高时间压力条件下，善良人格对善行表达的预测作用尤为明显。

三　研究 2　善良人格对善行表达的影响：自我控制资源耗损的调节作用

（一）　被试

本研究选取 159 名大学生填写了《善良人格问卷》，18 名被试因为乱答和规律作答被剔除，最终有效被试为 141 名。其中，男生 57 名，女生 84 名，年龄范围在 18～25 岁，平均年龄为 21.06 岁（$SD = 1.45$）。研究人员将被试随机分配到高自我控制耗损组［共 67 名，男生 24 名，平均年龄为 21.16 岁（$SD = 1.69$）］和低自我控制资源耗损组［共 74 名，男生 33 名，平均年龄为 20.96 岁（$SD = 1.20$）］。所有学生在相应的任课老师监督下完成相应的实验任务。每名学生可以获得一定的平时成绩作为奖励。

（二）　研究程序

本研究将善良人格倾向作为连续的自变量，并将被试随机分配到高低耗损组，完成自我控制资源耗损的任务。整个研究的具体流程及使用的材料如下。

第一步，填写基本信息和《善良人格问卷》（同研究 1）。

第二步，所有被试完成 Stroop 任务（Capraro & Cococcioni，2016；Dang，Liu，Liu，& Mao，2017）。高耗损组：接受的 Stroop 任务包括 36 试次的"字－色"不一致刺激（如让被试判断词的颜色时，词语"红色"的字体颜色却是蓝色的，任务是让被试忽略词的意义，判断词语的颜色。这个过程就需要被试抑制词语的意义的干扰，这个抑制过程就会耗损个体的自我控制资源）；低耗损组：接受的 Stroop 任务包括 36 试次的"字－色"一致的刺激（如，词语"红色"本身就是红色的字体）。

第三步，完成 Stroop 任务之后，即刻让被试完成一个真实助人行为测试任务。任务说明如下：

"感谢您参与本次调查，本次调查即将结束。我们是 xx 大学的研究人员，过两天，还有一个关于《大学生生活与就业态度》的调查问卷，由于经费有限，可能不能给您支付奖励，希望您能抽出一段时间帮我们填写一下。

我们将会通过电子邮件的方式，将问卷发送到您的邮箱，如果您愿意帮我们填写的话，请选择1＝愿意，并填写上您常用的邮箱；如果您不愿意帮我们填写的话，请选择2＝不愿意，并填上'提交问卷'。"

1. 愿　意【　　　　　】
2. 不愿意【　　　　　】

第四步，分析数据。研究人员将选择"愿意"并留下合法邮箱的，视为做出了真实助人行为；而那些只选择"愿意"但未留下合法邮箱的，视为未做出真实助人行为。研究人员将做出真实助人行为的被试编码为1，未做出真实助人行为的被试编码为0。

（三）研究结果

根据温忠麟、侯杰泰和张雷（2005）的建议，以善良人格倾向为自变量（连续数据），自我耗损程度为调节变量（分类数据，将低耗损条件编码为0，高耗损条件编码为1），对是否做出真实助人行为（因变量）进行 logistic 回归分析。回归分两步进行：第一步，中心化自变量和调节变量，然后对因变量做 logistic 回归，结果模型显著，$\chi^2 = 13.98$，$df = 2$，$p < 0.001$，$R^2 = 0.13$；第二步，在方程中加入交互项，结果模型也显著，$\chi^2 = 19.27$，$df = 3$，$p < 0.001$，$R^2 = 0.17$，R^2 的改变量为4%。且善良人格与自我耗损的交互项的系数显著（$B = 0.063$，$SE = 0.028$，$p < 0.05$），具体分析过程及结果见表2。

为了进一步检验在调节变量的不同水平下，善良人格对个体善行表达的预测作用。本研究通过 Bootstrap 法（抽样为5000），采用 Hayes（2013）开发的 PROCESS 宏程序进行分析。结果发现，在高自我耗损条件下，善良人格倾向对善行表达（真实助人行为）的正向预测作用显著｛$B = 0.08$，$SE = 0.02$，$p < 0.01$，置信区间（95% CI）为 [0.03, 0.12]｝；在低自我耗损条件下，善良人格倾向对善行表达（真实助人行为）的预测作用不显著｛$B = 0.01$，$SE = 0.02$，$p > 0.05$，置信区间（95% CI）为 [-0.02, 0.05]｝。预测作用从显著到不显著，从0.08减弱为0.01，这个结果表明自我耗损调节了善良人格对善行表达（真实助人行为）的影响。

表 2　自我控制资源耗损的调节效应分析

	第一步（因变量：善行表达）			第二步（因变量：善行表达）		
	B	SE	$Wald$	B	SE	$Wald$
常量	0.044	0.18	0.061	−0.007	0.18	0.001
善良倾向（X）	0.039**	0.013	8.48	0.044**	0.014	9.86
自我耗损（U）	−0.79*	0.36	4.88	−0.84*	0.37	5.15
善良×耗损（UX）				0.063*	0.028	4.94
R^2	0.13***			0.17***		
ΔR^2				0.04*		
模型 χ^2 值	13.98***			19.27***		

注：R^2 为 Nagelkerke R^2；χ^2 为模型系数的综合检验指标；* $p < 0.05$，** $p < 0.01$，*** $p < 0.001$。

因为 Logistic 回归是一个对数回归，上述回归方程应为 $Z = a + bX + cU + dUX$。其中，a 是常量项，b 为自变量 X 的回归系数，c 为调节变量 U 的回归系数，d 为交互项 UX 的回归系数。若要转化为易理解的善行表达（真实助人行为）发生的概率或可能性（取值在 0 到 1 之间），就需要通过密度函数公式转换，具体公式为：

$$P(y) = \frac{1}{1 + e^{-z}} ①$$

在经过公式转换之后，研究人员采用选点法（方杰、温忠麟、梁东梅、李霓霓，2015），四种条件下发生真实助人行为的概率见表 3。对应的调节作用，如图 2 所示。

表 3　不同条件下真实助人行为发生的概率

	低善良倾向	高善良倾向
低耗损	0.56	0.64
高耗损	0.18	0.66

（四）分析与讨论

在本研究中，将真实助人行为作为善行表达的指标，具有一定的生态效度。从研究结果来看，高善良倾向的个体，言行一致性较高，跨情境一

---

① 其中 $P(y)$ 表示真实助人行为是否发生的概率，取值在 0 到 1 之间；Z 为 Logistic 回归方程的结果；e 为自然对数的底数，其值是 2.71828……。

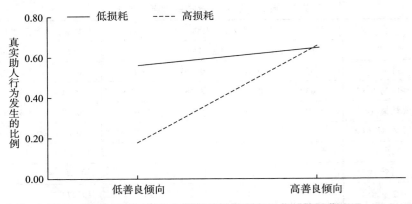

图 2　自我耗损对善良人格与善行表达之间关系的调节作用

致性较高，相对较多地表现出了善行，做出了更多的助人行为；而低善良倾向的个体，在耗损了个体自我控制资源后，就较少表现出善行，助人行为相对较少。这与前人的研究结果一致（Capraro & Cococcioni, 2016；Rand et al. , 2014）。根据社会启发式假设，高善良倾向者在日常生活中将行善内化为一种直觉的启发式，可以外溢到非典型的情境中，表现出"直觉行善"的特点（张和云，2016）；而低善良倾向者的优势直觉反应并非行善，在自我控制资源充足的情况下，自我控制资源可以保障低善良者抑制一定的内在非善的直觉冲动，而做出相对多的符合社会规范的善良行为，即表现出"控制行善"的特点；而当自我控制资源耗损后，低善良倾向者的控制行善的动力保障会受到影响，因而善行表达就会受阻，做出助人行为的可能性就会更低（Capraro & Cococcioni, 2016）。

此外，本研究还发现低善良倾向者的真实助人行为相对较少，在高自我耗损条件下尤为明显。以往的研究发现，自我控制资源耗损之后，个体会表现出更多的不道德的、不诚实的、伪善的行为。所谓伪善（hypocri-sy），就是表面上表达了行善的意向，但当需要实际做出善行时，就很少做，或者不做，就是人们常说的"说一套，做一套"现象（Daniel, Kieran, Hannes, & Brian, 2018）。在本研究中，以留下真实合法的邮箱作为助人行为指标，个体若表现出伪善的行为（只选择愿意，而不留下真实邮箱地址），则不会视为真正的善行表达，这可能是低善良倾向者表现出较少真实助人行为的另一个原因。

总的来说，自我控制资源调节了善良人格与善行表达之间的关系。在高自我耗损条件下，善良人格倾向对善行表达正向预测作用显著。

四　综合讨论

以往研究多是基于情境视角，揭示了众多情境因素对个体善行表达的影响。然而，作为善行表达的主体，个体内在因素的作用不可忽视（Jayawickreme et al.，2014）。本研究整合了控制加工和直觉加工理论，通过比较揭示了二者的核心区别，即相比控制加工，直觉加工具有用时短与耗能少的特点。针对直觉加工的这两个特点，本研究分别选取时间压力和自我控制资源耗损作为调节变量，探究善良人格影响善行表达的边界条件。结果发现时间压力和自我控制资源耗损调节了善良人格与善行表达的关系。具体如以下几个方面。

（一）　时间压力的调节作用

所谓"沧海横流，方显英雄本色"，在危急情况下的反应，往往最能反映出个体真实的人性。研究 1 将时间压力作为切入点，探究和揭示了时间压力在善良人格与善行表达之间的调节作用。具体而言，在高时间压力条件下，高善良倾向者的善行表达优于低善良倾向者；在低时间压力条件下，低善良倾向者与高善良倾向者的善行表现无显著差异。这一结果与以往研究结果一致。以往研究指出在高时间压力条件下，个体没有时间进行深思熟虑，人们就会表现出更多的内在本能反应，低善良倾向者就会倾向于表达自私、不愿意帮助陌生人，以及减少亲社会的行为；但高善良倾向者则会做出更多的利他行为。社会启发式假设认为，个体在日常生活中会内化一些直觉的优势反应，并能够外溢到其他非典型的情境中。在日常生活中，高善良倾向者内化的是一些相对利他的直觉优势反应，而低善良倾向者则内化了一些相对自利的直觉优势反应。当时间压力较高时，高、低善良倾向者均可能将内化的优势反应表达出来，高善良倾向者表现出"直觉行善"，低善良倾向者表现出"直觉不善"，因而高善良倾向者的善行表达优于低善良倾向者。

此外，特别需要注意的是在低时间压力条件下，低善良倾向者的善行表现有所提升，且与高善良倾向者的善行表现无显著差异。这表明在低时间压力条件下，低善良倾向者可以进行深思熟虑，利用自我控制资源抑制内在自利的冲动，而做出符合社会规范的行为，进而提升自己的善行表现，这是一个"控制行善"的过程。这个结果提示我们，通过营造友善互助的社会氛围，形成良好的社会规范，同时给予一定的思考时间，可以在一定程度上提升人们做好事的可能性。

（二）自我控制资源耗损的调节作用

研究 2 选取自我控制资源耗损为切入点，将真实助人行为作为因变量，而非助人意愿或倾向，探究和揭示了自我控制资源耗损调节了善良人格与善行表达的关系。具体而言，在高自我耗损条件下，高善良倾向者做出真实助人行为的可能性依然很高；而低善良倾向者受到的影响很大，做出真实助人行为的可能性降低。该结果与以往研究结果一致。Osgood 和 Muraven（2015）发现自我耗损并未削弱个体成为好人的态度和意向，但可以减少个体做出切实的亲社会行为。此外，由于自我控制资源是有限的，所以当自我控制资源耗损后，对于低善良倾向者而言，控制行善的力量就弱了，因而他们表现出较少的真实助人行为；对于高善良倾向者而言，直觉行善是低耗能的，他们可以做出内化的直觉优势反应，因而自我控制资源耗损对高善良倾向者的真实助人行为的影响较小。

本研究结果提示我们，自我控制资源是提升人们善行表达可能性的重要保障。对于低善良倾向者（偏不善者），自我控制能力训练对于提升其善行表达显得尤为重要。以往研究指出人们的自我控制就像肌肉一样，可以通过训练得到恢复和提升（Baumeister, Gailliot, DeWall, & Oaten, 2006）。个体在某一领域的自我控制训练，同样有助于其在其他领域的自我控制表现（Baumeister et al., 2007）。事实上，从军人身上我们可以看到自我控制训练的作用。军人的军事训练不仅增强了他们的自我控制能力，同时也延伸到了其他领域的控制表现。我们印象中的军人，都是威武勇敢的，在别人需要帮助时挺身而出，无私奉献，这些也许与他们日常的纪律训练有关。因此，低善良倾向者进行自我控制能力训练，可能有助于他们的善行表达。

（三）善行表达的双加工模型

关于善行到底是控制加工还是直觉加工的产物，一直存在着争议。以往多数研究认为善行是控制加工的产物，是个体通过自我控制资源抑制内在自私自利冲动的结果；然而，近年来有研究者指出直觉加工更能够促进个体的善行表达，即认为善行是直觉加工的产物。通过对两个观点的相关研究进行分析和比较，我们可以发现控制行善与直觉行善的观点其实并不冲突，而是可以相互补充和完善的。而且，在善行表达过程中必然需要信息加工和决策推理的参与，大量研究表明双加工系统存在于人们的信息加工和决策推理的过程中。因而，本研究尝试整合控制行善与直觉行善的观点，提出善行表达的双加工系统模型，用以解释人们在善行表达过程中的心理机制。

本研究中的两个研究可以在一定程度上为善行表达双加工系统模型提供佐证。具体而言，本研究发现在高时间压力和高自我耗损条件下，个体可能更多地使用直觉加工系统，高善良倾向者表现出"直觉行善"，而低善良倾向者无法控制行善，最终表现出"直觉不善"；在低时间压力和低自我耗损条件下，低善良倾向者可能会为了符合社会规范而"控制行善"，因而善行表现相对提升并与高善良倾向者无显著差异。这些结果在一定程度上支持了善行表达的双加工系统模型。未来研究人员可以进一步开展研究以验证和拓展善行表达的双加工系统模型。

五　结论

第一，时间压力调节了善良人格对善行表达的影响。在高时间压力条件下，善良人格对善行表达的预测作用更强。

第二，自我控制资源耗损在善良人格与善行表达之间起调节作用。在高自我耗损条件下，善良人格对善行表达的预测作用更强。

第三，善行表达的双加工系统模型具有一定的合理性，提示善行表达过程中存在两种形式：控制行善和直觉行善。

参考文献

方杰、温忠麟、梁东梅、李霓霓，2015，《基于多元回归的调节效应分析》，《心理科学》第 3 期。

姜春艳，2016，《自我耗损对大学生说谎行为的影响：道德意识的中介作用》，《中国临床心理学杂志》第 1 期。

焦丽颖、杨颖、许燕、高树青、张和云，2019，《中国人的善与恶：人格结构与内涵》，《心理学报》第 10 期。

林小妹，2004，《论中西方人性观的差异》，《中央社会主义学院学报》第 1 期。

王登峰、崔红，2005，《解读中国人的人格》，社会科学文献出版社。

温忠麟、侯杰泰、张雷，2005，《调节效应与中介效应的比较和应用》，《心理学报》第 2 期。

张和云，2016，《善良人格的结构、认知加工特点及其对善行表达的影响研究》，博士学位论文，北京师范大学。

张和云、许燕、赵欢欢，2021，《善良人格与网络利他行为的关系：有调节的中介模型》，《心理科学》第 3 期。

张和云、赵欢欢、许燕，2018，《中国人善良人格的结构研究》，《心理学探新》第 3 期。

郑显亮，2013，《现实利他行为与网络利他行为：网络社会支持的作用》，《心理发展与教育》第 1 期。

Bardi, A. & Schwartz, S. H. (2003). Values and Behavior: Strength and Structure of Relations. *Personality and Social Psychology Bulletin*, 29 (10), 1207 – 1220.

Bargh, J. A. & Chartrand, T. L. (1999). The Unbearable Automaticity of Being. *American Psychologist*, 54 (7), 462 – 479.

Baumeister, R. F. & Alghamdi, N. G. (2015). Role of Self-control Failure in Immoral and Unethical Actions. *Current Opinion in Psychology*, 6, 66 – 69.

Baumeister, R. F. & Exline, J. J. (1999). Virtue, Personality, and Social Relations: Self-control as the Moral Muscle. *Journal of Personality*, 67 (6), 1165 – 1194.

Baumeister, R. F., Gailliot, M., DeWall, C. N. & Oaten, M. (2006). Self-regulation and Personality: How Interventions Increase Regulatory Success, and How Depletion Moderates the Effects of Traits on Behavior. *Journal of Personality*, 74 (6), 1773 – 1802.

Baumeister, R. F., Heatherton, T. F. & Tice, D. M. (1994). *Losing Control: How and why People Fail at Self-regulation*. San Diego, CA: Academic Press.

Baumeister, R. F., Vohs, K. D. & Tice, D. M. (2007). The Strength Model of Self-control. *Current Directions in Psychological Science*, 16 (6), 351 – 355.

Capraro, V. & Cococcioni, G. (2016). Rethinking Spontaneous Giving: Extreme Time Pressure and Ego-depletion Favor Self-regarding Reactions. *Scientific Reports*, 6, 1 – 10.

Carlson, R. W., Aknin, L. B. & Liotti, M. (2016). When is Giving an Impulse? An ERP Investigation of Intuitive Prosocial Behavior. *Social Cognitive and Affective Neuroscience*, 11 (7), 1121 – 1129.

Dang, J., Liu, Y., Liu, X. & Mao, L. (2017). The Ego Could be Depleted, Providing Initial Exertion is Depleting. *Social Psychology*, 48 (4), 242 – 245.

Daniel, A. E., Kieran, O. C., Hannes, L. & Brian, J. L. (2018). From Inconsistency to Hypocrisy: When Does "Saying One Thing But Doing Another" Invite Condemnation? *Research in Organizational Behavior*, 38, 61 – 75.

Dawes, C. T., Loewen, P. J., Schreiber, D., Simmons, A. N., Flagan, T., McElreath, R., … & Paulus, M. P. (2012). Neural Basis of Egalitarian Behavior. *Proceedings of the National Academy of Sciences*, 109 (17), 6479 – 6483.

Dehue, F. M. J., McClintock, C. G. & Liebrand, W. B. G. (1993). Social Value Related Response Latencies: Unobtrusive Evidence for Individual Differences in Information Processing. *European Journal of Social Psychology*, 23 (3), 273 – 293.

DeWall, C. N., Baumeister, R. F., Gailliot, M. T. & Maner, J. K. (2008). Depletion Makes the Heart Grow Less Helpful: Helping as a Function of Self-regulatory Energy and Genetic Relatedness. *Personality and Social Psychology Bulletin*, 34 (12), 1653.

Epstein, S. (1994). Integration of the Cognitive and the Psychodynamic Unconscious.

American Psychologist，49（8），709－724.

Evans，A. M. & Rand，D. G. （2019）. Cooperation and Decision Time. *Current Opinion in Psychology*，26，67－71.

Evans，J. S. B. T. （2008）. Dual-Processing Accounts of Reasoning，Judgment，and Social Cognition. *Annual Review Psychology*，59（1），255－278.

Evans，J. S. B. T. （2002）. In Two Minds：Dual-process Account of Reasoning. *Trends in Cognitive Sciences*，7（10），454－459.

Fennis，B. M.，Janssen，L. & Vohs，K. D. （2009）. Acts of Benevolence：A limited-resource Account of Compliance with Charitable Requests. *Journal of Consumer Research*，35（6），906－924.

Finkel，E. J.，DeWall，C. N.，Slotter，E. B.，Oaten，M. & Foshee，V. A. （2009）. Self-regulatory Failure and Intimate Partner Violence Perpetration. *Journal of Personality and Social Psychology*，97（3），483－499.

Franco，Z. & Zimbardo，P. G. （2006）. The Banality of Heroism. *Greater Good*，3（2），30－35.

Gino，F.，Schweitzer，M. E.，Mead，N. L. & Ariely，D. （2011）. Unable to Resist Temptation：How Self-control Depletion Promotes Unethical Behavior. *Organizational Behavior and Human Decision Processes*，115（2），191－203.

Grant，A. M. & Mayer，D. M. （2009）. Good Soldiers and Good Actors：Prosocial and Impression Management Motives as Interactive Predictors of Affiliative Citizenship Behaviors. *Journal of Applied Psychology*，94（4），900－912.

Greene，J. D. （2015）. The Rise of Moral Cognition. *Cognition*，135，39－42.

Greene，J. D. （2007）. Why are VMPFC Patients more Utilitarian? A Dual-process Theory of Moral Judgment Explains. *Trends in Cognitive Sciences*，11（8），322－323.

Grossmann，T.，Missana，M. & Vaish，A. （2020）. Helping，Fast and Slow：Exploring Intuitive Cooperation in Early Ontogeny. *Cognition*，196，1－7.

Hayes，A. F. （2013）. *Introduction to Mediation，Moderation，and Conditional Process Analysis：A Regression-based Approach*. New York：Guilford Press.

Jayawickreme，E.，Meindl，P.，Helzer，E. G.，Furr，R. M. & Fleeson，W. （2014）. Virtuous States and Virtuous Traits：How the Empirical Evidence Regarding the Existance of Broad Traits Saves Virtue Ethics from the Situationist Critique. *Theory and Research in Education*，12（3），1－26.

Kahneman，D. & Frederick，S. （2002）. Representativeness Revisited：Attribute Substitution in Intuitive Judgment. In T. Gilovich，D. Griffin，& D. Kahneman（Eds.），*Heuristics and Biases：The Psychology of Intuitive Judgment*（pp. 49－81）. Cambridge：Cambridge University Press.

Kahneman，D. （2011）. *Thinking，Fast and Slow*. New York：Farrar，Straus and Giroux.

Kelley，H. H. & Thibaut，J. W. （1978）. *Interpersonal Relations：A Theory of Interdependence*. New York：Wiley.

Latané，B. & Darley，J. M. （1969）. Bystander "Apathy". *American Scientist*，57（2），

244 – 268.

Latané, B. & Darley, J. M. (1970). *The Unresponsive Bystander: Why doesn't he help?* New York: Appleton Century Crofts.

Latané, B., & Nida, S. (1981). Ten Years of Research on Group Size and Helping. *Psychological Bulletin*, 89 (2), 308 – 324.

Latané, B. & Rodin, J. (1969). A Lady in Distress: Inhibiting Effects of Friends and Strangers on Bystander Intervention. *Journal of Experimental Social Psychology*, 5 (2), 189 – 202.

Lieberman, M. D. (2007). The X- and C-systems: The Neural Basis of Automatic and Controlled Social Cognition. In E. Harmon-Jones & P. Winkelman (Eds.), *Fundamentals of Social Neuroscience* (pp. 290 – 315). New York: Guilford.

Martinsson, P., Myrseth, K. O. R. & Wollbrant, C. E. (2010). Reconciling Pro-social vs. Selfish Behavior: Evidence for the Role of Self-control. *Judgment and Decision Making*, 7 (3), 304 – 315.

Mead, N. L., Baumeister, R. F., Gino, F., Schweitzer, M. E. & Ariely, D. (2009). Too Tired to Tell the Truth: Self-control Resource Depletion and Dishonesty. *Journal of Experimental Social Psychology*, 45 (3), 594 – 597.

Muraven, M., Tice, D. M. & Baumeister, R. F. (1998). Self-control as Limited Resource: Regulatory Depletion Patterns. *Journal of Personality and Social Psychology*, 74 (3), 774 – 789.

Neys, W. D. & Pennycook, G. (2019). Logic, Fast and Slow: Advances in Dual-process Theorizing. *Current Directions in Psychological Science*, 28 (5), 503 – 509.

Norris, P. & Epstein, S. (2011). An Experiential Thinking Style: Its Facets and Relations with Objective and Subjective Criterion Measures. *Journal of Personality*, 79 (5), 1043 – 1079.

Osgood, J. M. & Muraven, M. (2015). Self-control Depletion does not Diminish Attitudes about Being Prosocial but does Diminish Prosocial Behaviors. *Basic and Applied Social Psychology*, 37 (1), 68 – 80.

Pocheptsova, A., Amir, O., Dhar, R. & Baumeister, R. F. (2009). Deciding without Resources: Resource Depletion and Choice in Context. *Journal of Marketing Research*, 46 (3), 344 – 355.

Pronk, T. M., Karremans, J. C., Overbeek, G., Vermulst, A. A. & Wigboldus, D. H. J. (2010). What it Takes to Forgive: When and Why Executive Functioning Facilitates Forgiveness. *Journal of Personality and Social Psychology*, 98 (1), 119 – 131.

Rand, D. G. & Epstein, Z. G. (2014). Risking your Life without a Second Thought: Intuitive Decision-making and Extreme Altruism. *Plos One*, 9 (10), 1 – 6.

Rand, D. G., Greene, J. D. & Nowak, M. A. (2013). Intuition and Cooperation Reconsidered Reply. *Nature*, 498 (7452), E2 – E3.

Rand, D. G., Greene, J. D. & Nowak, M. A. (2012). Spontaneous Giving and Calculated Greed. *Nature*, 489 (7416), 427 – 430.

Rand, D. G. & Kraft-Todd, G. T. (2014). Reflection does not Undermine Self-interested

Prosociality. *Frontiers in Behavioral Neuroscience*, 8, 1 – 8.

Rand, D. G., Peysakhovich, A., Kraft-Todd, G. T., Newman, G. E., Wurzbacher, O., Nowak, M. A. & Greene, J. D. (2014). Social Heuristics Shape Intuitive Cooperation. *Nature Communications*, 5 (3677), 1 – 12.

Righetti, F., Finkenauer, C. & Finkel, E. J. (2013). Low Self-control Promotes the Willingness to Sacrifice in Close Relationships. *Psychological Science*, 24 (8), 1533 – 1540.

Shalvi, S., Eldar, O. & Bereby-Meyer, Y. (2012). Honesty Requires Time (and lack of justifications). *Psychological Science*, 23 (10), 1264 – 1270.

Shi, R., Qi, W., Ding, Y., Liu, C. & Shen, W. (2020). Under What Circumstances is Helping an Impulse? Emergency and Prosocial Traits Affect Intuitive Prosocial Behavior. *Personality and Individual Differences*, 159, 1 – 8.

Stevens, J. R. & Hauser, M. D. (2004). Why be Nice? Psychological Constraints on the Evolution of Cooperation. *Trends in Cognitive Sciences*, 8 (2), 60 – 65.

Tinghog, G., Andersson, D., Bonn, C., Bottiger, H., Josephson, C., Lundgren, G., …& Johannesson, M. (2013). Intuition and Cooperation Reconsidered. *Nature*, 498 (7452), E1 – E2.

Verkoeijen, P. P. J. L. & Bouwmeester, S. (2014). Does Intuition Cause Cooperation? *Plos One*, 9 (5), 1 – 8.

Wang, Y., Wang, G., Chen, Q. & Li, L. (2017). Depletion, Moral Identity, and Unethical Behavior: Why People Behave Unethically after Self-control Exertion. *Consciousness and Cognition*, 56, 188 – 198.

Warneken, F. & Tomasello, M. (2009). Varieties of Altruism in Children and Chimpanzees. *Trends in Cognitive Sciences*, 13 (9), 397 – 402.

Xu, H. Y., Begue, L. & Bushman, B. J. (2012). Too Fatigued to Care: Ego Depletion, Guilt, and Prosocial Behavior. *Journal of Experimental Social Psychology*, 48 (5), 1183 – 1186.

Zaki, J. & Mitchell, J. P. (2013). Intuitive Prosociality. *Current Directions in Psychological Science*, 22 (6), 466 – 470.

Zimbardo, P. G. (2007a). The Banality of Evil, the Banality of Heroism. In J. Brockman (Eds.), *What is your Dangerous Idea? Today's Leading Thinkers on the Unthinkable* (pp. 275 – 276). New York: Harper Perennial.

Zimbardo, P. G. (2007b). *The Lucifer Effect: Understanding How Good People Turn Evil*. New York: Random House.

《中国社会心理学评论》 第 23 辑
第 100~112 页
© SSAP, 2022

大学生道德能力 KMDD 培育模式的中国化实践[*]

张　静　宋小洪[**]

摘　要: "道德是不是一种能力以及道德能否被教育"这个问题一直是众多研究者深入思考和研究的问题。本研究运用德国道德教育心理学家乔治·林德设计的"康斯坦茨道德困境讨论法"(KMDD)进行了 9 次干预实验,发现 KMDD 能显著提高大学生被试的道德能力,且作为干预工具的道德两难故事的有效选取对于提高被试道德能力具有重要影响。此外,在 KMDD 中国化实践的过程中,我们需要重视学生积极道德情感与"以生为本"理念下民主和平思想的养成,开展适合中国文化的 KMDD 教师培训及资格论证,并基于年龄、学段及学习领域进行 KMDD 方案梯级设计,以保证 KMDD 在道德能力培育中收效良好。

关键词: 康斯坦茨道德困境讨论法 (KMDD)　道德能力　学校德育

一　引言

(一) 研究背景

道德可教吗? 这是道德教育的前提性问题。自 2500 多年前古希腊著名

---

* 本研究得到河海大学中央高校业务费重大项目培育 (B200207025) 的资助。
** 张静,河海大学马克思主义学院教授、博士生导师,Email: anjingor@126.com;宋小洪,江苏开放大学马克思主义学院教师,Email: sxh1598@163.com。

哲学家苏格拉底提出"道德是不是一种能力以及道德能否被教育"这一道德哲学经典命题以来，这个问题一直是哲学家、教育家、心理学家讨论不断的话题，柏拉图、康德、赫尔巴特、达尔文、爱米尔·涂尔干、杜威、皮亚杰、科尔伯格等都对该问题进行了深入的思考。直至今天，这个问题仍被认为很有研究意义，同时也依然没有一致的答案。在柏拉图之《美诺篇》中苏格拉底认为"在渴望善良方面一个人不会比其他人更好"。我们的先人孔子也说到"性相近也，习相远也"。这两位东西方的圣人都指出每个人都有追求真善美的共性。可现实世界里战争和恐怖活动无处不在，日常生活中的腐败、欺诈、犯罪和暴力比比皆是，这些无不告诉我们一个反面的事实，即邪恶是人性中天生的一部分，但苏格拉底不认为人类渴望邪恶，他宁愿相信"人心向恶"是由于这些人缺乏获得善良的能力，即缺乏道德能力。

现代道德心理学的研究证明了苏格拉底关于人类追求美德以及对获得美德所需要的能力的渴望，即大部分人类都共享基本的道德理念，如民主、公正、自由和相互尊重等，不论其国家、文化、宗教、社会阶层、年龄、性别。事实上，社会已经成功地将一些基本的道德规则和道德理念传递给了下一代，绝大部分儿童在很小的时候就能将这些基本的道德原则与社会习俗和个人价值观区分开来。然而，人们忽略了道德理念的获得和道德行为的产生之间存在的鸿沟，即道德能力。现代生物学的证据同样确认了苏格拉底的主张，即人类基本的道德取向和价值观是与生俱来的，但道德能力似乎并非与生俱来（Hamlin，Wynn，& Bloom，2007）。在现代社会中，人们不仅需要拥有道德理念，而且需要培养一种能力来将这些理念运用到日常生活中去解决与自己相对立的道德观与情感冲突。只有这样，人们才能通过协商和讨论的方法来解决一些冲突，才能避免武力和暴力的使用，避免犯罪的出现。

国际知名的道德教育心理学家乔治·林德（Georg Lind）在苏格拉底、康德、皮亚杰（Piaget，1976）、科尔伯格（Kohlberg，1964）、雷斯特（Rest，1988）等研究的基础上，将道德能力界定为"个体基于内在的道德原则，通过思考和讨论，而非采取暴力、欺骗或胁迫的手段，来解决问题和冲突的能力"（林德，2018）。1976 年林德在其提出的"道德行为的双面模型"（The Dual-Aspect Modal of Moral Behaviors）基础上编制了迄今为止世界上唯一一个可以同时评估道德认知和道德情感的测量工具"道德能力测验"（Moral Competence Test，简称 MCT；2013 年前被称为 MJT）。MCT 的指标为道德能力分，即 Competent 分，简称 C 分数（0 ~ 100），它反映的是被试根据道德论点本身的观点（而非他本人是否赞成它或其他因素）对其进行判断的能力。国际上普遍认可的 C 分数划分等级的指标为：

非常低（1~9）、低（10~19）、中等（20~29）、高（30~39）、非常高（40~49）和极其高（50以上）。历经40多年，MCT已被翻译成41种语言（包括中文），被试多达几十万人次，跨越欧洲、北美、南美、亚洲和大洋洲40多个国家，取得了令世人瞩目的丰硕成果。

随后，林德及其同事经过多年的实践，于20世纪90年代末研发出一种旨在培育和促进儿童和成人道德能力发展的新方法"康斯坦茨道德困境讨论法"（Konstanz Method of Dilemma Discussion，简称KMDD）。KMDD的教学目标和理念是要营造一个充满积极挑战而不是恐惧的学习环境，使道德教育的目的与方法一致。大部分传统的教育方法受限于"传递价值观"和教授道德理论，忽略了对道德能力的培养。林德认为道德判断和对话能力正是道德情感与道德行为之间"失去的链接"（Lind，2002），如图1所示。KMDD就像"疫苗"，其作用就是利用其中弱化的病毒去刺激它们对抗真正的病毒。具体而言，就是将学习者放置于一个"半真实"的道德两难情景中，通过KMDD方法，最终达到激发他们处理现实生活中可能出现的道德两难问题的能力。

失去的链接：道德判断与道德对话能力

图1　道德能力链接

说明："??"表示"失去"。

（二）问题的提出

近年来，越来越多的中国学者关注和从事于道德认知与道德能力方面的研究，这使我们对大学生道德能力的发展有了一些初步的了解。但由于研究起步较晚，受到一些条件的限制，与西方发达国家相比，在理论体系和实证研究等方面都存在着许多不足之处，目前我们更多还是学习和借鉴国外的理论和方法，如何构建符合中国文化和中国特色的道德教育新模式是需要认真思考和探索的现实难题。

当今世界处于百年未有之大变局，复杂的国际国内环境无疑使人们面临着更多的道德困境，大学生是国家未来的栋梁，如何培育他们的道德能力，提高其道德水平是一项重要而紧迫的任务。传统的道德教育在内容上侧重于基本的道德规则和道德理念的传递，在方法上以"灌输"为主，效果较有限，很重要的原因就是忽略了个体道德能力的培养。这就需要有专业的教育工作者来帮助教育对象学会应用自己的道德原则处理道德问题，提高其道德能力（Lind, 2015）。

笔者于 2010 年开始，先后使用中文版的 MCT 在湖北、广东、江苏、河南、山东等多个省市进行了 4 次较大规模的调研，被试多达 2 万人次，调研结果的 C 分数均值在 16～19，属于低等的范围（张静，2013）。因此，笔者希望运用 KMDD 来培育和提高我国大学生的道德能力，并期望摸索出一条更适合中国国情的本土化 KMDD。

（三）研究假设

查尔斯·达尔文主张，道德能力不是由基因决定的，而是由学校教育决定的。目前 KMDD 已在 40 多个国家得到应用，获得了很好的社会反响和理论回应，实践证明其对于提高被试的道德能力是非常有效的（林德，2018）。国内学者运用 KMDD 分别对部分广州外来务工人员（康蕾，2012）和会计专业的本科生（仇莹等，2013）进行了实证研究，结果显示参与过 KMDD 活动的被试道德能力有所提高。

基于已有发现，我们假设大学生被试经 KMDD 培训后，其道德能力能够得到明显提高。

二　预备研究

在预备研究中，主要围绕以下三个问题开展：①找出活动能取得较好效果的参与人数规模；②作为干预工具的道德两难故事的有效选取；③探讨道德是否可教。

（一）对象

被试为广州某高校经贸专业的 89 名学生，其中男生 40 名、女生 49 名，按照入学年龄，被试为大三学生，年龄一般在 19～21 岁。

（二）方法

1. 研究工具

（1）前后测均使用中文版"道德能力测验"（MCT）。该工具已被杨韶刚和吴慧红在中国开展过实证研究，他们对该测验进行了必要的跨文化效度验证，并得到了林德的认证。

（2）康斯坦茨道德困境讨论法（KMDD）训练方案。①准备好活动干预的 3 个纸质版英文道德两难故事:"琼的前男友"、"斯坦伯格法官" 和 "约翰的任务"。②KMDD 课程进度表。③进行 2 轮干预实验,每次间隔 1 周,活动持续 90 分钟。

2. 研究过程

首先,活动本着学生自愿参与的原则,进行 MCT 前测,并将其作为基线。

其次,2012 年 10 月 22 日开始,将被试分为 3 个小组分别进行第一轮干预实验,采用故事分别为"琼的前男友""斯坦伯格法官""琼的前男友"。其中,66 人参与"琼的前男友"讨论,23 人参与"斯坦伯格法官"讨论;一周后将被试分为 4 个小组进行第二轮训练,采用故事分别为"约翰的任务""约翰的任务""斯坦伯格法官""约翰的任务"。其中,70 人自主参与了"约翰的任务"讨论,19 人参与了"斯坦伯格法官"讨论。具体情况见表 1。

表 1　参与 KMDD 活动的具体情况

组别 (两难故事)	人数	日期	组别 (两难故事)	人数	日期
	89			89	
1 (琼的前男友)	24	22/10/2012	4 (约翰的任务)	34	29/10/2012
2 (斯坦伯格法官)	23	24/10/2012	5 (约翰的任务)	13	31/10/2012
3 (琼的前男友)	42	27/10/2012	6 (斯坦伯格法官)	19	04/11/2012
			7 (约翰的任务)	23	06/11/2012

一次完整的 KMDD 活动需要 90 分钟,包括以下 10 个步骤。[①]

①老师阐述一个有教育意义的关于主人公 X 的道德两难故事。(5 分钟)

②将故事的纸质版分发给参与者们,并要求其思考两个问题:为什么 X 会犹豫?你认为 X 做这个决定有多大的难度?(5 分钟)

③要求参与者澄清两个问题:当 X 犹豫时,他/她脑海中出现了什么?

---

① 组织者只有在按照要求完成取得 KMDD 培训生 (KMDD-Trainee) 的资格认证和 KMDD 教师 (KMDD-Teacher) 资格认证,才能单独有效地使用 KMDD。笔者先后于 2011 年和 2013 年取得了林德颁发的 KMDD-Trainee 资格证书和 KMDD-Teacher 资格证书。具备独立开展 KMDD 活动的资格与能力。

你认为这个决定是困难还是容易？（5 分钟）

④第一次投票表决：你认为 X 的决定是对还是错？（5 分钟）

⑤按照表决的结果将参与者分成 2 组，分别坐在教室的两边，每组再分成 3~4 人的小组，便于讨论。（10 分钟）

⑥辩论：试着说服对立组员接受你的观点。在辩论过程中遵循两个原则：a. 自由发言，但不许赞扬或者攻击任何人。b. 乒乓原则：每次都是由发言者本人从对立组举手的组员中指定一位来回答，两组发言轮流进行。此时，老师将扮演裁判员的角色，提醒违规的组员。（30 分钟）

⑦请每个人思考对立组中最佳观点，允许组员间讨论。（10 分钟）

⑧提名：每个人推选出对立组员中他/她认为最棒的观点。（5 分钟）

⑨进行第二轮投票表决：现在你认为 X 的决定是对还是错？（5 分钟）

⑩反馈：你认为这节课有意思吗？你从中学习到了什么？（10 分钟）

最后，进行 MCT 后测。

（三）结果与讨论

被试前测 C 分数均值为 19.38，标准差为 12.11，后测均值为 19.71，标准差为 10.88。采用配对样本 t 检验对前后测的 MCT 结果进行差异检验，结果显示差异未达到统计学意义，t（88）= 0.19，$p > 0.05$，$r = 0.02$，$Cohen\ d = 0.02$。针对 KMDD 训练无显著效应，除了与笔者开展 KMDD 活动的经验不足相关，经过对研究过程反思与访谈的梳理，可能还存在以下三方面的原因。

1. 被试人数的规模

被试人数以 20~30 人为宜，尤其是对初级的 KMDD 教师而言，更是如此。以表 1 中的 7 次讨论为例，7 组的人数分别为 24 人、23 人、42 人、34 人、13 人、19 人和 23 人。在第 3 组和第 4 组的讨论中，有些被试因为人多而没有发言的机会。在第 5 组和第 6 组中整个讨论则因为人数过少而不能激起被试挑战的激情，这未使讨论达到热烈的状态，结果是大多数人可能因为分享的观点有限而没有得到太多的收获。这两种情况都不利于被试道德能力的提高。相比之下，第 1、2、7 组的整体讨论情况好很多，被试自己的感觉也较好。

2. 故事的版本

活动中使用的林德编制的英文故事，结果出现了有的被试不认识某些单词而需要花时间去查阅或者是与他人讨论的情况，影响了讨论的现场秩序及环节。此外，由于某些单词的中英文翻译对照不一致引起了歧义，使得讨论中出现了不必要的麻烦。

3. 故事的设计

根据活动中被试的表现及活动后与其交流可知，三个故事中，绝大多数被试认为"琼的前男友"吸引力不够强，"约翰的任务"现实性很强，"斯坦伯格法官"具有讨论和思考意义。

第一轮活动中第 1、3 组参与了"琼的前男友"故事的讨论，主人公琼面对的两难选择为"是否接受前男友的邀请，去他住的酒店过夜"，该故事涉及的两个主要核心观点为忠诚于婚姻家庭还是跟随自己的情感。在第 1 组的讨论中，琼的决定是接受邀请。在 24 位被试中，22 人持反对意见，剩下的 2 人虽持赞成意见，但前提很明确，即"他们在酒店仅是聊天，并不会发生不正当关系"。在第 3 组讨论中，笔者将故事中的那句"和我去我住的酒店过夜吧"去掉了"过夜"两个字，即"和我去我住的酒店吧"，经过考虑，琼决定去。在 42 位被试中，28 人持反对意见，14 人持赞成意见。可见，绝大多数被试反对琼跟前男友约会。此外，两次讨论都出现了相同的现象，即由于我国目前在性教育方面的不足，大部分被试对这方面的内容了解的不多，加之受传统文化的影响，在故事讨论中会表现的害羞，不够积极，讨论不够热烈。

因此在第二轮训练中将"琼的前男友"故事更换为"约翰的任务"故事。第 4、5、7 组参与了"约翰的任务"故事的讨论。主人公约翰面临的两难选择为"是否为当地弱势群体争取福利和保住自己的第一份工作而制造假数据"。该故事涉及的两个主要核心观点为恪守诚信还是为帮助他人和自己而失信。被试为经贸专业的学生，他们在未来的工作中将会不可避免地遇到类似的问题，因此讨论很热烈。

两轮活动中，第 2、6 组参与了"斯坦伯格法官"故事的讨论，主人公斯坦伯格法官面临的两难选择为"是否同意对恐怖分子实施拷问以获取信息挽救上百条无辜百姓的生命"，该故事涉及的两个主要核心观点为遵守法律还是维护社会正义。被试需要对"斯坦伯格法官的决定"进行表决，赞成方和反对方均表现积极活跃，提供了有力论据来支持各自观点。

可见道德两难故事的设计最好与被试的学习和生活紧密相关，以有助于提高被试讨论的积极性，保证活动效果。

虽然经过两轮 KMDD 活动后，被试的 C 分数提高的不明显，但我们结合活动过程中被试的发言和活动后的反馈，也有一些有趣的发现。例如，大多数参与者以前很少会主动与教师、同学接触或交流，参加了 KMDD 讨论后在课堂上变得积极活跃了，并会主动与教师、同学讨论问题，交流思想（张静，2016）。几乎所有参与者都认为相较于平时上课的内容与方式，更喜欢 KMDD 这种教学模式，并表示后续会与家人或其他人进行道德两难故事的讨论等。可见，道德作为一种能力，是可以通过教育得到提高的。

三　正式研究

2014 年至 2021 年，笔者每年均会开展 1 次 KMDD 活动。因此，在总结预备研究基础上，正式研究重点检验基于最佳规模、科学选取故事后的训练效果，并探讨南京作为文化底蕴较深、高校众多的六朝古都，其被试的道德水平。

（一）　对象

被试为南京某高校思想政治教育专业的 237 名学生，其中男生 42 人，女生 195 人。年龄为 19～24 岁。其中 2014 年的 22 名和 2016 年的 20 名被试为研究生，其余年份被试为本科生，人数分别为 2015 年 38 人、2017 年 33 人、2018 年 27 人、2019 年 26 人、2020 年 30 人、2021 年 41 人。

（二）　方法

1. 测评工具同预备研究。
2. 研究过程。除训练次数为 1 次，活动干预的 3 个故事改为得到林德使用认可的中文版本外，基本流程同上。

（三）　结果

各次训练的描述统计结果参见表 2。采用配对样本 t 检验对 2014 年至 2021 年前后测的 MCT 结果进行差异检验。其中，2014 年测验结果显示差异显著，$t(21)=2.84$，$P<0.05$；2016 年测验结果显示差异非常显著，$t(19)=2.94$，$P<0.05$；2017 年测验结果显示差异显著，$t(32)=2.42$，$P<0.05$；其他几次测验结果显示差异不显著。

表 2　MCT 前后测 C 分数均值情况

时间	人数	前测均值	后测均值	前测标准差	后测标准差	提高分数	t	效应值
2014	22	20.18	27.40	6.94	7.76	7.22	2.84*	0.61
2015	38	12.86	15.48	8.17	12.89	2.62	1.00	0.16
2016	20	20.13	26.55	6.46	8.04	6.42	2.94*	0.66

续表

时间	人数	前测均值	后测均值	前测标准差	后测标准差	提高分数	t	效应值
2017	33	21.73	30.65	12.78	16.31	8.92	2.42**	0.42
2018	27	25.02	26.28	12.21	10.55	1.26	0.93	0.18
2019	26	22.53	23.12	14.65	15.20	0.59	0.14	0.03
2020	30	22.27	24.64	11.96	11.10	2.37	0.92	0.17
2021	41	23.30	27.50	16.71	13.56	4.2	1.38	0.22

注：$^* p < 0.05$，$^{**} p < 0.01$，$^{***} p < 0.001$。

自 2012 年以来，笔者每年都会在国内开展 1 轮 KMDD 实验活动（2013 年因出国访学未能开展），现共计 9 轮，被试 326 人次。根据 9 次实验结果，被试在参与 KMDD 活动前后测的 C 分数有了 9 分以内的不同程度的提高。当然，这并不能简单地证明使用 KMDD 的方法一定能提高被试的道德能力，但根据被试在活动中的表现及其在活动后的反馈可知，绝大多数被试对于 KMDD 实践的反应良好，KMDD 对于提高被试道德能力具有一定的作用。实证方面，分别对 9 次干预前后测的结果汇总进行配对样本 t 检验和元分析。其中，汇总后的分析结果显示，前测平均值为 20.83，标准差为 12.15，后测平均值为 22.98，标准差为 13.26，经配对样本 t 检验，结果显示，t（325）$= 2.25$，$p = 0.025 < 0.05$，$r = 0.07$，$Cohen\ d = 0.18$，差异显著。然而，采用 Ward 检验对 9 个研究的结果进行元分析，结果显示，$Z = 0.313$，$p = 0.754 > 0.05$，差异不显著，意味着训练的总体效应并不明显。

（四）讨论

在 2014 年以来的 8 次实验中，除了 2016 年，其余 7 次实验中被试的 C 分数总体较高，但这并不能说明南京被试的道德水平就一定更高。原因可能跟被试专业、学历有关。参与者为思想政治教育专业的本科生和研究生，他们接受过有关道德教育的知识，甚至对伦理学理论有了一般了解，懂得义务论、功利论、良心论等道德判断的基本知识。此外，结合笔者本人多次参与的林德教授在德国和中国开展的 KMDD 活动，发现参与者来自不同的年龄段和群体，这将更有利于大家从不同的视角和立场发表自己的观点，讨论的广度和深度也将会加大加深，从而使被试收获更多，更有利于其道德能力的提高。

总体而言，被试人数在 20~30 人效果较好，但也会受到所讨论的故事等因素的影响。如 2018 年、2019 年再次使用"琼的前男友"故事，结果仍然不理想，验证了预备研究的结果。

针对故事选取，笔者认为应该把握以下几点。首先，该故事能否使参与者的讨论热情和兴奋度达到适度的刺激点，它既不能太无聊也不能太过于刺激。其次，该故事能否让所有的参与者都有此感受而不仅仅满足部分人。再次，该故事是否具有争议性，从而能使参与者形成可辩论的双方等。最后，为避免由于文化差异给讨论带来的不利因素，应尽量避免选择那些带有浓厚的宗教信仰和政治色彩的故事，多选取一些贴近被试学习、生活的道德困境故事，这样被试在讨论中会有更具体的切身体会和感受，从而也有利于他们在现实中解决类似情况的道德能力。

四　综合讨论

基于预备研究和正式研究，本研究发现在 KMDD 中国化实践的过程中，有以下一些经验与启示。

第一，应重视道德能力的养成及道德情感的培育。我国正处于社会转型期，社会上出现了很多与传统道德理念不相符的现象，如何培育学生在现实生活中正确对待和处理类似事件的道德能力，真正体现出了德育课堂上的理论知识与现实生活是紧密相关而非脱节虚无的，KMDD 是一种可以借鉴的办法。KMDD 用"困境""讨论"的方式，为教育对象提供了拟态性外部影响，恰好满足了主体在对道德价值取向、标准及规范的理解、把握以及将它们运用个别行为时的复杂性要求，也因此为主体应对多变的、两难的道德行为情势创造了预演机会，积累了行动经验，道德能力的生成过程也更有效。

值得注意的是，在整个 KMDD 讨论活动过程中交替变换支持和挑战的阶段，有助于参与者学会表达和控制道德情感。当他们遇到与自己观点不一致的人和事，并不意味着要去完全否定掉对方，允许不同观点的存在并试着去接受和认可，用和平而非武力的方式去解决现实社会中出现的矛盾与冲突。如图 2 所示，参与者的情绪太高或太低，学习效果都不好甚至没有效果，教师应该把握好创造情感调控学习的最佳区间，以便达到提高参与者道德能力的最佳效果。

第二，应重视"以生为本"理念下民主和平思想的培育。KMDD 教学模式与我们传统的教学模式具有很大的不同，具体表现在教师的授课方式与学生的学习模式两方面。KMDD 讨论活动是以学生为中心的，教师在讨

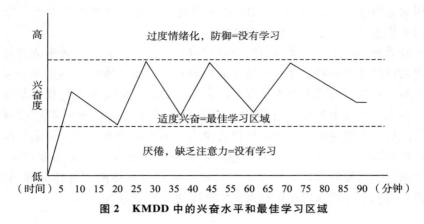

图 2　KMDD 中的兴奋水平和最佳学习区域

论过程中始终保持沉默，不会进行任何干预，只有在参与者违背了某一条规则时才会通过手势提醒他们。这样就给学生营造了一种宽松自由、民主和谐的氛围，这种氛围会刺激其学习动机，使他们愿意和敢于说出自己的观点，从而教师们才能了解到学生的真实想法、学习情况及道德能力状况，以便及时帮他们解决问题，引导其健康成长。当前中国学校教育所提出的"以生为本"理念，正好为 KMDD 的运用提供了恰如其分的政策支持。

第三，要开展适于中国化运用的 KMDD 教师培训及资格论证。要想有效地提高参与者的道德能力，这就对使用 KMDD 的教师提出了很高的要求。首先，他们需要接受良好的 KMDD 培训，熟悉 KMDD 教学的目标、任务、流程和环节等，在按照培训要求取得 KMDD-Trainee 的资格认证和 KM-DD-Teacher 资格认证后，才能单独有效地使用 KMDD，否则不仅达不到促进参与者道德能力的效果，还可能导致负面结果。其次，他们需要具备教育学、心理学、社会学等方面的基础知识，自身具有较高的道德能力，才能知道如何应对课堂上出现的道德冲突，并帮助学生提高解决问题和冲突的能力。

但是，随着 KMDD 的应用范围和国际影响增大，文化差异将成为不得不面临的一个基本现实，跨文化培训也将成为 KMDD 教师培训的重要趋势。研究不同民族文化心理对 KMDD 的实施过程可能产生的影响，以及 KMDD 实施时所需要的包括故事体系重建、问题与表达方式的适应性调整及过程重构等事项，也将成为跨文化培训的先决条件。

第四，要基于年龄、学段及学习领域进行 KMDD 方案梯级设计。本研究在近 10 年所进行的道德教育实验中，实验对象在年龄段上有一定差异，最初的几年，年龄分布较广，后期则主要集中于 18～24 岁的大学生。其中，被试也为来自不同专业的本科生和研究生，实践表明，学生在媒体接触类型、频度上，在家庭、学校教育的管控取向、水平上都会具有一定的差异性，在 KMDD 实施时，这对效果产生了较大的影响；加之不同年龄段/学段的学生还会显现显著的群际差异，这使得作为"道德实践判断的基点"（辛治洋，2010）的群际生活成为道德能力培育必须关注和重视的重要主题。为此，必须基于学生的年龄、学段以及学习领域，对 KMDD 实施方案进行梯级设计。在故事的选择方面，梯级设计不仅意味着故事本身的可理解性及复杂程度，还包括故事本身的中国化程度，随着年龄的增长，超越文化差异的能力会相对较强；反之，对于年龄偏小的对象，更需要本土故事。梯级设计还包括在 KMDD 实施中的教师引导问题、引导话语、总结方式等方面的设计。这种设计同时也是消弭文化差异的一种有效路径，以期构建符合中国文化和中国特色的道德教育新模式。

参考文献

陈会昌，2007，《道德发展心理学》，安徽教育出版社。

仇莹、康蕾、郑铁，2013，《康斯坦茨讨论法对会计德育教育的启示》，《高等财经教育研究》第 3 期。

高文，1998，《现代教学的模式化研究》，山东教育出版社。

格奥尔格·林德，2018，《怎样教授道德才有效》，杨韶刚、陈金凤等译，中国轻工业出版社。

康蕾，2012，《员工的道德能力有可能提高吗？——基于广州外来务工人员道德发展的实证研究》，中国城市化进程的社会心理研究论坛。

林崇德，2018，《发展心理学》（第三版），人民教育出版社。

马克思、恩格斯，1961，《马克思恩格斯全集》（第 6 卷），中共中央马克思恩格斯列宁斯大林著作编译局译，人民出版社。

迈克尔·科尔，2018，《文化心理学：历史与未来》，洪建中、张春妹译，人民出版社。

梅拉妮·基伦、朱迪思·斯梅塔娜，2011，《道德发展手册》，杨韶刚、刘春琼等译，教育科学出版社。

辛治洋，2010，《道德判断与道德教育——基于中国传统道德教育思想范式的研究》，安徽人民出版社。

杨韶刚，2007，《西方道德心理学的新发展》，上海教育出版社。

张静，2018，《道德教育"困境讨论"模式在"思想道德修养与法律基础"课教学中的运用》，《思想教育研究》第 1 期。

张静，2016，《青少年道德判断能力研究新视角—道德行为与发展双面理论及运用的启示》，《江西青年职业学院学报》第 3 期。

张静，2013，《影响我国青少年道德判断能力的因素分析》，《思想教育研究》第 12 期。

赵祥禄，2010，《论道德判断的基础》，中央编译出版社。

Hamlin, J. K. , Wynn, K. & Bloom, P. （2007）. *Social Evaluation by Preverbal Infants. Natuto*16. *University of Chicago*：Unpublished Doctoral Dissertation, 82 – 83.

Kohlberg, L. （1964）. Development of Moral Character and Moral Ideology. *Review of Child Development Research*, Vol. I. New York：Russell Sage Foundation.

Lind, G. （1985）. The Theory of Moral-cognitive Judgment：A Socio-psychological Assessment. *Studies in the Philosophy and Psychology of Moral Judgment and Education. Chicago*：Precedent, 21 – 53.

Lind, G. （2002）. *Can Morality be Taught? Research Findings from Modern Moral Psychology.* Berlin：Logos-Verlag 2002.

Lind, G. （1984）. "Dynamic-structural Attitude Unit：Concept and Measurement. " *European Symposium on Concept Formation and Measurement.* Rom. September 25 – 29, 5.

Lind, G. （2015）. Not Dead, But Alive – 20 Years of Effective and Responsible Moral Education with the Konstanzer Methode der Dilemma-Diskussion （KMDD）, Invited Keynote-address to the 9th International Symposium "Moral Competence and Education-Early Childhood and Beyond", PH Weingarten, Germany, July 31-Aug. 1, 2015.

Lind, G. （2008）. The Meaning and Measurement of Moral Judgment Competence Revisited-Adual-aspect Model. In D. Fasko & W. Willis （Eds. ）, *Contemporary Philosophical and Psychological Perspectives on Moral Development and Education*, Cresskill. NJ：Hampton Press, 185 – 220.

Lind, G. （2013）. Thirty years of the Moral Judgment Test-Support for the Dual-Aspect Theory of Moral Development. In C. S. Hutz & L. K. de Souza （Eds. ）, *Estudos e pesquisas em psicologia do desenvolvimento e da personalidade：uma homenagem a Angela Biaggio*, Sao Paulo：Casa do Psicólogo, 143 – 170.

Piaget, J. （1976）. The Affective Unconscious and the Cognitive Unconscious. In B. Inhelder & H. H. Chipman （Eds. ）, *Piaget and His School*, New York：Springer.

Rest, J. R. （1988）. Moral Judgment：An Interesting Variable for Higher Education Research. *ERIC*, August, HE 021 280.

《中国社会心理学评论》 第 23 辑
第 113 ~ 135 页
© SSAP，2022

小学儿童宽容品质的概念内涵与量表编制[*]

张春妹　张安琪　彭显华　朱小玲[**]

摘　要： 在积极品质培养的视角下，急需开展中国文化背景下宽容的结构和测量研究。中国的宽容与西方的宽恕在概念属性、对象范围、文化内涵上均具有重要区别。受我国传统文化影响的宽容，其内涵包括推己及人的理解、不计人过的不计较、不怨恨、行为克制容忍、念及他人善的宽厚和尊重差异性六个方面。以针对小学生开放式问卷的宽容事件和行为的内容分析为基础，编制了小学生宽容品质量表，探索性因素分析和验证性因素分析揭示了小学生宽容品质包括体谅他人、敌意预期、冒犯容忍与行为回击四个维度。正式量表具有较好的信度（内部一致性系数在 0.64 ~ 0.89），与自尊、共情分别具有低度和中度的相关（分别为 0.19、0.49），但与 Hearland 宽恕量表具有较高的正相关（$r = 0.63$），显示量表效标关联效度良好，区分度一般。量表揭示出小学儿童宽容品质具有明显的中国文化特性、道德属性和发展阶段性。

关键词： 宽容　道德品质　小学儿童　量表编制

一　引言

（一）宽容品质的社会价值和研究现状

宽容作为我国传统文化的重要内涵一直广受推崇（张学书，2014；钱

* 本研究获得国家社科基金后期资助项目（21FSHB012）的资助。

** 张春妹，武汉大学哲学学院心理学系副教授，博士生导师，通讯作者，Email：zhangcm@whu.edu.cn；张安琪，武汉大学哲学学院心理学系 2019 级研究生；彭显华，武汉大学哲学学院心理学系 2016 级本科生；朱小玲，武汉市三眼桥小学教师。

锦昕、余嘉元，2014），中国传统文化中儒家的"仁"爱，墨家的"兼"爱，道家的"慈"爱，佛教的容"忍"，都提出了宽容的基本处世思想，尤其是儒家将宽容作为"仁"的一项基本内容，并将"仁"作为儒家思想治国治民的基本原则，成为各种道德规范的基本出发点。因此，宽容作为一种信念和价值，得到人们的普遍认可和赞赏，成为我国传统文化观念中的一种社会道德规范以及人们普遍追求的道德品质和自我修养（葛荃，2006）。在现代的社会中其也一直被认为是一种值得各年龄段的学生、公民去培养的优秀人格品质（钟颖，2009）。在社会转型导致不同社会阶层和利益群体之间矛盾和价值冲突日益凸显的情况下，宽容作为一剂被认为可以化解矛盾和冲突的良药而更受重视（瞿磊，2011；晏辉，2012），其被认为可以促进社会和谐，发展社会民主。

但与宽容在意识形态主流话语中的重要地位不同的是，宽容在社会实践和理论研究中的地位却不令人满意（高政，2014）。在社会实践中，大部分人并不宽容，宽容实践很多时候被异化为忍让和纵容。在理论研究领域，有关宽容的研究处于起步阶段，大多研究集中于政治学，从认识论、道德论层面，探讨宽容的功能和意义，论证宽容的必要性；或者在教育学领域，探讨宽容教育的方法和策略，论证宽容教育的重要性。显然，对于宽容的社会价值、宽容教育的意义和必要性，已有理论给予了充分讨论，但是关于宽容概念的内涵、宽容的影响因素和影响结果、宽容教育的具体实施等都缺乏深入研究，影响了宽容品质的教育实践。我国在儿童青少年的品格内涵与结构方面的探究尚处于起步阶段，缺少中国文化背景下科学有效的品格测量工具（李晓燕、刘艳、林丹华，2019）。而对儿童青少年的培养要突出不同年龄阶段的阶段性和特异性，需要对不同发展年龄阶段中关键性的品格特征探讨，方能使儿童青少年全面发展、德才兼备（林崇德，2017）。

（二）小学生宽容品质培养的重要性和宽容测量的缺乏

近年来积极心理学兴起之后，在强调积极、健康的人性潜能开发而不是偏狭于消极、病理的问题矫治的视角下，心理学和教育学都特别关注积极心理品质的培养（孟万金，2008）。而积极心理学家塞利格曼 2001 年提出的 24 种主要积极人格特质，就包括了"宽恕、仁慈"。于是，宽容作为积极心理品质更是受到教育学界的关注（孙忠，2011；孟万金、官群，2009）。以孟万金教授为领队的研究团队针对小学、中学、大学都开展了积极心理品质的研究（官群、孟万金、Keller，2009；孟万金、官群，2009）。心理学已有少量研究专门进行宽容与人际交往的团体辅导研究，结果发现宽容辅导提升了人际信任水平，减少了社交回避和社交苦恼的情况（张一肖等，2011）。在实验室环境下，宽容信念的启动能减少大学生威胁后的敌对行为（胡霜，2016）。更有研究者专门提出要在我国文化背景下进行儿童青少年的品格内涵与结构、发展规律和影响因素，以及品格教育的研究（李晓燕、刘艳、林丹华，2019）。

小学作为个体成长的重要时期，这个时候形成的优良品质（如自信、乐观、宽容等）将为学生一生奠定坚实的基础，因此，在小学开展性格塑造、积极品质培养工作，具有特别重要的意义。而单志艳（2011）和马艳云（2010）针对小学生低年级、高年级的积极心理品质进行调查发现，小学低年级学生在真诚、领导力、宽容、思维与洞察力以及求知力方面发展不够，小学高年级学生发展比较弱的是创造力、求知力、思维与洞察力、真诚、领导力、宽容、谦虚和持重品质。在整个小学阶段，除了认知维度的积极品质，宽容、领导力也需要重点培养。因此，从我国小学儿童积极品质的现状来看，针对小学儿童开展、Keller 塑造宽容积极心理品质的研究尤其重要、迫切。

孟万金等在 2009 年专门编制了《中国中小学生积极心理品质量表》，包括了六大维度 15 项积极心理品质（官群、孟万金、Keller，2009），并且在 2014 年从心理学规范的角度专门针对小学生进一步研发了《中国小学生积极心理品质测评量表》（孟万金、张冲、Wagner，2014），包括了六大维度 13 项积极心理品质。这两次的量表里都包括有宽容品质，属于六大维度（认知、情感、意志、律己、利群、超越）中的律己维度，与持重、谦虚同属于该维度。《中国小学生积极心理品质量表》能很好地反映了全部积极心理品质，可以综合的进行小学生积极心理品质的测量，为进一步的积极心理品质的研究、中小学教师教育评估提供了工具。在心理属性上，宽容与持重、谦虚同属于律己维度。这说明了，宽容作为一个我国传统文化中重要的美德，很好地反映了人们对于道德修养的自我要求和内在约束。但是，作为专门研究宽容这一现代社会特别重要的积极心理品质的测量工具，《中国小学生积极心理品质量表》就会显得过于简单。从内涵来说，宽容作为一种美德，不仅需要律己，而且需要理解他人的认知和情感前提，毕竟《中国小学生积极心理品质测评量表》全部量表包括 50 个题目，测量 13 项积极品质，针对宽容只有 3 个题项，这使得积极心理品质量表具备了很好的测量简洁性和效率，但是专门研究宽容，则需要开发更为具体和更高效度的测量。

另外，关于宽容的测量可见熊孝梅（2013）针对中学生思想道德素质编制的问卷。该问卷包括与自我、他人、集体、社会的关系四个维度，每个维度又包括了 5 个评价指标，其中与他人的关系，包括了诚信、尊重、孝敬、助人、宽容这 5 个评价指标。但是也未能专门针对宽容心理的内涵进行分析和测量。如孟万金等（2014）在改进积极心理品质量表时提出的结构决定功能，未能从心理学角度构建起积极心理品质结构，因而很难发挥出应有的心理功能。因此，本研究的目的是专门建构小学生宽容品质的结构，开发针对小学生宽容的量表，为宽容的实证研究提供测量工具。

二　宽容品质的概念内涵

（一）宽容品质与品格、道德人格的关系

宽容（tolerance）在其本质属性上属于道德品质，或者道德品格（moral character）。品格是一个比较复杂，目前学界尚未达成共识的概念。它包括习惯、特质和美德三种相互依赖又彼此交叠的概念。因此，品格的习惯说或者特质说会强调品格是一些具有标志性特点的特质，可有规律的显示或表现，能预测个体的情绪和行为模式，是个体内在相互联系的个性结合体（Lapsley & Narvaez，2006）。后来的关系发展系统元理论和积极青少年发展观认为品格是一个多维度的动力发展系统，而不仅仅是个体内部的特质（Bowers，Geldhof，Johnson，Hilliard，& Lerner，2015；Lerner，Lerner，Bowers，& Geldhof，2015），其强调了品格的阶段性发展特点和可塑性（Park & Peterson，2016）。我国研究者也认为品格的可塑性使得它与人格不一样，人格会更为稳定，具有跨时间和情境的一致性（李晓燕、刘艳、林丹华，2019）。但是，即使是典型的人格特质，也具有情境特殊性，需要考虑特殊情境下的特殊倾向性（Kammrath et al.，2005）。因此，本研究认为，道德品质或品格在心理属性上与人格特质一样属于个性倾向性特征，相对于心理过程和行为来说，具有相对稳定性，对于个人的情绪和行为模式具有预测作用，但同时又会与环境相互作用，具有更明显的发展阶段性和可塑性。

最近国内外研究者专门提出了道德人格的概念。道德人格指的是一种具有社会道德评价意义的内在心理品质（焦丽颖等，2019），是能够以道德或不道德的方式进行思考、感受和行为的个人特质（Cohen & Morse，2014）。这一概念凸显了道德品质的人格特质属性，但是它属于与社会道德评价相关的特质，其意义在于平衡个人与他人的利益（Frimer，Schaefer，& Oakes，

2014）。

　　宽容就是中国人的一种核心道德品质。修身成仁是个体为人处事的根基。《论语·里仁》曰"夫子之道，忠恕而已矣"，《礼记·儒行》曰"宽裕者，仁之作也"，阐述了儒家的基本思想以及如何成仁的重要问题。我国研究者也认为，"仁"是中国的核心文化心理基础，且这种善良的文化精髓刻入了中国人的集体记忆，造就了中国人的基本人格结构（李红、陈安涛，2003）；"勤劳善良"是中国人核心品质的社会表征，而宽容和善是善良人格的四个重要因子结构之一（张和云、赵欢欢、许燕，2018）。

（二）宽容与宽恕的区别

　　心理学领域专门研究宽容的还非常少，一方面在于心理学总体上对于品格的研究一直比较缺乏，另一方面在于心理学对于相关现象更多的聚焦于"宽恕"（forgiveness）的研究，而且西方关于宽恕的研究尤盛，国内关于宽恕的研究大多引进和借鉴国外宽恕的概念。但是，宽容与宽恕还是具有很大的不同。

　　首先，从上述宽容的道德属性和人格属性的角度来看，宽容属于人格倾向性，但是宽恕更多的是一种心理过程。宽恕指的是个体在受到冒犯者的伤害后，自愿降低对冒犯者的报复和回避动机强度并增强善意动机的改变过程（Mccullough，2001；罗春明、黄希庭，2004）；是个体从消极事件引发的愤怒、憎恨、恐惧、悲伤等负性情绪中解脱出来，饶恕犯过者的错误和罪孽，并不再渴望报复、惩罚的内部过程，也是一个亲社会动机的变化过程（任强、郑信军，2015）。虽然当个体比较稳定的做出宽恕的行为、表现出倾向性时，宽恕也被称为"特质性宽恕"，从而与"情境性宽恕"区分开来（张海霞、谷传华，2009），但是这只是证明了宽恕行为是可以具有人格倾向性的，却并不能直接将宽恕等同于特质性宽恕，即无法直接使用作为过程性的"宽恕"来代表人格倾向性。宽容则更多直接指向描述人格特征。

　　其次，两者包含的对象范围和程度不同。宽恕是针对过错甚至侵犯的心理动作（钱锦昕、余嘉元，2014），被宽恕的行为具有攻击者与受害者两方（Denham et al.，2005），因此宽恕一般存在冒犯方、受害者和冒犯行为，特别需要有已经做了恶行的行为事实。而宽容的对象不一定是要达到严重的冒犯行为，宽容的产生并不以他人的伤害为条件，宽容也能从主体对他人的知觉中产生；而且宽容的对象还可以指对于差异的包容和尊重，即在思想观念、行为模式、价值判断等方面的不一致也是宽容的对象（钱锦昕、余嘉元，2014；胡霜，2016）。所以，宽容行为包括的范围比宽恕更广，其对象可以是人，也可以是物或者观念。在社会关系处理上，研究者认为，"罪责"是构成"宽恕"概念的前提，背负罪责的人与宽恕者之间存在着一种"债务"关系，即一种身份上的不平等，而宽容具有价值多元主义，强调了两者的平等关系（青觉、朱鹏飞，2019），因此，用宽容精神才能实现真正的平等、公平和正义，实现社会的包容性发展。这也是宽容品质的培育比宽恕培育有更大的社会意义的原因。

　　此外，在作为传统文化核心的宽容和心理学通常所研究的来自西方的宽恕的概念之间，还存在重要的文化差异。第一，作为宽容的下位概念，宽恕行为在中国文化中被认为是儒家"仁"道的重要表现。其核心是"己所不欲，勿施于人"，即宽恕行为的发生前提不是因为对方的恶行事实，而是自己的"己所不欲"；相应地，宽恕行为的表现也不是"怨恨和愤怒的消除、报复意愿的消失"，而是"勿施于人"这个行为（徐峰，2018）。西方宽恕（forgive）最终指向的是"爱己"，而儒家的宽恕是"爱人"。虽然西方的研究者认为宽恕具有促进人际关系修复的功能，但是这并不是其出发点，它强调宽恕主体对不良情绪的主动放弃（杨晓峰、李玮、郑雪，2019）。第二，西方的宽恕是以宗教教义相联系，基于"原罪"的思想，以自我得到上帝的宽恕进一步做到对他人的宽恕，宽恕成了人与上帝沟通的桥梁。因此西方的宽恕是以神对人的宽恕为榜样，崇尚无条件的宽恕（杨晓峰，2019；钱锦昕、余嘉元，2014）。在中国传统文化中，宽容和宽恕因为直接涉及对他人的爱，在与他人的直接社会互动中建构社会伦理，儒家崇尚"以直报怨"，就是用正直的、合理合礼的行为来回报。因此都不是无条件的，是有限度的（钱锦昕、余嘉元，2014）。

　　综上所述，从心理现象的发生过程和包含范围来说，宽恕和宽容具有联系性和被包含性关系，即在人际交往中，发生矛盾冲突或被冒犯时，宽恕的行为过程就是宽容的具体表现，宽恕是宽容多个心理侧面中的一个。而且当个体稳定的出现宽恕行为时，就可以称之为具有宽容品质。但是，从文化内涵来说，西方的宽恕与中国的宽容具有本质不同，二者的行为前提、目标和方式不同。而且作为心理过程，宽恕没有道德评价和自我要求的成分，宽恕更多是指一种临床心理学上的健康状态，宽容作为一种中国本土的文化价值观念和核心道德品质，是一种更稳定、更广泛、更具有道德属性和社会伦理架构的人格特质。因此，从道德品质的可塑性，社会关系处理的包容性和文化内涵的差异性来看，宽容品质都是非常值得深入研究的概念，其可以促进个人的积极心理发展，实现真正的社会群体和谐与正义。

（三）宽容的内涵分析

我国传统文化中道家的"自然本性"、儒家的"仁"道和墨家的"兼爱"都从不同的角度对宽容进行了阐释（钱锦昕、余嘉元，2014），奠定了现代宽容的心理基础。道家认为宽容是来自人的自然本性，是人生来就有的本能，也是人之为人的至善德行。老子的自然无为之"道"，就具有包容万物的内涵。他在《道德经·十六章》中说"知常容，容乃公，公乃王，王乃天"，认为了解自然客观规律，就必然会包容，从而做事公正。"宽容"一词最早出自《庄子·天下》"常宽容于物，不削于人，可谓至极"，表达了庄子对谦和宽厚、不毁外物的处世态度的赞赏，也体现了庄子将宽容作为至善的道德追求。

与道家从天地万物的宽容本性来自然追求宽容美德不一样，儒家强调伦理道德规范，特别强调仁是基本为人处世之道。但是儒家也认为"宽"是"仁"的基本内容，《礼记·儒行》曰"宽裕者，仁之作也"，认为宽容就是仁的具体做法。而具体如何做呢，表现为推己及人与不记人过两个方面。孔子在《论语·卫灵公》中给出了解释"其恕乎，己所不欲，勿施于人"，并且他认为可以终生奉行的话就是恕。这就是强调将心比心，推己及人，设身处地地为他人着想。这可以说是宽容的核心内涵。同时，宽容还通过不计怨仇得到体现。《论语·公冶长》曰"不念旧恶，怨是用希"，说的就是不要对过去怨恨念念不忘，这样才能减少怨恨。同时要"躬自厚而薄责于人"（《论语·卫灵公》），一定要多责备自己而少怪罪别人，这样就不计较冤仇了。当然，这不是要毫无尺度的宽恕，是要在公正的基础上宽恕，"何以报德？以直报怨，以德报德"（《论语·宪问》）。

墨家"兼爱"的观点认为，"视人之身若其身，视人之室若其室，视人之家若其家，视人之国若其国"（《墨子·兼爱》），其强调爱人如爱己，对别人就像对待自己一样，对待别人的室、家、国就像对待自己的一样。从墨家"天下兼相爱则治"（《墨子·兼爱上》）的角度来看，宽容则还有对于与自己不同的思想和行为的包容，要调整好心理状态海纳百川。这是超越时空地域，不论亲疏远近、地位高低的平等之爱。现代社会学、人类学也将宽容作为人际交往的一种社会规范，社会心理学则将宽容视为个体平和包容地看待与己不同的价值理念、言谈举止等社会存在的积极心态（张淑敏，2018）。这也与这种兼爱思想一致，是一种对于他人的尊重，是对于他人不同于自己的一些信念、理想、思维方式、判断、行为等的包容。

这些对于中国文化和国民心理具有深远影响的传统文化，奠定了中国人将宽容作为人际交往的基本道德规范和日常自我要求的内在准则的心理基础。《汉语大字典》对"宽"的解释是"宽厚，度量大"。《新华大字典》对"容"的解释是"对人度量大，宽大"。《现代汉语词典》，对于宽容的解释有三个含义。第一，对思想或行动的差异抱同情和宽松的态度；第二，心胸宽大宽厚，富于容忍精神，将别人的缺点尽量缩小；第三，宽恕。其他汉语辞书对宽容的解释基本上为"宽厚"、"能容忍"、"能容人"、"宽大有气量"、"不计较或不追究"、"包涵"和"原谅"等。《大英百科全书》对宽容（tolerance）的解释是"容许别人有行动和判断的自由，对不同于自己或传统观点的见解的耐心公正的容忍"。

因此，综合来说，从宽容包含的对象来说，宽容应该有四种行为侧面：（1）差异尊重和兼爱；（2）缺点宽厚；（3）过失容忍；（4）冒犯宽恕。具体到宽容发生的心理层面，则包括六个侧面的心理过程和心理品质：（1）推己及人，能站在他人的角度理解和感受；（2）在事件发生或与人交往中，对他人的缺点和过失不计较；（3）事后在情感上不计前嫌，不怨恨；（4）在行为上能克制，不寻求报复；（5）行为倾向上念及他人的善，宽厚；（6）尊重个体差异。

基于以上分析，本研究认为，宽容是通过调整自己的认知方式，基于平等的信念与共情的经验，设身处地地从他人的角度看待问题；在认知上念及他人的善，对于他人的缺点和过失不计较；在情感上不计前嫌，不怨恨；在行为上能克制，不寻求报复，而且对于多元差异性能包容的较为稳定的人格倾向。

三 小学儿童宽容品质的量表编制

（一）开放式问卷调查

为了收集小学生宽容行为的具体表现和心理特点，我们编制了开放式问卷，采用了三个问题收集可能引发他们的不开心和宽容行为的事件、内心活动和行为表现：1. 在生活中与同学、老师、父母或其他人交往时，遇到的不高兴的事情；2. 你当时是怎么想的/你觉得他（她）为什么这么做；3. 你当时是怎么做的。

2018 年 4 月，研究人员在武汉市一所小学开展了问卷调查，由心理健康老师对三年级至六年级全体同学，以班级为单位发放开放式问卷，一共收集 393 份问卷。

问卷编码。首先由学校心理健康老师和一名心理学本科生对小学生描述的事件进行初步归纳、提炼、归类，得到不同的行为事件描述和内在感受。研究人员发现在学校场景中与同学之间的 11 种行为类型，在家庭中与家长和兄弟姐妹之间的 4 种行为类型。对于每种行为类型下不同的行为表现均单独编码。具体为：（1）不守约，比如"我和同学约好去玩儿，但他没等我，自己去了。我很生气，觉得他忘了等我"；（2）不公平，比如"和同桌说好轮流带垃圾袋，可他没有带，我想他一定是忘了，就和他一起去借了一个"，或者"我和朋友轮流给花浇水，可他总是没浇，我觉得他很忙，于是自己浇"；（3）游戏规则争执，比如"游戏时，我说的规矩表妹不同意，我坚持按照自己的规矩来"；（4）劝解行为，比如"课间看见同学摸别人的水壶，我和他吵起来，并绝交了"；（5）不和我玩，比如"同学不愿和我打乒乓球，我很愤怒，不想和他玩了"；（6）物品侵占、损坏等利益冲突，比如"同桌把东西放在我的位子上，我生气地踢他的板凳"；（7）被同学不小心身体冲撞，比如"被同学不小心踩到，不想斤斤计较，原谅了他"；（8）被打，"我在打乒乓球的时候没有带最好的朋友一起玩，他打了我，但是我没有还手，我觉得是因为我没有带他一起"；（9）被嘲笑，如"同桌老是骂我，暗示我是狗，我很生气，打了他"；（10）对不如意的理解，比如"我向同学借笔，他给了我一支不能用的，我觉得他是故意想报复我"；（11）失窃及其他，比如"我的东西不见了，马上怀疑班里曾经偷过东西的同学"。

然后由一名心理学专家和一名心理学研究生、一名心理学本科生共同将这些抽取的具体的行为和感受的描述作为编码的单元，分析宽容表现的内在心理。因为与家长和兄弟姐妹之间的不开心事件本质上与同学之间的类似，主要是家长不守信、不公平，学习被打扰，以及兄弟姐妹之间的其他矛盾，都可以包括在同学之间的行为类型之中，所以后面主要对同学之间的行为深入分析。概括起来，主要涉及同学之间物品的冲突和人际交往有关的冲突。前者的心理表现主要为五种：（1）情绪上生气；（2）行为上让对方道歉、赔偿、关系排挤动机；（3）认知上理解、原谅；（4）动机上敌对、怀疑；（5）态度上忍让、大度大方相送。后者的心理表现则主要有六种：（1）认知上理解；（2）道德规则层面不想斤斤计较；（3）行为上克制、基于互换的忍让或者大度忍让；（4）更高层的自我反思和积极主动修复行为；最后两种为消极认知和行为，（5）消极的认知，如敌意怀疑、被欺负感等，（6）消极行为，如以牙还牙、对抗攻击。

综合起来，去掉不宽容的生气和报复，小学生的宽容品质和宽容行为具体的心理成分存在六个维度。（1）推己及人，理解、体谅他人；例如：我睡觉时同学把我弄醒，我觉得他可能是有急事找我。（2）不计较，例如：同学打了我一下，可能是不小心的，我就算了。（3）事后不计前嫌，比如：同学冤枉我打她了，我觉得她是记恨我们以前的误会。（4）自我怀疑，包括敌意怀疑、被讨厌感、被欺负感和消极自我埋怨，比如：同学冤枉我没有值日，我觉得他们在恶作剧欺负我。（5）积极的自我约束与克制，比如：同学骂我，我不想理他，没有骂他；又如：同学打我我很不开心，但是我不想以大欺小，就没有还击。（6）主动修好，包括主动解释、道歉、谦让和以德报怨；比如：同学骂我，我没有骂他，反而还教他做题。

（二）小学儿童宽容品质量表的编制过程

1. 项目编制

研究人员基于以上六个维度选取不同的典型事件，尽量采用小学生自己描述的语言编制问卷条目。初始问卷共 45 题，采用 5 点记分法测量。例如：同桌改了我画的画，我觉得他是因为好玩原谅了他（维度 1；共 8 题）；被同学不小心踩到，我不斤斤计较（维度 2；共 7 题）；同学答应了帮我扫地，可是没有做到，我觉得他不守信而不愿和他做朋友（维度 3；共 9 题）；朋友把我心爱的物品打坏了，我觉得他是不想和我玩了（维度 4；共 7 题）；同学打我我很不开心，但是我不想以大欺小，就没有还击（维度 5；共 5 题）；同学骂我，我没有骂他，反而还教他做题（维度 6；共 9 题）。

2. 量表初测

（1）被试

在武汉一所小学的三至六年级随机选择一个班级的学生作为被试，共发放 142 份问卷，回收有效问卷 95 份。

（2）项目分析

研究人员通过对量表进行题总相关分析，剔除题目与总分的相关系数低于 0.3 的 8 个条目。所有条目共同度均大于 0.5。

（3）探索性因素分析

研究人员对删改后的量表使用探索性因素分析进行题项分析并检验本量表的结构效度。本量表的 KMO 检验系数为 0.775（ >0.5），Bartlett's 球形检验的 p 值小于 0.001，适合进行因子分析。

研究人员根据因素分析结果，以及主成分分析结果，排除存在因子负荷不显著、有明显交叉负荷或孤立为一个维度等现象的条目，最终确定 4 个维度共 26 个条目。原始维度 1 与 2 意思相近，合并为维度 A 体谅他人（9 项）；保留原始维度 4 确定为维度 B 敌意预期（7 项）；原始维度 3、5、6 意思相近，依据因素分析结果研究人员将其合并为维度 C 冒犯容忍（7 项）；同时新增维度 D 行为回击（3 项）。其中 B、D 维度的题项在数据分析时采用反向记分。

对最终 4 个维度共计 26 项的量表进行探索性因素分析，量表 KMO 检验系数为 0.830（>0.5），Bartlett's 球形检验的 p 值小于 0.001，四个因素的累积贡献率为 52.36%。因素分析结果详见表 1。

表 1　小学生宽容行为量表因素分析

条目	因素负荷			
	F1	F2	F3	F4
A20 找好友玩被拒绝了，我猜想可能她有其他事情要做	0.77			
A14 和同桌说好放学时轮流值日，可是放学时他就走了，我想他一定是忘了	0.77			
A17 被同学不小心踩到，我不斤斤计较	0.69			
A16 我和朋友轮流浇花，可他总是没浇，于是我自己浇	0.66			
A23 同学抢着买我想要的本子，就剩下一本了，我让给了她	0.65			
A15 想和同学聊天，可她不理我，我会反思自己的言行寻找她不理我的原因	0.62			
A10 我睡觉时同学把我弄醒，我觉得他可能是有急事找我	0.61			
A5 同学打了我一下，我觉得他可能是不小心的就算了	0.59			
A27 同学给我起外号，我会不计较，一笑而过	0.58			
B6 同学打羽毛球时，总站在阴处，而我总是站在阳光处，我认为他很自私		0.69		
B7 在学校同学给我打午饭时，我让他打少一点，他却就是打很多，我觉得他是故意捉弄我		0.69		

续表

条目	因素负荷			
	F1	F2	F3	F4
B1 同学答应借书给我，却借给了班长，我认为她是为了讨好班长		0.67		
B12 同学撞倒了我却没扶起我就跑了，我认为他很没素质		0.65		
B3 我写作业时同学把我的本子打到地上，我觉得他是故意捣乱		0.51		
B18 同学冤枉我打她，我觉得她是因为以前的事情而报复我		0.49		
B2 同学不愿和我打乒乓球，我很愤怒		0.43		
C4 同学冤枉我把他的桌子弄脏了，我理解他可能因为心情不好			0.78	
C9 同学冤枉我把他的桌子弄脏了，我忍让他，把他桌子擦干净了			0.61	
C13 同学骂我，我没有骂他，反而还教他做题			0.61	
C24 同学把我撞到却没扶起我就跑了，我能原谅他			0.50	
C11 同学冤枉我值日清洁没有做完，我不记恨他			0.49	
C8 同学打我我很不开心，但是我不想以大欺小，就没有还击			0.48	
C19 打乒乓球时，同学总是抢着发球，我就让他发球			0.48	
D25 同学把窗帘全拉过去，害我被太阳晒，我故意把窗帘又拉过来				0.78
D26 同桌把东西放在我的位子上，我生气地踢他的板凳				0.71
D21 课间玩完了球，同学不愿还回，我就把球抢回来				0.71
特征值	7.40	3.74	1.70	1.29
贡献率（%）	27.42	13.86	6.30	4.77
累积贡献率（%）	27.42	41.29	47.59	52.36

（三）正式量表的信效度检测

1. 被试

选取武汉一所小学三至六年级的学生作为被试，共发放 391 份问卷，收集有效问卷 374 份，其中男生 215 人（57.5%），女生 159 人（42.5%）；三年级学生 79 人（21.1%）；四年级学生 98 人（26.2%）；五年级学生 107 人（28.6%）；六年级学生 90 人（24.1%）。

2. 信度检验

运用 Cronbach α 系数检验问卷的内部一致性信度，得到总量表 α 系数为 0.894，维度 A、B、C、D 量表的 α 系数分别为 0.85、0.77、0.79、0.64。

3. 效度检验

使用 AMOS 24 对小学生宽容行为量表进行验证性因素分析，考察量表的结构效度，详见图 1 与表 2。

表 2　小学生宽容量表模型的拟合度指标

χ^2	df	χ^2/df	RMR	RMSEA	NFI	NNFI	CFI	IFI
456.63	279	1.64	0.08	0.04	0.86	0.93	0.94	0.94

使用皮尔逊相关分析，考察宽容各维度之间以及维度与总量表的相关关系，结果见表 3。各维度与其他维度之间显著正相关，相关系数为 0.22～0.82；各维度与总量表之间显著正相关，相关系数在 0.51～0.87 之间。

区分效度：采用 Thompson 等（2005）编制、张素娴（2010）改编的 Hearland 宽恕量表，考察宽容及各维度与宽恕之间的相关关系，结果见表 3。宽容与宽恕具有较强的相关（0.63），但是主要是与宽恕他人具有较强的相关，宽容各维度与宽恕他人的相关均高于 0.40，相对来说，与冒犯容忍的相关最低，为 0.45；宽容各维度与宽恕自己的相关比较弱，相关系数均低于 0.20。

效标关联效度：以 Rosenberg 自尊量表和人际反应指数量表（张凤凤等，2010）检验被试自尊与共情水平，并将其作为效标进行效标关联效度检验，结果见表 3。宽容总量表以及体谅他人和冒犯容忍两个维度与自尊相关关系显著但是关系比较弱，在 0.30 以下，宽容总量表及各维度均与共情相关关系十分显著，特别是体谅他人和冒犯容忍与共情的相关达到 0.40 以上。

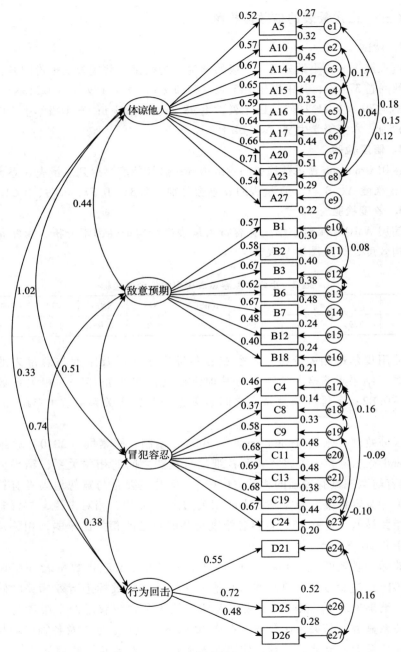

图 1　小学生宽容量表四因素模型路径

表 3　宽容各维度之间以及宽容与宽恕、自尊、共情之间的相关

	宽容	A. 体谅他人	B. 敌意预期	C. 冒犯容忍	D. 行为回击
宽容	1				
A. 体谅他人	0.87**	1			
B. 敌意预期	0.69**	0.34**	1		
C. 冒犯容忍	0.86**	0.82**	0.34**	1	
D. 行为回击	0.51**	0.23**	0.51**	0.22**	1
宽恕	0.63**	0.48**	0.44**	0.40**	0.44**
宽恕自己	0.23**	0.18**	0.16**	0.15**	0.16**
宽恕他人	0.70**	0.54**	0.49**	0.45**	0.50**
自尊	0.19**	0.28**	-0.04	0.25**	-0.06
共情	0.49**	0.49**	0.27**	0.41**	0.27**

注: $** p < 0.01$。

四　讨论与反思

本研究通过对宽容概念内涵的理论分析和小学生宽容行为的开放式问卷的编码，以及量表编制的心理测量学分析，初步确定了小学生宽容品质的心理维度，发展了有效的小学生宽容品质量表。

（一）小学儿童宽容品质的心理成分

在理论层面，本研究认为宽容可能包括六个侧面的心理过程和心理品质：（1）推己及人，能站在他人的角度理解和感受；（2）认知上不计较；（3）情感上不计前嫌，不怨恨；（4）在行为上能克制，不寻求报复；（5）行为倾向上念及他人的善，宽厚；（6）尊重个体差异。本研究在对小学生的行为编码分析中发现，小学生的宽容品质主要表现为前面属于人际互动的 5 种成分，较少出现对于他人观念、行为的不同而产生的包容心理现象，但是也会有少量涉及观念上的冲突和行为上的谦让，比如游戏规则上的冲突，"游戏时，我说的规矩表妹不同意，我坚持按照自己的规矩来"，但是对此没有明显伤害、涉及公平轮换原则破坏的现象，小学生在行为上常常可以包容谦让，比如"打乒乓球时，同学总是抢走球，我猜想他是想发球，因此每次都让他发球"。

研究人员通过理论分析和小学生宽容行为的编码分析发现，两者一致

性地得到了宽容心理五成分。小学生不仅能（1）在认知上去尽力理解对方，（2）要求自己不计较，（3）情感上不怨恨，（4）行为上克制、忍让，而且特别难得的是，（5）"念及他人的善，表现宽厚"这一理论维度在行为分析中也得到体现。这个维度的本质是从传统文化中不念旧怨、多责备自己少责备别人这样的宽容要求推演出来的，是消除消极情感和消极行为，进一步自我超越和转换的态度，考虑对方的善而反思自身不足，从而得到更高级的宽容和人际和谐。这也是我国传统文化中宽容的内涵与西方的宽恕行为最重要的不同，是西方宽恕行为所不具有的心理成分。这种多想自己过错的宽容观是中国人非常常见的日常规范，因此在教育中潜移默化地影响到小学儿童，使得小学生表现出这种行为倾向。例如，"我想和同学聊天，可她不理我，我反思自己的言行，找到了她不理我的原因"，以及衍生出主动对对方好的行为或者主动谦让等美德；例如，"同学骂我，我没有骂他，反而还教他做题"，或者主动谦让等美德，如"打乒乓球时，同学总是抢走球，我猜想他是想发球，因此每次都让他发球"。

相对于对宽容内涵的理论分析，我们对小学生宽容行为的编码分析多了不宽容的消极认知和情感维度，显示小学生不能宽容和发生冲突的常见心理是对于行为意图的敌意归因，觉得对方是故意的，或者是对于行为性质和彼此关系的消极理解，觉得是"恶作剧欺负我"，"觉得他是讨厌我所以与他绝交"。已有研究也发现，工具型敌意归因和关系型敌意归因是儿童攻击和欺负行为的预测因素，而且小学儿童的敌意归因显著高于青少年早期（张洁等，2020）。

（二）小学儿童宽容品质量表的结构

研究人员在对小学生宽容行为分析中发现的六个成分在进一步的量表编制和因素分析中被合并为四个维度：体谅他人、敌意预期、冒犯容忍与行为回击。主要是将不宽容的消极认知和行为进一步凸显出来，各自独立为两个维度。原来在理论建构和行为分析上可以分为认知上理解他人和不计较这两个维度，而在因素分析时紧密的合并在一起，体现出二者的相互促进作用。两个消极因素的分开，使得小学生不宽容的认知和行为比较突出，这可能与小学生总体宽容水平比较低（单志艳，2010；马艳云，2010）有关。而且本研究进一步揭示了他们不宽容的主要原因，即可能是敌意预期。在儿童时期，已经具备了推理他人意图的能力，当个体受到冒犯时，其属于利益受损方，从消极意图进行归因是比较直接的方式，因此小学生就比较容易进行消极意图预期。随着年龄增加，儿童能够换一个角度考虑问题，即站在对方角度考虑积极意图的多种可能性，从而进行积极归因。李小芳等（2015）发现共情中观点采择能力强的个体对于他人的情感、需求、意图能够进行更为准确的识别或猜测，从而不容易对他人的行为进行敌意预测，也更能够容忍、体谅他人，采用和平的方式解决问题。Okimoto 与 Wenzel（2011）也发现在事件不明确的情况下，具有高水平观点采择的个体会表现出更少的报复行为。本研究中，小学儿童具有较高的敌意预期和报复行为也与共情中的观点采择能力显著负相关。

在行为上，小学生面对不公平的事情，也主要是采用恢复公平的"回击"的办法，具有一定的报复的情感成分，比如，别人把书包放在自己的座位上，我会"生气地踢对方的板凳"，但是并没有明显的直接指向对方本身的报复行为，也没有想要让对方有不好的结果的想法和意图，主要目的在于获得行为的公正。而在经典的 McCullough 等（2002）的宽恕量表中，报复则包括了直接的行为报复和"希望对方有不好的事情发生""想要看到对方受伤和不幸"的惩罚愿望。

而理解他人与不计较两个理论成分在小学生行为的因素分析时紧密联合在一起，形成"体谅他人"维度。这说明，依据我国普遍的文化规范而提出的对人的外在的行为要求，已经在小学阶段深入内心，成为他们自身的道德要求。即使他们内在不一定能真正理解对方，但是也可以在外在的道德要求上做到"不计较"，从而帮助小学儿童达成谅解行为。因此，理解对方与不计较而达成的谅解表现，共同形成"体谅对方"维度。这一维度很可能反映了我国文化的普遍特点，对于冒犯者的宽容，不一定需要内心在认知上的理解，而可以直接按照行为上的"不计较"的道德要求主动自我放空消极想法，因此，就不会进一步出现任何敌对的情绪和行为。这种基于不计较的体谅性宽容很可能就是"决定性宽恕"的出发点。研究也发现，集体主义文化下的宽恕更多的是决定性宽恕（Hook et al.，2009）。

但是，这也有可能是小学儿童特有的表现。研究发现，小学儿童观点采择能力还处于发展中，11 岁是儿童自动进行左右判断的空间观点采择能力的年龄转折点（左婷婷、胡清芬，2021），因此，站在对方角度理解他人的能力还不是那么强，理解他人未能成为一个凸显的独立心理成分。在初中生（张洁等，2019）中，社会观点采择能力处于中等水平，并且具有发展趋势。在年龄更大的青少年群体中，理解他人可以成为单独的一个心理成分，"不计较"也可能作为一种自我道德要求而单独存在。同时，如前面所述，随着年龄的增加，以及敌意归因会减少，因此敌意预期维度也可能不会单独存在。

最后一个"冒犯容忍"维度,主要为理论分析的情感上不记恨、行为上克制两个成分,以及进一步对他人好这一成分,三者合并在一起。具体行为是"我不记恨他""我让他""忍让他""不想以大欺小",表现出很强的因为文化传统的"忍让"精神而内化的自我道德要求。可见,在遇到冒犯时,我国儿童往往都不会产生消极的情感,也就不需要抑制、消除这些消极情感、克制消极行为,"忍让"的文化精神会直接让他们产生内在道德要求,让冲突不会出现,用"忍""让"的方式"容"纳了冒犯,体现了宽厚、大度的品质。

总的来说,本研究中小学生宽容品质量表较好地反映了宽容的概念内涵,也反映了小学生心理的阶段性。效标关联效度分析发现自尊与体谅他人、冒犯容忍两个维度呈显著但较弱的正相关(低于0.30),共情与宽容各维度均显著正相关,体现了宽容与共情的紧密关系和与自尊较弱的关系,证明了宽容测量的有效性。高自尊的儿童能更好地处理同伴之间的侵害,更善于解决同伴之间的问题(董会芹,2015),因而也更容易对他人表达体谅,并且高自尊儿童由于较高的自我评价与自信水平,对伤害与冒犯也能够更加容忍。共情水平更高的个体会表现出更低水平的攻击行为和更高水平的亲社会行为(Laible, Carlo, & Roesch, 2004)。

(三) 宽容品质文化特性和测量属性的反思

综合来看,本研究发现我国宽容具有鲜明的文化特性和道德品质属性,尤其是宽容的两个积极维度(体谅他人、冒犯容忍)。

首先,小学生宽容品质在包含范围、内容和性质上与宽恕不同,具有明显的道德品质属性。本研究对小学生在人际互动背景下情境性行为进行测量,虽然在具体的行为互动层面,似乎更多的是涉及具体的宽恕行为,但是从涉及的情境和事件上来看,又不仅仅是冒犯、伤害等宽恕行为,还有规则遵守、公平性,以及观念或行为差异而导致的冲突等,即并不一定存在明显的被伤害、被冒犯,所以本研究所测量的宽容品质包括了宽恕行为,但是内容不同、范围更广,而且在性质上更具有道德评价性和行为倾向性,属于道德品质。比如,"我不计较",尤其是"我不想以大欺小"非常鲜明地反映了外在的社会道德要求在小学生中的内化表现,而且反映了小学生在各种具体情境性事件中较为稳定的行为倾向。而体现不宽容的消极维度"敌意预期"反映了影响小学儿童宽容行为的敌意认知,其内容不仅仅包括了对于行为的认知,比如,认为对方是"故意捣乱""故意捉弄",也还包括了很多对于对方人品的消极判断,如认为对方"自私""没素质""讨好"别人，这些敌意预期内容也都体现了宽容的道德品质属性。

其次，本研究揭示出小学生宽容的道德品质具有鲜明的文化特色。具体体现在以下几个方面。

第一，宽容作为传统道德品质，主要是个体依据社会标准针对自我的要求。宽容以理解他人、不计较、容忍的传统道德要求为主要表现，更多是对于自我的要求，而较少有他人指向性。已有研究也认为我国传统文化下的宽恕是"勿施于人"并没有特定的指向性，并不像西方的宽恕是指向对他人的原谅（徐峰，2018）。这很好地体现了我国宽容更多的是面向自己的道德要求，针对还没有发生的事情，要求自己"勿施于人""忍让"，而不像西方针对冒犯事件，着眼于消极情绪和行为的消除和转换。

第二，宽容的主要功能在于为他人考虑。"体谅他人""冒犯容忍"这两个很好地体现了传统文化中宽容内涵的维度，与共情具有很高的正相关（分别为 0.49 和 0.41），验证了我国宽容的核心是"推己及人"，是为他人考虑，以达到人际和谐的目的。这与西方宽恕的根本在于自我情绪的积极转化具有本质的不同。本研究通过宽恕与共情的相关分析也发现，宽恕与共情的相关为 0.31，其中宽恕他人为 0.39，远低于宽容与共情的相关。我国已有研究发现（Fu，Watkins，& Hui，2004），中国人宽恕的主要原因在于保持人际和谐，而不是出于对方的人格或者宗教因素的影响，采用西方宽恕量表对中国大学生和成人进行测量，也发现只有人际取向和和谐两个量表与宽恕在两个样本中具有较高的相关（0.27~0.47）。

第三，宽容主要表现在行为的克制和控制。个体在冲突中，即使面对比较严重的冒犯行为时，也是通过自我克制式的容忍而提前化解，基本上不存在因为明显的消极情感而"宽恕"的过程。宽容量表与西方重视消极情绪消除和积极情绪达成的宽恕他人量表的相关较高，但是宽恕他人主要是与体谅他人维度较高相关（0.54），而与冒犯容忍为中度偏低的相关（0.45），显示了二者可能具有理解他人，达成人际和谐之功效的共性，但是也有很大的区别。而且"体谅他人"也是将"理解"的认知与行为的原谅直接合并，形成具有具身认知的行为属性，而没有单独的认知成分存在，这也体现了我国对于外在行为，尤其是道德行为的高度要求的社会现象。已有关于心理理论的研究也发现，我国父母对儿童更多是行为及后果的详述，而较少如西方父母那样，是对心理状态的直接告知（Liu，Wang，& Luo，2016）。不宽容的行为表现，是对不公正的行为回击，以获得行为上的公正，不会有较多内在心理怨恨，也不会有超出行为公平的额外惩罚，具有行为节制性。

因此，宽容的本质是面向自己的道德要求，而且是直接指向自我克制的行为结果，是通过"不计较""忍让"来实现"勿施于人"的冲突预防和行为克制。这可以说是冲突的一级预防和根本预防，而不是让自己产生消极情绪和消极行为了再进行积极转化和控制的二级预防，前者显然更利于减少冲突的发生而实现普通的社会和谐。这也说明了宽容和宽恕的根本文化区别在于二者不仅行为出发点和表现不同，而且目的和功能也不同，宽容行为的出发点不依赖于对方，表现在于自己的"容忍"和"勿施于人"，但是目的在于爱人，功能在于社会和谐，达到公正有序，这均与西方的宽恕不同。当然，在实现人际和谐的功效上两者是相同的。

总的来说，结合对宽容的理论分析和小学儿童宽容品质的因素分析，可以将前面宽容的心理内容四成分（差异尊重和兼爱、缺点宽厚、过失容忍、冒犯宽恕）修改为人际互动四成分：缺点宽厚、过失体谅、冒犯容忍、公正恢复，分别对应人际互动中对于他人人品、过失行为、冒犯行为的宽容表现，以及有限宽容下的合理"直"行。

本研究较好地揭示了我国传统文化影响下的宽容品质的内涵和结构，揭示出在我国文化背景下面对同一现象（这里为人际冲突和冒犯）与西方文化所具有的不同的心理过程和心理目标，提示我们急需关注我国本土文化下的心理现象，而需慎重直接借用西方类似的心理概念。同时，本研究发展的宽容品质量表具有明显的年龄阶段性，对于小学生宽容行为的开放式编码分析发现的主动修好等更高级的道德要求，也未能揭示出其单独存在，特别是对于理论分析中尊重差异这一宽容心理成分也未能揭示出。未来的研究需进一步探究青少年、成人等不同年龄群体的宽容品质的结构和测量，从而培养我国青少年儿童的积极宽容品质，从人人谦让的自我道德要求角度达到防冲突于未然的人际和谐。

参考文献

单志艳，2010，《小学低年级学生积极心理品质培养研究》，《中国特殊教育》第 11 期。

董会芹，2015，《同伴侵害与儿童问题行为：自尊的调节作用》，《中国临床心理学杂志》第 2 期。

高政，2014，《宽容的概念分析与教育启示》，《清华大学教育研究》第 4 期。

葛荃，2006，《中国化的宽容与和谐——从传统到当代的政治文化整合》，《华侨大学学报》（哲学社会科学版）第 4 期。

官群、孟万金、John Keller，2009，《中国中小学生积极心理品质量表编制报告》，《中国特殊教育》第 4 期。

胡霜，2016，《宽容信念启动对受威胁后敌对性的影响》，硕士学位论文，湖南师范
　　大学。

焦丽颖、杨颖、许燕、高树青、张和云，2019，《中国人的善与恶：人格结构与内涵》，
　　《心理学报》第 10 期。

瞿磊，2011，《宽容是民主巩固的社会心理基础——基于公民文化与公民美德的考察》，
　　《湖北行政学院学报》第 4 期。

李红、陈安涛，2003，《"仁"对中国人基本人格结构的影响》，《西南大学学报》（社
　　会科学版）第 2 期。

李小芳、卞晨阳、陈艳琳、黄娟、马玉巧、余毅震，2015，《青少年移情发展特点及其
　　与攻击行为的关系》，《中国心理卫生杂志》第 9 期。

李晓燕、刘艳、林丹华，2019，《论儿童青少年品格教育》，《北京师范大学学报》（社
　　会科学版）第 4 期。

林崇德，2017，《构建中国化的学生发展核心素养》，《北京师范大学学报》（社会科学
　　版）第 1 期。

罗春明、黄希庭，2004，《宽恕的心理学研究》，《心理科学进展》第 6 期。

马艳云，2010，《小学高年级学生积极心理品质培养研究》，《中国特殊教育》第 11 期。

孟万金、官群，2009，《中国大学生积极心理品质量表编制报告》，《中国特殊教育》
　　第 8 期。

孟万金，2008，《论积极心理健康教育》，《教育研究》第 5 期。

孟万金、张冲、Richard Wagner，2014，《中国小学生积极心理品质测评量表研发报
　　告》，《中国特殊教育》第 10 期。

钱锦昕、余嘉元，2014，《中国传统文化视角下的宽容心理》，《江苏师范大学学报
　　（哲学社会科学版）》第 2 期。

青觉、朱鹏飞，2019，《从宽恕到宽容：后冲突时代南非社会和解与转型正义之反思——
　　基于开普敦地区的田野调查研究》，《世界民族》第 1 期。

任强、郑信军，2015，《心理学视角下的道德敏感与道德宽容》，《浙江社会科学》第
　　11 期。

孙忠，2011，《略述积极心理学中人格特质之宽容》，《中小学心理健康教育》第 19 期。

王亚丹、孔繁昌、张海博、秦景宽、黄博、周宗奎，2019，《父母情感温暖对高中生友
　　谊质量的影响：观点采择和责任心的作用》，《心理研究》第 5 期。

熊孝梅，2013，《中学生思想道德素质的实证研究》，博士学位论文，华中师范大学。

徐峰，2018，《再议儒家"宽恕"思想——兼论中西宽恕的差别》，《重庆交通大学学
　　报》（社会科学版）第 18 期。

晏辉，2012，《论社会宽容》，《北京师范大学学报》（社会科学版）第 3 期。

杨晓峰、李玮、郑雪，2019，《儒释道宽恕思想的文化蕴涵.》，《内蒙古师大学报》
　　（哲社汉文版）第 48 期。

张凤凤、董毅、汪凯、詹志禹、谢伦芳，2010，《中文版人际反应指针量表（IRI-C）
　　的信度及效度研究》，《中国临床心理学杂志》第 2 期。

张海霞、谷传华，2009，《宽恕与个体特征，环境事件的关系》，《心理科学进展》第
　　4 期。

张和云、赵欢欢、许燕，2018，《中国人善良人格的结构研究》，《心理学探新》第 3 期。

张洁、潘斌、陈亮、李腾飞、张文新，2020，《敌意归因问卷中文版测量学分析及初步应用》，《中国临床心理学杂志》第 2 期。

张洁、吴鹏，2021，《父母教养方式与初中生网络欺负行为的关系：观点采择、共情与道德推脱的中介》，《心理研究》第 6 期。

张淑敏，2018，《宽容与信任之社会心态的双向建构："认同 - 渲染"模型构想》，《中国社会心理学评论（第十四辑）》，社会科学文献出版社。

张素娴，2010，《初中生宽恕的特点及其干预研究》，硕士毕业论文，湖南师范大学。

张学书，2014，《中国传统文化"宽容"精神对现代管理的启示》，《企业文明》第 2 期。

张一肖、朱虹、高园园、董盟、宋致静、李静，2011，《女医学生宽容与交往的团体心理辅导实施》，《航空航天医学杂志》第 22 期。

钟颖，2009，《论中小学生宽容品质的培养》，硕士毕业论文，湖南师范大学。

左婷婷、胡清芬，2021，《儿童空间观点采择的自动性及其发展》，《心理发展与教育》第 3 期。

Bowers, E. P., Geldhof, G. J., Johnson, S. K., Hilliard, L. J. & Lerner, R. M. (2015). Promoting Positive Youth Development: Lessons from the 4 - h Study. *Advancing Responsible Adolescent Development*, 23 (3), 291 - 309.

Cohen, T. R. & Morse, L. (2014). Moral Character: What It is and What It Does. *Research in Organizational Behavior*, 34, 43 - 61.

Denham, S., Neal, K., Wilson, B. J., Pickering, S. & Boyatzis, C. J. (2005). Emotional Development and Forgiveness in Children: Emerging Evidence. *Handbook of forgiveness*, 127 - 142.

Frimer, Jeremy A., Schaefer, Nicola K. & Oakes, Harrison. (2014). Moral Actor, Selfish Agent. *Journal of Personality & Social Psychology*, 106 (5), 790 - 802.

Fu, H., Watkins, D. & Hui, E. K. P. (2004). Personlaity Correlated of the Disposition Towards Interpersonal Forgiveness: A Chinese Perspective. *International Journal of Psychology*, 39, (4), 305 - 316.

Hook, J. N., Worthington, E. L., Jr. & Utsey, S. O. (2009). Collectivism, Forgiveness, and Social Harmony. *The Counseling Psychologist*, 37 (6), 821 - 847.

Kammrath, L., K., Mendoza-Denton, R. & Mischel, W. (2005). Incorporating if Then- personality Signatures Inperson Perception: Beyond the Person-situation Dichotomy. *Journal of Personality and Social Psychology*, 88, 605 - 618.

Laible, D. J., Carlo, G. & Roesch, S. C. (2004). Pathways to Self-esteem in Late Adolescence: The Role of Parent and Peer Attachment, Empathy, and Social Behaviours. *Journal of Adolescence.* 27 (6), 703 - 716.

Lapsley, D. K. & Narvaez, D. (2006). Character Education. In A. Renninger & I. Siegel (Eds.), *Handbook of Child Psychology*, *Vol. 4: Child psychology in practice* (6th ed., pp, 248 - 296). Hoboken, NJ: Wiley.

Lerner, R. M. , Lerner, J. V. , Bowers, E. & Geldhof, G. F. （2015）. Positive Youth Development: Arelational Developmental Systems Model. In W. F. Overton & P. C. Mole-naar （Eds. ）, *Handbook of Child Psychology and Developmental Science. Vol. 1: Theory and Method* （7th ed. , pp. 607 – 651） . Hoboken, NJ: Wiley.

Liu, Y. , Wang, Y. & Luo, R. （2016）. From the External to the Internal: Behavior Clarifications Facilitate Theory of Mind （ToM） Development in Chinese Children. *International Journal of Behavioral Development*, 40 （1）, 21 – 30.

Mccullough, M. E. （2001） . Forgiveness: Who Does It and How to They Do It? . *Current Directions in Psychological Science*, 10 （6）, 194 – 197.

McCullough, M. E. & Hoyt, W. T. （2002） . Transgression-related Motivational Dispositions: Personality Substrates of Forgiveness and Their Links to the Big Five. *Personality and Social Psychology Bulletin*, 28, 1556 – 1573.

Narvaez, D. , Lapsley, D. K. , Hagele, S. & Lasky, B. （2006） . Moral Chronicity and Social Information Processing: Tests of a Social Cognitive Approach to the Moral Personality. *Journal of Research in Personality*, 40 （6）, 966 – 985.

Okimoto, T. G. & Wenzel, M. （2011） . The Other Side of Perspective Taking: Transgression Ambiguity and Victims' Revenge Against Their Offender. *Social Psychological and Personality Science*. 2 （4）, 373 – 378.

Park, N. & Peterson, C. （2006） . Moral Competence and Character Strengths among Adolescents: The Development and Validation of the Values in Action Inventory of Strengths for Youth. *Journal of Adolescence*, 29, 891 – 905.

Thompson, L. Y. , Snyder, C. R. & Hoffman, L. （2005） . Dispositional Forgiveness of Self, Others, and Situations. *Journal of Personality*, 73, 313 – 360.

《中国社会心理学评论》　第 23 辑
第 136～159 页
© SSAP, 2022

三达德：中庸的德性意涵及其测量[*]

刘亚楠　张　迅　刘亚蕊　朱澄铨　苏芮莹[**]

摘　要：中庸是至高的道德境界，非至诚至仁大智大勇所不能为，但已有中庸心理学的测量均未包含上述仁、智、勇的元素。本研究通过对《中庸》原文的梳理发现，智仁勇三达德可以开启中庸境域之门，进而通过界定三达德的含义，编制三达德量表。探索性因素分析发现三个因子，且一阶和二阶验证性因素分析指标良好，表明智仁勇三因子之后存在一个高阶因子：中庸境域意味着智仁勇三达德开启了践行中庸的可能性之门。效标关联效度分析显示，三达德与中庸信念/价值观、中庸意见表达存在强正相关。同时，三达德量表可以显著预测良好的心理健康及道德良善，表明其具备良好的心理测量学指标。

关键词：三达德　中庸信念/价值　中庸实践　中庸境域

一　引言

作为中华传统文化核心的中庸之道，在古代备受推崇。早在《尚书·虞书·大禹谟》就有"人心惟危，道心惟微；惟精惟一，允执厥中"之说，《中庸》开篇讲到："致中和，天地位焉，万物育焉。"北宋儒者程颐

---

　　* 本研究得到河南省哲学社会科学规划项目（2019BJY021）的资助。
　** 刘亚楠，郑州大学教育学院副教授，通讯作者，Email：lynpsy@ zzu. edu. cn；张迅，郑州大学教育学院硕士研究生；刘亚蕊，郑州大学哲学学院硕士研究生；朱澄铨，郑州大学教育学院硕士研究生；苏芮莹，郑州大学教育学院硕士研究生。

有云："中者天下之正道，庸者天下之定理。"可以说，中庸之道所蕴含的至德、致中和、执其两端、诚等概念已经融入中国人的民族性格和社会心理（杜旌、冉曼曼、曹平，2014），历史上那些品德高尚的"君子"经常被认为是践行中庸之道的典范（杨宜音，2014）。

（一）中庸心理学测量的德性视角

从心理学角度出发对中庸进行系统研究首推杨中芳等，在她看来，中庸思维这一古老的概念仍然最能捕捉到当今华人社会运作的精髓（杨中芳、赵志裕，1997），他们将中庸视为人们在处理日常生活事件时用于决定如何选择、执行及纠正具体行动方案的指导方针，是一套元认知的实践思维体系。不过，杨中芳（2009）认为中庸是一个复杂的构念体系。该体系包括两个层面：集体文化思维层面和个体心理思维层面。个体心理思维层面又包含生活哲学、个别事件处理、事后反思三个部分，此构念图共包含 13 个关键的子构念。由于中庸构念的复杂性，基于何视角测量成为编制中庸量表的难题。已有测量工具主要基于以下几种视角。①思维视角。赵志裕（2000）将中庸界定为一种理性，其编制的中庸信念/价值观量表分为三个维度：将中和作为行动目标（动机）、认清事物间的复杂互动关系（感知）和执中辞让（行动技巧）。②复杂人际环境中的决策视角。吴佳辉和林以正（2005）聚焦于人际冲突，将中庸思维界定为"从多个角度来思考同一件事情，在详细考虑不同看法之后，选择可以顾全自我与大局的行为方式"，进而编制了新的中庸意见表达量表。该量表包括多方思考、整合性及和谐性三个维度。③实践思维视角。杨中芳（2009）基于个别事件处理和事后反思的视角，测量中庸者在实践中践行"博学之，审问之，慎思之，明辨之，笃行之"的倾向，编制了中庸实践思维量表，包含了慎思、克制、反省和迷惘等维度。

尽管中庸的心理学测量取得了丰硕的成果，研究者基于多个视角分别编制了测量工具，但遗憾的是，已有中庸的测量均未包含"善"的元素（杨宜音，2014；刘昌，2019）。孔子称中庸为德，且为至德。对至德之中庸的测量没有善的元素，可能损伤了测量的内容效度。那么，如何在中庸的测量中包含"善"的元素呢？已有视角似乎行不通。本文尝试从德性的视角着手，编制测量中庸的工具。

《中庸》原文明确指出，并非所有个体都有能力践行中庸，以中庸思维行事。例如："仲尼曰：君子中庸，小人反中庸。君子之中庸也，君子而时中；小人之中庸也，小人而无忌惮也（第二章）；子曰：道之不行也，我知之矣。知者过之，愚者不及也。道之不明也，我知之矣。贤者过之，不肖者不及也。人莫不饮食，鲜能知味也（第四章）。"小人、民、智者与愚者、贤者与不肖者、索隐行怪者、遵道之君子等是无法抵达中庸之道的。陈赟（2006a）进一步指出，只要选择了小人的那种生活方式，就不可能践行中庸之道。开启中庸之道需要德性的引领，中庸之道只有在君子那里才得以真正敞开。这些观点都表明，中庸的可能性开启需要某种条件，达致某种境域。境域，亦可称之为境界，是个体践行中庸的前提。达至中庸境域的个体，就具有了践行中庸的可能性。

（二）智仁勇三达德开启了中庸可能性之门

《中庸》原文还明确了开启中庸的条件，智仁勇三达德是开启中庸可能性之门的钥匙。从第六章到第十章，《中庸》一步步表明，只要"知（智）不达、仁不至、勇不诚"，那么"虽然有志于明行中庸之道，而皆不能"。朱熹在《中庸章句集注》中进一步明确界定了智仁勇三达德为入道之门："子思所引夫子之言，以明首章之义者止此。盖此篇大旨，以知仁勇三达德为入道之门。故于篇首，即以大舜、颜渊、子路之事明之。舜，知也；颜渊，仁也；子路，勇也；三者废其一，则无以造道而成德矣。"当代学者陈赟（2006a）也秉持同样的观点："智仁勇之所以能够开启中庸，就是因为它们为修道者提供了择善与固执的可能性。择善须智，固执须仁，智仁乃是性中之德：智是择善的德性根据，仁是固执的德性根据，仁智非由外烁，内在于性中。离开了智与仁，择善固执也就不再可能。勇守护智仁，勇是勇于智、勇于仁，离开了智与仁，勇就只能停留在气质的层面。所以，对于修道者而言，智与仁是择善固执的根本，而勇是带出斯智与斯仁。"基于以上已有理论和观点，本文同样认为智仁勇三达德开启了中庸可能性之门，即达到了中庸境域。

（三）本研究的目的及假设

本研究的首要目的，是基于德性视角，编制三达德量表，测量进入中庸境域之门的边界条件。以此为基础，本研究还考察三达德与一系列效标变量之间的关系。着重考察三达德与宜人性、生命意义感、生活满意度、黑暗三联征、攻击性和自我真实性的关联性。

宜人性是大五人格理论中信任、利他、直率、依从、谦虚、移情等特质的总称（John et al. , 2008），其与中庸境域的联系可在《论语》中找到渊源。例如，《论语·颜渊》中"君子成人之美，不成人之恶，小人反是"，《论语·子路》中"君子和而不同，小人同而不和"，这些语句所反映的随和温厚可能与宜人性有关，据此，本研究提出假设1：三达德与宜人性正相关。

生命意义感是个体感到自己的生活可以被理解、自己被有价值的目标指引并且得到生活有价值的感受（George & Park，2016）。杨宜音（2014）认为，从个人层面看，所有的中庸实践都是有道德评价的，是一种人生的意义所在。据此，本研究提出假设2：三达德与生命意义感正相关。此外，中庸所包含的生活的智慧化和生活的道德化、生活哲学和生命哲学，最终都指向善的生活和好的生活，指向生活的希望，表明中庸同样会给我们的生活带来幸福感。据此，本研究提出假设3：三达德与生活满意度正相关。

黑暗三联征是由马基雅维利主义、精神病态和自恋三种受社会厌恶的人格特质组成，分别代表着操控性、冷酷无情和以自我为中心（耿耀国等，2015）。这种"暗黑"人格的非道德性（Boyle，Saklofske，& Matthews，2014）与中庸所强调的"择善而固执"形成鲜明对比。据此，本研究提出假设4：三达德与黑暗三联征负相关。攻击性是指具有对他人有意挑衅、侵犯或对事物有意损毁、破坏等心理倾向和行为的人格特征（Bryant & Smith，2001），而中庸格外强调以中和为目标，所谓"喜怒哀乐之未发，谓之中；发而皆中节，谓之和"。据此，本研究提出假设5：三达德与攻击性负相关。

自我真实性是指与真实的自我保持一致的感觉（Kokkoris et al.，2019），自我决定理论认为，当人们的行为反映了真实自我或核心自我时，他们是真实的（Deci & Ryan，2002）。相关的实证研究发现了真实性在君子人格对心理健康效应中的中介作用（葛枭语、侯玉波，2021）。自我真实性和作为中庸基石的"诚"有异曲同工之妙，例如《中庸》"君子诚之为贵"，"天地之道，可一言而尽也"。据此，本研究提出假设6：三达德与自我真实性正相关。

二 量表的编制及信效度检验

（一）研究方法

1. 三达德的内涵界定

在量表编制初期，需要界定智仁勇三达德各自的内涵。三达德出自《论语·宪问》"君子道者三，我无能焉：仁者不忧，知（智）者不惑，勇者不惧"，也见于《中庸》"知（智）仁勇三者，天下之达德也"。葛枭语等（2021）认为"智仁勇"代表着君子对待世界的基本生活态度，描述的是一个人具有充分发挥心灵自主性的理性态度和照亮事理的明智态度并能够将其付诸行为实践的特质。程翠萍和黄希庭（2016a）认为，智仁勇三种道德品质一起被列为理想人格的组成部分，居于中国人人格体系的重要地位。

其中，"智"不同于现代的智力概念，而是更接近于智慧。《中庸》原文并未界定智的内涵，孟子和王阳明以"是非之心"来理解"智"或良知（陈来，2019），杨立华（2018）将开明作为"智"的现代内涵。心理学对智慧的界定与测量工具众多，经过综合分析，我们发现 Grossmann 等（2010）对智慧的界定与杨中芳（2010）创建的中庸实践思维体系中所包含的元素（如"内外和谐""顾全大局""多面性""委婉性"等）遥相呼应，天然存在某些相通的契合点。故此，本研究选用 Grossmann（2017）对智慧的界定，将其定义为灵活与恰当地运用特定类型的实用推理（pragmatic reasoning）来应对现实生活中的困境与冲突，并以此达到自我与他人、短期与长期间的利益平衡。

"仁"居于儒家价值体系的首位（陈来，2015）。在《论语》中，仁的内涵也是多元的。"仁者爱人""克己复礼为仁""能行五者（恭、宽、信、敏、惠）于天下，为仁矣"，表明仁是儒家思想的核心观念和终极价值，非某一单一德性。杨立华（2019）指出，"仁"是心灵最高主动性的体现，仁者让自我决定的主动性主导或克制被动境遇；"仁"意味着人对待生活的积极能动的态度，通过自强不息的创造来承担自己所秉承的生意（杨立华，2018）。仁之概念内涵的广度使得对其界定非常困难，为使研究具有可行性，本研究取仁中克己与爱人之意，将仁爱定义为克己为人的利他品质（杨国荣，2020）。

关于"勇"的含义，《中庸》主张"勇是气之大用"，《乐记》指出"临事而屡断，勇也"。程翠萍和黄希庭（2016b）通过对 830 余部古代文献中"勇"的内涵分析发现，勇气的内涵涉及威猛强悍、临危不惧、坚定笃志、果敢决断、大义担当、知耻革新六个方面，分为义理之勇和血气之勇两类。通过深度访谈，他们提出中国人勇气的结构包含个人取向和社会取向两个层面，每个层面均包含坚毅之勇、突破之勇和担当之勇。本研究沿用该界定。

2. 初测问卷的编制

（1）初始项目池的生成

《三达德量表》初测题目主要选自已有国内外成熟量表中的相关题目，

其选择标准为是否符合三达德的理论构念。在智慧维度上，本研究的初始项目主要选用 Brienza 等（2018）编制的情境智慧推理量表（Situated Wise Reasoning Scale，SWIS），该量表依据 Grossmann 等（2010）的理论构想编制，包含认知不同观点、辨识变化或多种结果、智识谦虚、优先寻求妥协或解决办法及局外人视角 5 个维度。"仁"维度需要符合"仁者爱人"与"克己复礼为仁"两个标准。据此，本研究的初始项目主要选用傅绪荣和汪凤炎（2020）编制的整合智慧量表（Integrative Wisdom Scale，IWS）良好品德维度中的节制、诚信、责任和仁爱分量表。"勇"维度需要符合"果敢刚毅、见义勇为"，我们将程翠萍和黄希庭（2016）编制的中国人勇气量表作为项目来源。

依据上述标准最终选出 95 道题目，其中智慧维度 36 题、仁爱维度 32 题、勇气维度 27 题。随后，由 15 名受过心理学专业训练的研究生和 1 名人格心理学专业副教授对存在异议和分歧的题项进行讨论分析，删除晦涩难懂和有歧义的题项，并对意义相同的题项进行合并，最终形成 67 道题的初始问卷（详见附录 1）。其中智慧分量表 34 题、仁爱分量表 21 题、勇气分量表 12 题。

（2）样本

样本一：郑州大学学生 466 名被试，有效被试 420 名。其中男性 123 名、女性 297 名，本科生 259 名、研究生 161 名，年龄为 16～33 岁，平均年龄为 21.73 岁（SD＝3.08）。在自习室征得被试同意后，随机发放问卷，问卷经由问卷星网站呈现。样本一完成包含 67 个条目的初测问卷，用于探索性因素分析。

样本二：通过问卷星网站的样本服务进行问卷发放，被试主要来自河南、北京等地的四所高校，共回收 638 个样本，剔除答错探测试题（如"为确保您在认真答题，此题请选择不确定"等）的样本后，剩余有效样本 570 个。其中男性 266 名、女性 304 名，本科生 324 名、研究生 246 名，年龄为 15～31 岁，平均年龄为 22.94 岁（SD＝4.33）。间隔四周后，对其中 65 名本科生再次施测。样本二完成三达德正式施测量表，用于验证性因素分析。此外，还需完成其他效标问卷，包括中庸意见表达、中庸信念/价值及中庸实践思维量表。

样本三：通过问卷星网站的样本服务进行问卷发放，被试主要来自企业的员工，共回收 364 个样本，剔除答错探测试题（如"为确保您在认真答题，此题请选择不确定"等）的样本后，得到有效被试 190 名。其中男性 104 名、女性 86 名，被试年龄为 23～45 岁，平均年龄为 30.23 岁（SD＝

7.21）。样本三完成三达德正式量表，以及宜人性、生命意义感、生活满意度、黑暗三联征、攻击性和自我真实性等效标量表。

（3）效标测量工具

选用以下量表作为效标测量工具。

中庸意见表达量表：是由吴佳辉和林以正（2005）编制的，该量表由 13 个项目组成，共包含三个维度：多方思考、整合性和和谐性。具体项目有"我习惯从多方面的角度来思考同一件事情""我在决定意见时，通常会考虑整体气氛的和谐性"，采用 7 点计分，1 表示"非常不符合"，7 表示"非常符合"。本研究中其内部一致性系数为 0.90。

中庸信念/价值量表：选用黄金兰、林以正和杨中芳（2012）编制的中庸信念/价值量表。该量表共 9 道题，采用"迫选"形式作答，即每一题包括两个陈述句：一个是与中庸思维相符合的陈述句（简称"中庸句"）；另一个则是与中庸思维不相符合的陈述句（简称"非中庸句"）。研究人员指导被试在两个陈述句中先选出一个"自己比较同意"的陈述句，然后再用 1~7 的数字来表示自己对所选出之陈述句的同意程度。本研究中其内部一致性系数为 0.89。

中庸实践思维量表：采用杨中芳等（2014）编制的中庸实践自评量表，包括 4 个相对独立的子量表，如沉着克制、多方慎思、反思及迷惘。具体项目有"我会事后反省自己做的事是不是对得起自己，也对得起别人""在没有把事情弄清楚之前，我先按捺住自己的脾气"等。采用 6 点计分，分数越高，符合程度越高。本研究中其内部一致性系数依次为 0.89、0.82、0.91 和 0.87。

宜人性量表：采用王孟成等（2011）编制的中国大五人格问卷简式版的宜人性分量表。该量表由 8 个项目组成，例如"我觉得大部分人基本上是心怀善意的""我常为那些遭遇不幸的人感到难过"等，采用 7 点计分，分数越高代表个体的宜人性特质越高。本研究中其内部一致性系数为 0.75。

生命意义感量表：采用刘思斯和甘怡群修订的（2010）生命意义问卷的存现分量表中文版（MLQ-P）。该量表包括 5 个项目，例如"我清楚地知道什么能使我的生活有意义""我已经发现了满意的生活目的"等。采用 7 点计分，分数越高代表个体感受到的生命意义越强。本研究中其内部一致性系数为 0.86。

生活满意度量表：采用 Diener 等（1985）编制的生活满意度量表（SWLS），共包含 5 个项目，例如"大多数方面，我的生活接近我的理想"

"我对我的生活是满意的"等。分数越高代表个体感受到的对生活的满意程度越高。本研究中其内部一致性系数为 0.77。

黑暗三联征量表：采用 Jonason 和 Webster（2010）编制，耿耀国等（2015）修订的黑暗人格三联征量表（Dirty Dozen，DD）。该量表由 12 个项目组成，共包含三个维度：马基雅维利主义、精神病态和自恋。具体项目有"我倾向于操纵别人以达到自己的目的""我冷酷、麻木"和"我追求名誉地位"等。采用 7 点计分，分数越高代表个体的黑暗三联征人格倾向越高。本研究中其内部一致性系数为 0.88。

攻击性量表：采用 Bryant 和 Smith（2001）修订的简版攻击性量表（Buss-Perry Aggression Questionnaire，BPAQ）。该量表由 12 个项目组成，包括身体攻击、言语攻击、愤怒、敌意四个维度。具体项目有"要是被谁惹急了，我可能会动手打他""我难以控制自己的脾气"等。采用 7 点计分，分数越高代表个体的攻击性越高。本研究中其内部一致性系数为 0.87。

自我真实性量表：采用宋莉莉等（2020）修订的真实性量表中文版（Authenticity Scale，AS）。该量表有 12 个项目组成，共包含三个维度：自我疏离、接受外部影响和真实的生活。具体项目有"我感觉无法触及真实的自我""我总是坚持自己的信念"等。采用 7 点计分，1 表示"非常不符合"，7 表示"非常符合"。本研究中其内部一致性系数为 0.88。

（二）研究结果

1. 探索性因素分析

本研究使用 SPSS 20.0 进行探索性因素分析。KMO 和 Bartletts 球形检验结果显示，KMO 的值为 0.96，Bartlett 球形检验显著（近似 $\chi^2 = 19398.14$，$df = 2145$，$p < 0.001$），表明剩余项目适宜进行探索性因素分析。我们采用主轴因子分析法（principal axis factoring analysis）和最优斜交转轴法（promax rotation）对 67 个项目进行因素分析。综合考虑特征值大于 1 及碎石图走向等指标，抽取 3 个因子。依据心理测量学理论（吴明隆，2018），根据以下几个标准进行题目筛选：（1）删除在本因子上负荷小于 0.5 的题项；（2）在 2 个或 2 个以上因子双负载，并且较低负荷高于 0.45 的题项；（3）有悖于理论构想或冗余的题项。需要强调的是，每次探索只删除一个题项，直至所有题项只负载在一个因子上且负荷大于 0.5。

基于上述步骤，删除不符合标准的题项，最终保留 27 道题目，累计解释总变异的 57.18%，具体因子载荷和共同度见表 1。

表1 三达德量表的三因子结构

项目	因子1	因子2	因子3	共同度
智慧分量表				
W22：我会考虑随着时间的推移冲突的情况会如何变化	0.82			0.65
W28：我试图确定双方是否对冲突有共同的看法	0.81			0.63
W23：我会考虑旁观者是否会和我有不同的看法	0.80			0.63
W34：我想知道在冲突中我们可能都是对的或错的	0.79			0.60
W33：我会努力从对方的角度出发去考虑问题	0.77			0.60
W26：我认为双方共同去解决冲突是非常重要的	0.76			0.59
W31：我会考虑对方的意图和观点会如何随着冲突情况的发展而改变	0.75			0.57
W19：我会尽最大的努力去找到一个能容纳双方观点的方法	0.74			0.56
W20：我试图从第三人称的角度来看待这场冲突	0.72			0.56
W27：我会试图预测冲突是如何解决的	0.70			0.51
W8：我会考虑双方的共同点	0.69			0.49
W6：我试着去了解冲突的来龙去脉	0.65			0.49
W17：在形成我的观点之前，我会先考虑冲突可能发生的特殊情况	0.62			0.48
仁爱分量表				
D16：看到老人摔倒受伤，我会非常同情		0.85		0.68
D11：看到留守儿童的种种无助情形，我会顿生怜悯之心		0.81		0.63
D9：假如我没有信守诺言，我愿意接受惩罚		0.77		0.60
D10：当有人情绪低落时，我会不怕麻烦让他们振作起来		0.74		0.59
D6：当别人对我倾诉烦恼时，我通常会静静地聆听		0.73		0.56
D21：在我的生活中，我总能感受到爱的存在		0.71		0.54
D5：我不会轻易承诺别人，除非有很大把握办到		0.65		0.43

续表

项目	因子1	因子2	因子3	共同度
D13：哪怕在无关紧要的事情上撒了谎，我也会感到内疚		0.58		0.42
勇气分量表				
C4：我敢于挑战自然极限，挖掘人类的无限潜能			0.91	0.74
C3：我能够突破自己的思维定式、推陈出新			0.84	0.70
C5：我致力于创造新思想，希望能推动国家的发展			0.80	0.69
C14：我会坚决抵制名利诱惑，以维护集体公平			0.66	0.53
C7：遇到违法犯罪的情境时，我将果断挺身而出			0.65	0.48
C10：我敢于冲破对陌生人和事的担忧去适应新环境			0.52	0.42
特征根	10.86	2.82	1.76	
贡献率%	40.23	10.44	6.51	
累计贡献率%	40.23	50.67	57.18	

注：因子提取方法——主轴因子分析法；旋转法——具有 Kaiser 标准化的倾斜旋转法。

2. 验证性因素分析

（1）一阶验证性因素分析

为了检验 EFA 所发现的因素结构，本研究使用样本二进行验证性因素分析（CFA），并使用 Amos 21.0 进行分析，选择"极大似然估计（ML）方法"进行估计，设定误差不相关。CFA 结果显示，各项拟合指标较差（$\chi^2 = 1269.50$，$df = 249$，$\chi^2/df = 5.10$，CFI = 0.79，TLI = 0.76，IFI = 0.79，RMSEA = 0.09）；根据修正指数（modification，MI），删除载荷较小或残差较大的 12 道题目（因子 1 中的 22、26、19、20、27、8、6、17 题、因子 2 中的 9、13 题和因子 3 中的 14、10 题）之后，各项拟合指数趋于理想（$\chi^2 = 247.35$，$df = 87$，$\chi^2/df = 2.55$，CFI = 0.94，TLI = 0.92，IFI = 0.94，RMSEA = 0.07）。因此，最终保留 15 个项目，其中智慧分量表 5 题，仁爱分量表 6 题，勇气分量表 4 题，形成三达德量表正式版。图 1 是验证性因素分析的结果（标准化路径）。

（2）竞争模型比较

本研究将三因子模型与其他可能存在的竞争模型进行对比。竞争模型 1：单因子模型，三达德量表的 3 个因子之间关联性比较强，是否意味着该

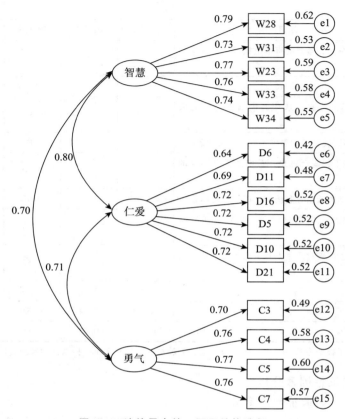

图 1 三达德量表的三因子结构路径

量表可能存在单因子结构。竞争模型 2：双因子模型，根据智慧的德才一体理论（汪凤炎、郑红，2014），智慧包括良好品德和聪明才智两部分，且因子 1 与因子 2 潜变量的标准化相关较高，因此将其合并成一个因子，检验双因子的拟合情况。三个模型的拟合指数如表 2 所示。结果显示：三因子的各项拟合指标最优，比单因子模型和双因子模型拟合显著更好。因此接受三因子模型。

表 2 三达德量表各竞争模型拟合指数

模型	χ^2	df	χ^2/df	CFI	TLI	IFI	GFI	RMSEA	RMR
单因子	454.51	90	5.05	0.84	0.81	0.84	0.81	0.12	0.09
双因子	324.85	89	3.65	0.90	0.88	0.90	0.86	0.09	0.07
三因子	247.35	87	2.55	0.94	0.92	0.94	0.90	0.07	0.06

（3）二阶验证性因素分析

三因子结构的标准化路径图显示，三个因子之间存在高相关（$r \geqslant 0.70$），表明可能存在高阶的因子。二阶验证性因素分析发现，模型拟合良好（$\chi^2 = 247.35$，$df = 87$，$\chi^2/df = 2.55$，CFI $= 0.94$，TLI $= 0.92$，IFI $= 0.94$，RMSEA $= 0.07$）。表明在智慧、仁爱和勇气背后存在高阶理论构念，考虑到智仁勇三达德开启了中庸境域之门，该二阶因子被命名为中庸境域。故此，本研究所编制的三达德量表也可称之为中庸境域量表。中庸境域对其下阶的三个潜变量均存在显著影响，与智慧、仁爱和勇气之间的相关分别为 0.89、0.90、0.79。表明智慧、仁爱和勇气是中庸境域的三个显著的维度，共同受高阶中庸境域的影响。

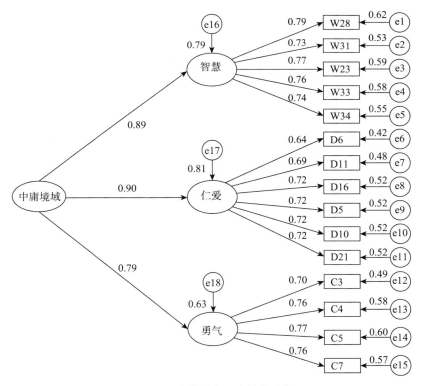

图 2　三达德量表二阶结构路径

3. 信效度检验结果

（1）信度检验

一般信度检验可接受的标准为：内部一致性系数大于 0.7，重测信度大于 0.6，组合信度 CR 大于 0.6（Hair et al., 2010）。三达德量表及智慧、仁爱和勇气维度的各项信度系数均在标准以上，这说明三达德量表具有较高的信度（具体结果见表 3）。

表 3 三达德量表的信度检验

指标	中庸境域	智慧	仁爱	勇气
内部一致性系数	0.92	0.87	0.86	0.83
重测信度	0.78	0.66	0.65	0.82
组合信度	0.90	0.87	0.87	0.84

（2）效度检验

聚合效度与区分效度：表 4 呈现三达德量表中智慧、仁爱和勇气三因子的相关系数和 AVE。平均方差抽取量（average variance extracted，AVE）是潜在变量，可以解释其指标变量变异量的比值，是一种聚合效度的指标（吴明隆，2018）。智慧、仁爱和勇气的 AVE 值分别为 0.58、0.50、0.56，均达到 0.5 的临界值，这说明该量表的聚合效度理想。

另外，智慧、仁爱和勇气之间均具有显著的相关性（$p < 0.01$），虽然相关性系数绝对值均大于 0.5，但其均小于所对应的 AVE 的平方根，这说明各个潜变量之间具有中高程度的相关，但同时彼此之间又有一定的区分度，即说明该量表的区分效度可以接受。

表 4 三达德量表的区分效度

	智慧	仁爱	勇气
智慧	0.58		
仁爱	0.70 **	0.50	
勇气	0.60 **	0.60 **	0.56
AVE 的平方根	0.76	0.70	0.75

注： ** $p < 0.01$；对角线为 AVE，平均方差抽取量。

效标关联效度：本研究采用中庸信念/价值、中庸实践思维、中庸意见表达作为中庸境域的效标，其中中庸实践包含了相对独立的 4 个维度：事后反省、多方慎思、迷惘委屈和沉着克制。基于样本二的分析结果，三达德量表及其 3 个因子与中庸信念/价值、事后反省、多方慎思、迷惘委屈、沉着克制和中庸意见表达等存在显著的相关（$p < 0.01$）。这说明新编的三达德问卷具有良好的效标关联效度。具体的相关系数见表 5。

表 5　三达德量表与中庸信念/价值、中庸实践思维、中庸意见表达的相关分析

	M	SD	1 三达德	2 智慧	3 仁爱	4 勇气	5 中庸信念/价值	6 事后反省	7 多方慎思	8 迷惘委屈	9 沉着克制	10 中庸意见表达
1. 三达德	71.17	11.12	N/A									
2. 智慧	25.08	4.21	0.89**	N/A								
3. 仁爱	26.16	4.68	0.89**	0.70**	N/A							
4. 勇气	19.93	4.13	0.83**	0.60**	0.60**	N/A						
5. 中庸信念/价值	49.81	8.03	0.71**	0.74**	0.59**	0.50**	N/A					
6. 事后反省	16.19	2.61	0.63**	0.56**	0.65**	0.41**	0.63**	N/A				
7. 多方慎思	19.71	3.23	0.62**	0.58**	0.58**	0.44**	0.60**	0.80**	N/A			
8. 迷惘委屈	24.98	5.39	0.27**	0.29**	0.25**	0.15**	0.29**	0.50**	0.49**	N/A		
9. 沉着克制	10.10	2.58	0.25**	0.23**	0.18**	0.24**	0.12*	0.34**	0.35**	0.68**	N/A	
10. 中庸意见表达	74.13	11.11	0.73**	0.75**	0.61**	0.59**	0.69**	0.54**	0.49**	0.38**	0.26**	N/A

注：$^{**}p<0.01$，$^{*}p<0.05$。

此外，为进一步验证本研究所开发的三达德问卷的有效性，我们将其与某些心理健康指标做相关分析。基于样本三的分析结果，三达德、智慧与自恋呈显著正相关，仁爱与攻击性呈显著负相关，勇气与攻击性呈显著正相关。三达德与宜人性、生命意义感、生活满意度和真实的生活均呈显著正相关。具体的相关系数见表 6。

表 6 三达德量表与心理健康指标的相关分析

	三达德	智慧	仁爱	勇气
宜人性	0.39 **	0.18 *	0.62 *	0.22 *
生命意义感	0.45 **	0.44 **	0.22 *	0.36 **
生活满意度	0.24 **	0.22 *	0.17 *	0.20 *
黑暗三联征				
马基雅维利主义	− 0.02	− 0.01	− 0.24 **	0.24 **
精神病态	− 0.08	− 0.06	− 0.32 **	0.20 **
自恋	0.14 *	0.16 **	0.10	0.09
攻击性	− 0.01	− 0.03	− 0.18 **	0.19 **
自我真实性				
自我疏离	− 0.16	− 0.15	− 0.16	− 0.07
接受外部影响	− 0.09	− 0.07	0.34	− 0.17
真实的生活	0.50 **	0.45 **	0.25 **	0.47 **

注：$** p < 0.01$，$* p < 0.05$。

三 总结与讨论

（一）以德性视角研究中庸的必要性

自 1997 年学界开展中庸心理实证研究以来，对中庸的测评一直备受争议，困难重重。首先，对中庸的内涵界定存在争议。自汉代以来，历代学者对"中庸"有一些不同的解说。其中，北宋大儒程颐释"不偏之谓中，不易之谓庸。中者天下之正道，庸者天下之定理"，对后人影响极大。然而，究竟何为不偏？何为不易？如何将不偏不倚操作化，形成可测量的构念，需要此领域的开创者界定中庸的内涵构念。据此，杨中芳（2010）认为应该先搁置争议，在理论上建构一套构念，而后通过实证研究检验其正确性，这无疑极大地推动了此领域的研究，然而，这一做法显然使中庸的含义无法与原文原意保持一致。此外，中庸内涵过大，层次过多，使得从某一视角抽取中庸的一个特征进行测量无法反映中庸的全部内涵。如前所述，杨中芳（2009）对中庸的界定涉及了多个层次，多达 13 个构念，已经开发的量表，只能选取中庸的一组构念，如对中庸信念/价值、如何整合多方利益、面对冲突如何行动等进行测量。诚然，这些测量方式反映了中庸思维的某一维度，但可能并未测量到中庸的实质内涵，导致这些测量的内容效度不足。

与之前测量不同的是，本研究测量的视角并非中庸者如何思考，持何种价值信念，面对冲突如何行动，如何整合多方利益，而是测量具有何种德性、进入何种境域的个体具有践行中庸之道的可能性。如前所述，智仁勇三达德开启了中庸可能性境域之门，我们将其称为中庸境域。换言之，中庸境域指的是践行中庸之道的可能性，进入该境域是践行中庸的必要条件。提出中庸境域的概念，有助于转化此领域研究者的视角，从专注中庸思维、价值和行为策略，转向何种个体具有中庸思维的可能性，是已有实证研究的一个补充。

（二）三达德量表的心理测量学指标

本研究根据中庸的道德内涵，从境域视角入手，编制了三达德量表（The Three Virtues Scale，TVS）。TVS 的编制过程具备严谨性和科学性。首先，综合前期古籍解读和对当代儒家思想的文献分析，基于三达德视角建构中庸境域的结构具有坚实的理论基础。其次，严格遵守量表编制程序，结果支持了三达德的三因子结构，各因子的内部一致性信度、重测信度、组合信度、效标关联效度、区分效度及聚合效度均达到了心理测量学的要求。竞争模型比较显示包含"智仁勇"三因子模型拟合最佳，高阶验证性因子分析结果表明在智慧、仁爱、勇气之后存在一个更高阶的因子，即中庸境域。

在与其他现有的中庸量表的比较中，TVS 与中庸信念/价值和中庸意见表达呈现较高的正相关，分别是 0.71 和 0.73，中庸实践的事后反省和多方慎思维度与 TVS 的相关也较高，说明本研究测量工具所测内容与现有量表相互关联但又彼此独立。相比之下，迷惘委屈和沉着克制与 TVS 的相关并不高，分别是 0.27 和 0.25。这可能是因为：（1）TVS 全部为正向计分题，与此相对，迷惘委屈和沉着克制两个量表多使用反向描述，Glück 等（2013）认为题目的反向表达可能降低测验的信度，增加答题的难度；（2）中庸实践自评量表可能在中国内地大学生样本中的结构效度不理想（阳中华，2012），有待进一步修订。

TVS与宜人性、生命意义感、生活满意度均呈显著正相关。研究结果支持了假设1、假设2和假设3，说明中庸境域对心理健康存在正向效应。已有研究发现，高中庸者被认为具有良好的情绪调节能力，能保持较为积极的心态（阳中华、周家秀、周甄会，2014；Chou et al.，2014），Yang等（2016）通过一项涵盖了8178名中国本科生的大样本代表性调查认为中庸思维在调节和维护心理健康方面起着重要作用。

在黑暗三联征和攻击性方面，TVS与马基雅维利主义、精神病态、攻击性相关不显著，研究结果部分支持了假设4和假设5。黑暗三联征在人际交往方面表现出自私、冷漠、不道德行为和更多不合作行为（Moshagen et al.，2018），无论是黑暗三联征还是攻击性得分高的个体在生活中都更容易追求极端，而这跟中庸的基本含义"执两端而允中"背道而驰（杨中芳，2009）。有趣的是，TVS与自恋正相关，这可能因为自恋具有异质性，有研究表明，高自恋的个体在群体或工作场所中是受欢迎的（Young & Pinsky，2006），这和中庸所强调的"和谐、人情安适"有相通之处。另外，虽然TVS总分与马基雅维利主义、精神病态及攻击性无关，但其勇气子维度与三者均显著正相关。这一结果表明，勇气本身如无智慧和仁爱的引导，很容易成为气质之勇。气质之勇是非理性的、被动的、受他人影响，德性之勇是理性的、自主的，表现为"和而不流""中立而不倚"（陈赟，2006b）。

另外，在自我真实性三个维度中，真实的生活与TVS呈正相关，自我疏离和接受外部影响与TVS相关不显著。这支持了假设6，葛枭语和侯玉波（2021）的研究表明，君子人格水平较高的人，更可能在生活中控制冲动、抵制诱惑，由此感到自己的行为与真实的自我更加一致与贯通、更少疏离或违背，因此具有更加积极的心理状态。

（三）研究局限与展望

本研究存在如下局限：①研究主要采用方便取样的抽样方法，本科学历以上人群样本占比较高，在样本选取上可能存在偏差；②效标关联效度分析仅探索了宜人性与中庸境域的关系，其他人格因素与中庸境域的联系有待后续研究进一步探明；③受限于自评量表方法，未来的研究可通过纵向设计来进一步克服社会赞许效应。

对未来的展望：①本研究初步探索了中庸境域与某些心理变量之间的相关关系，其相互影响的深层机制需要更多未来研究；②智慧、仁爱、勇气如何相互作用，推动个体践行中庸，即三达德之间的关系如何，需要进一步检验；③本研究探索的是变量之间的关系，未来可以通过聚类分析，区分三达德的不同模式，探索不同模式的个体具体的心理与行为特征。

参考文献

陈来，2019，《儒学美德论》，生活·读书·新知三联书店。

陈来，2015，《中华文明的核心价值：国学流变与传统价值观》，生活·读书·新知三联书店。

陈赟，2006a，《为什么是智仁勇之德，才开启了中庸的可能性?》，《现代哲学》第6期。

陈赟，2006b，《极文明而道质朴："中庸"思想的一个维度》，《华中科技大学学报》（社会科学版）第6期。

程翠萍、黄希庭，2016a，《中国人勇气量表的建构》，《西南大学学报》（社会科学版）第1期。

程翠萍、黄希庭，2016b，《我国古籍中"勇"的心理学探析》，《心理科学》第1期。

杜旌、冉曼曼、曹平，2014，《中庸价值取向对员工变革行为的情景依存作用》，《心理学报》第1期。

傅绪荣、汪凤炎，2020，《整合智慧量表的编制及信效度检验》，《心理学探新》第1期。

葛枭语、侯玉波，2021，《君子不忧不惧：君子人格与心理健康——自我控制与真实性的链式中介》，《心理学报》第4期。

葛枭语、李小明、侯玉波，2021，《孔子思想中的君子人格：心理学测量的探索》，《心理学报》第12期。

耿耀国、孙群博、黄婧宜、朱远征、韩晓红，2015，《黑暗十二条与短式黑暗三联征量表：两种黑暗三联征测量工具中文版的检验》，《中国临床心理学杂志》第2期。

黄金兰、林以正、杨中芳，2012，《中庸信念/价值量表的修订》，《本土心理学研究》第38期。

李平，2014，《中国智慧哲学与中庸之道研究》，《中国社会心理学评论（第八辑）》，社会科学文献出版社。

刘昌，2019，《中庸之可能与不可能：兼论中庸心理实证研究之困境》，《南京师大学报》（社会科学版）第5期。

刘思斯、甘怡群，2010，《生命意义感量表中文版在大学生群体中的信效度》，《中国心理卫生杂志》第6期。

宋莉莉、王詠、赵昱鲲，2020，《真实性量表在我国青少年中的信效度检验》，《中国临床心理学杂志》第2期。

汪凤炎、郑红，2014，《智慧心理学的理论探索与应用研究》，上海教育出版社。

汪凤炎，2008，《中国心理学思想史》，上海教育出版社。

王孟成、戴晓阳、姚树桥，2011，《中国大五人格问卷的初步编制Ⅲ：简式版的制定及信效度检验》，《中国临床心理学杂志》第 4 期。

吴佳辉、林以正，2005，《中庸思维量表的编制》，《本土心理学研究》第 24 期。

吴明隆，2018，《结构方程模型——AMOS 的操作与应用》，重庆大学出版社。

阳中华，2012，《中庸实践思维与家庭功能和心理健康关系研究》，博士学位论文，中南大学。

阳中华、周家秀、周甄会，2014，《中庸思维对心理健康影响之初探》，《中国社会心理学评论（第八辑）》，社会科学文献出版社。

杨国荣，2020，《道德行为的两重形态》，《哲学研究》第 6 期。

杨立华，2018，《一本与生生：理一元论纲要》，生活·读书·新知三联书店。

杨立华，2019，《中国哲学十五讲》，北京大学出版社。

杨宜音，2014，《日常生活的道德意义和生命意义：兼谈中庸实践思维的构念化》，《中国社会心理学评论（第八辑）》，社会科学文献出版社。

杨中芳，2009，《传统文化与社会科学结合之实例：中庸的社会心理学研究》，《中国人民大学学报》第 3 期。

杨中芳、丁宇、林升栋、林玮芳，2014，《中庸思维在工作压力源与员工幸福感之间的作用：兼作海峡两岸比较》，《中国社会心理学评论（第八辑）》，社会科学文献出版社。

杨中芳、林升栋，2012，《中庸实践思维体系构念图的建构效度研究》，《社会学研究》第 4 期。

杨中芳、阳中华，2014，《夫妻中庸思维差异对成员家庭功能评定的影响》，《中国社会心理学评论（第八辑）》，社会科学文献出版社。

杨中芳、赵志裕，1997，《中庸实践思维初探》，第四届华人心理与行为科学学术研讨会，台北，5 月 29~31 日。

杨中芳，2010，《中庸实践思维体系探研的初步进展》，《本土心理学研究》第 34 期。

张红坡、李明珠、周治金，2020，《见仁见智？中庸与创造性的关系探析》，《中国社会心理学评论（第十九辑）》，社会科学文献出版社。

赵志裕，2000，《中庸思维的测量，一项跨地区研究的初步结果》，《香港社会科学学报》第 18 期。

Ardelt, M. (2003). Empirical Assessment of a Three-Dimensional Wisdom Scale. *Research on Aging*, 25, 275 – 324.

Boyle, G. J., Saklofske, D. H. & Matthews, G. (Eds.). (2014). *Measures of Personality and Social Psychological Constructs*. Academic Press.

Brienza, J. P., Kung F. Y. H., Santos, H. C. & Grossmann, I. (2018). Wisdom, Bias, and Balance: Toward a Process-Sensitive Measurement of Wisdom-Related Cognition. *Journal of Personality and Social Psychology*, 115 (6), 1093 – 1126.

Bryant, F. B. & Smith, B. D. (2001). Refining the Architecture of Aggression: a Measurement Model for the Buss-perry Aggression Questionnaire. *Journal of Research in Personality*, 35 (2), 138 – 167.

Chou, L. F., Chu, C. C., Yeh, H. C. & Chen, J. (2014). Work Stress and Employee Well-being: the Critical Role of Zhong-yong. *Asian Journal of Social Psychology*, 17 (2),

115 – 127.

Deci, E. & Ryan, R. （2002）. *Handbook of Self-Determination. Rochester*, NY: University of Rochester Press.

Diener, E., Rmmons, R. A., Larsen, R. J. & Griffin, S. （1985）. The Satisfaction with Life Scale. *Journal of Personality Assessment*, 49, 71 – 75.

George, L. S. & Park, C. L. （2016）. Meaning in Life as Comprehension, Purpose, and Mattering: toward Integration and New Research Questions. *Review of General Psychology*, 20 （3）, 205 – 220.

Glück, J., Knig, S., Naschenweng, K., Redzanowski, U., Dorner, L., Straer, I. & Wiedermann, W. （2013）. How to Measure Wisdom: Content, Reliability, and Validity of Five Measures. *Frontiers in Psychology*, 4, 1 – 13.

Grossmann, I., Na, J., Varnum, M. E. W., Kitayama, S. & Nisbett, R. E. （2013）. A Route to Well-being: Intelligence Versus wise reasoning. *Journal of Experimental Psychology: General*, 142 （3）, 944 – 953.

Grossmann, I., Na, J., Varnum, M. E. W., Park, D. C., Kitayama, S. & Nisbett, R. E. （2010）. Reasoning about Social Conflicts Improves into old Age. *Proceedings of the National Academy of Sciences of the United States of America*, 107 （16）, 7246 – 7250.

Grossmann, I. （2017）. Wisdom in Context. *Perspectives on Psychological Science*, 12, 233 – 257.

Hair, J. F., Black, W. C., Babin, B. J. & Anderson, R. E. （2010）. *Multivariate Data Analysis （6th ed.）*. Upper Saddle River, NJ: Upper Saddle River.

John, O. P., Naumann, L. P. & Soto, C. J. （2008）. Paradigm Shift to the Integrative Big-Five Trait Taxonomy: History, Measurement, and Conceptual Issues. In O. P. John, R. W. Robins, & L. A. Pervin （Eds.）, *Handbook of personality: Theory and research* （pp. 114 – 158）. New York, NY: Guilford Press.

Jonason, P. K. & Webster, G. D. （2010）. The Dirty Dozen: a Concise Measure of the Dark Triad. *Psychological Assessment*, 22 （2）, 420 – 432.

Kokkoris, M. D., Hoelzl, E. & Alós-Ferrer, C. （2019）. True to Which Self? Lay Rationalism and Decision Satisfaction in Self-Control Conflicts. *Journal of Personality and Social Psychology*, 117 （2）, 417 – 447.

Moshagen, M., Hilbig, B. E. & Zettler, I. （2018）. The Dark Core of Personality. *Psychological Review*, 125 （5）, 656 – 688.

Webster, J. D. （2007）. Measuring the Character Strength of Wisdom. *The International Journal of Aging & Human Development*, 65, 163 – 183.

Yang, X., Zhang, P., Zhao, J. & Zhao, J. （2016）. Confucian Culture still Matters the Benefits of zhongyong thinking （doctrine of the mean） for Mental Health. *Journal of Cross-Cultural Psychology*, 47 （8）, 1097 – 1113.

Young, S. M. & Pinsky, D. （2006）. Narcissism and Celebrity. *Journal of Research in Personality*, 40 （5）, 463 – 471.

附录 1　三达德量表初始项目库

序号	条目
	智慧分量表
1	我会设身处地为对方着想
2 *	我会考虑双方的共同点
3 **	我会努力从对方的角度出发去考虑问题
4	在得出结论之前，我会花时间考虑对方对冲突的看法
5	我会花点时间想想为什么对方会有这样的感觉
6	我想知道冲突的另一方是不是对的
7 **	我想知道在冲突中我们可能都是对的或错的
8 *	我会考虑随着时间的推移冲突的情况会如何变化
9	我会为不断变化的冲突寻找不同的解决方案
10	当冲突的情况发生变化时，我会考虑其他的解决方案
11	我认为冲突可能会导致一系列不同的结果
12	我认为冲突可能会以许多不同的方式发展
13	我会仔细考虑自己对冲突的看法是不是不正确的
14 **	我会考虑对方的意图和观点会如何随着冲突情况的发展而改变
15	我会寻找发生冲突的潜在原因
16	我会认真思考对方的观点是不是正确的
17 *	在形成我的观点之前，我会先考虑冲突可能发生的特殊情况
18	在发生冲突时，我会表现得好像有些事情是我无法掌握的
19 *	我会尽最大的努力去找到一个能容纳双方观点的方法
20	我不会轻易下定结论，直到我看到冲突的结果
21 *	我试着去了解冲突的来龙去脉
22	我想知道发生冲突的原因是否表面上是关于一个问题，但实际上是关于其他事情
23	我会意识到在发生冲突时，不可能有一个单独的当事方成为唯一的赢家
24	虽然知道这可能很难实现，但我还是会寻找能让双方都满意的解决方案
25	我首先会考虑的是在解决冲突时双方是否存在达成妥协的可能
26 *	我认为双方共同去解决冲突是非常重要的
27 *	我会试图预测冲突是如何解决的
28 **	我试图确定双方是否对冲突有共同的看法
29	我会试着从一个旁观者的角度来看待冲突

续表

序号	条目
30	问我自己，如果别人遭遇到这场冲突，他们会怎么想或怎么做
31 **	我会考虑旁观者是否会和我有不同的看法
32 *	我试图从第三人称的角度来看待这场冲突
33	我会试着"跳出自己的圈子"来获得对冲突的看法
34	如果我是冲突的旁观者，我会去思索他的想法是什么
	仁爱分量表
35	遇见他人身处困境且需帮助，我常伸出援手
36 **	当别人对我倾诉烦恼时，我通常会静静地聆听
37 **	看到留守儿童的种种无助情形，我会顿生怜悯之心
38 **	看到老人摔倒受伤，我会非常同情
39	当发现自己或他人受到不公正对待时，我总是感到愤慨
40 *	当觉察到自己未公正待人时，我会感到愧疚
41	对那些拉关系走后门而有损公平的人，我是厌恶的
42	我很在意自己和别人是否得到公平对待
43	只要涉及利益分配问题时，我总是考虑如何才能做到"一碗水端平"
44	我有钢铁般的自制力
45	即使正在做的事很有趣，我也能适可而止
46 *	当有人情绪低落时，我会不怕麻烦使他们振作起来
47 **	在我的生活中，我总能感受到爱的存在
48	一旦明确了职责所在，我会努力做好
49	对于自己应该做的事，我总会倾尽全力去做
50	如果没有做好分内事，我会很自责
51	我尽心尽力地执行分派给我的任务
52 **	哪怕在无关紧要的事情上撒了谎，我也会感到内疚
53	为了守信而牺牲自己的利益我也心甘情愿
54 *	假如我没有信守诺言，我愿意接受惩罚
55 **	我不会轻易承诺别人，除非有很大把握办到
	勇气分量表
56	遇到经济困难时，我能够百折不挠地迎难而上
57	我敢于矢志不渝地追求自己的理想
58 **	我能够突破自己的思维定式、推陈出新
59 *	我敢于冲破对陌生人和事的担忧去适应新环境

续表

序号	条目
60	我敢于主动承担学习或工作中由失误造成的不良后果
61	他人处于危险时，我敢于冒险给予救助
62 *	我会坚决抵制名利诱惑，以维护集体公平
63 **	我致力于创造新思想，希望能推动国家的发展
64	为捍卫朋友的权益，我能够坚决拒绝他人给予的好处
65 **	我敢于挑战自然极限，挖掘人类的无限潜能
66 **	遇到违法犯罪的情境时，我将果断挺身而出
67	尽管承受巨大的压力，我仍然会坚守社会正义

* 表示 EFA 剩余后的题目；** 表示 CFA 后剩余的题目，即量表的最终版。

附录 2　三达德量表最终版

指导语：下列问题中可能会涉及当在日常生活中你与他人发生冲突时，你在多大程度上产生过以下的想法和行为？注意，题目列出的陈述没有"好""坏"之分。我们感兴趣的只是人们如何处理困难的情况。请选择你在何种程度上有下列想法和行为。

序号	条目
	智慧分量表
1	我试图确定双方是否对冲突有共同的看法
2	我会考虑对方的意图和观点会如何随着冲突情况的发展而改变
3	我想知道在冲突中我们可能都是对的或错的
4	我会努力从对方的角度出发去考虑问题
5	我会考虑旁观者是否会和我有不同的看法
	仁爱分量表
6	我不会轻易承诺别人，除非有很大把握办到
7	当别人对我倾诉烦恼时，我通常会静静地聆听
8	看到留守儿童的种种无助情形，我会顿生怜悯之心
9	看到老人摔倒受伤，我会非常同情
10	在我的生活中，我总能感受到爱的存在
11	哪怕在无关紧要的事情上撒了谎，我也会感到内疚

序号	条目
	勇气分量表
12	我敢于挑战自然极限，挖掘人类的无限潜能
13	我能够突破自己的思维定式、推陈出新
14	我致力于创造新思想，希望能推动国家的发展
15	遇到违法犯罪的情境时，我将果断挺身而出

《中国社会心理学评论》　第 23 辑
第 160~186 页
© SSAP，2022

活力美德：中国文化背景下的
理论建构与量表编制[*]

闫　伟　张　鹏　蒋忠鑫　刘冠民　彭凯平[**]

摘　要： 活力是一种美德，是中国文化和心理学研究中一个历久弥新的概念。本研究旨在探索中国人对活力这一概念的认知及其理论结构，并在此基础上编制中国本土化的活力量表，检验其信度、效度。研究一对 135 名中国被试进行了有关活力的结构化访谈，并从访谈文本的编码分析中提炼出中国人活力的四因素——能量、坚韧、平和、敏锐；研究二根据四因素活力结构编制了中国人四因素活力量表，分析 1185 名中国被试的量表数据后发现，该量表具有良好的信度、效度；研究三招募 2262 名中国被试，进一步对量表的效标效度进行检验，结果表明四因素活力及其各因素与美德、心理健康相关的变量均呈显著相关，确认了中国人四因素活力的美德和心理健康指标属性。本研究提出的中国人四因素活力及对应的活力量表，均反映中国传统文化和中国人辩证思维特性对中国人活力概念的影响，为中国本土化活力研究的进一步发展提供了理论基础和应用工具。

关键词： 中国人四因素活力　中国文化美德　心理健康

---

[*]　本研究受清华大学春风基金（项目号：2020Z99CFG013）的资助。
[**]　闫伟，清华大学社会科学学院心理学系博士，斯坦福大学教育学院博士后研究员；张鹏，清华大学社会科学学院心理学系博士后；蒋忠鑫，香港中文大学（深圳）人文社科学院应用心理学硕士；刘冠民，天津大学应用心理研究所副研究员；彭凯平，清华大学社会科学学院心理学系教授，博士生导师，通讯作者，Email：pengkp@mail.tsinghua.edu.cn。

一　引言

长期以来，人类对自身展现出的旺盛生命力量充满赞美与向往。这种生命力量也是诗歌、艺术、哲学、文学等有关人类自我理解的学问所共同关注的话题之一。不同文化都将这种生命力量归结于生命本质，即活力（Peterson & Seligman，2004）。传统中国文化将这一本质定义为"气"；日本文化援用中华文化的传统，也将其定义为"気"（字音 qi、字义气）；巴厘文化称之为"Bayu"（气息），印度文化中也称之为"Prana"（气）。在现代语境中，《牛津字典》将"活力"定义为坚强和活跃的状态，以及赋予生命延续的力量，而《新华字典》则将其定义为"旺盛的生命力"。积极心理学领军人物 Peterson 和 Seligman（2004）把人类的品格优势与美德进行分类，而活力则为其中之一。从这个意义上说，活力是人类的生命力量，是人类的一种美德。

活力在西方心理学界受到极大的重视。弗洛伊德很早就将生命活力看成由人类本能冲动及欲望所形成的一种动力，是与人意识无关的潜意识，体现在人的求生本能和死亡本能上（Freud，1923）。自我损耗理论则是从心理能量的角度认识活力，而心理能量被认为是自我执行功能不可或缺的有限资源，过度的自我控制会导致心理能量的损耗，让自我参与意志活动的能力或意愿下降，展现出低活力状态（Baumeister，2002；Gombert et al.，2020；Hagger et al.，2010；Muraven & Baumeister，2000）。新近的西方心理学者认为，活力是一种感受；这种感受不是活着的感觉，而是个体拥有激情和力量的生命体验（Ryan & Frederick，1997）。因此，它是一种主观经验，是由体验的人识别和定义，在一定程度上反映了个体的心理健康状况（Brdar & Kashdan，2010；Park et al.，2004）。西方心理学的各个研究领域，如社会心理学、人格心理学和积极心理学等，都将活力概念引入其中，以求拓展有关人类生命力量的认知。但是，活力在国内的研究还处在起步阶段，仍是一个值得深入挖掘的课题。

（一）　西方心理学中的活力概念

西方活力研究大多基于 Ryan 和 Frederic（1997）所提出的主观活力这一概念展开，定义其为个体关于自身精神层面和身体层面的能量水平的主观感知。具体来说，主观活力水平反映了个体对自己精神上是否充满热情和激情、是否生机焕发以及身体上是否体力充沛、是否有行动力等方面的综合评价（Myers et al.，1999；Ryan & Frederick，1997）。另外，主观活力概念强调"能量"的关键性。Ryan 和 Frederick（1997）指出，虽然活力是内在能量水平的主观反映，但绝不等同于能量的激活或能量本身；因为能量的负向激活，如愤怒、焦虑或抑郁等，与主观活力无关，甚至负相关。活力往往体现在能量的正向激活中，充满活力的个体能够利用或调节内在能量以采取有目的的行动，即个体对自身能量积极释放的掌控（Ryan & Frederick，1997；Ryan & Deci，2008）。在此意义下，内在的、正向的"能量"被认为是主观活力概念的核心要素（Ryan & Frederick，1997）。

在活力概念的属性定义方面，西方积极心理学家 Peterson 和 Seligman（2004）认为活力是一种美德，具有相对稳定性和个体差异性。他们列出了跨文化普遍存在并受到珍视的六种核心美德，包括智慧、勇气、人性、正义、节制和超越，每种美德又包含若干品格优势（character strength），在"勇气"（在面对内在或外阻碍时，践行意志以达成目标）的美德中便包含了"活力"。Peterson 和 Seligman（2004）也指出，作为美德属性的活力，指代一种个体感到生机勃发、富有能量和激情，并对世间万物充满热情的生活状态；这种状态可以让个体意志坚定地持续努力，以实现自己认为有价值的行为。后续实证研究也确认了活力的美德属性，比如：Muraven 等（2008）发现，个体的活力水平与其自我力量的感知有关；Lam 等（2014）也指出，高水平活力促进个体的主动行为。

另外，活力也被认为是个体心理健康水平的概括性指标。Ryan 和 Frederick（1997）提出主观活力概念时，检验了个体的主观活力水平与其在生活满意度、积极情绪、消极情绪、自我实现、自尊等变量上的评分的相关性，结果发现：主观活力与积极心理健康变量正向关联，而与消极心理健康变量负向关联。后续研究也为活力的心理健康指标属性提供了实证支持，例如：Penninx 等（2000）的研究表明，活力水平越高，情绪功能更加积极；Ugur 等（2019）研究发现，活力对主观幸福感具有正向预测作用。总的来说，活力概念兼具美德和心理健康指标两大属性。

这些研究结果很大程度上反映的是西方文化背景下学者们对于活力的认知。但是，中西方在文化及思维方式上都具有较大的差异性。因此，活力概念可能存在文化心理的边界，中国人对活力概念的认知可能有所不同。

（二）中国传统文化和辩证思维下的活力概念

国内心理学界对于活力这一概念的研究处于起步阶段，关于中国人的活力概念结构的实证研究仍然非常缺乏。文献检索发现，目前仅有宋洪波

（2018）的一项质性研究考察了中国人活力概念的理论结构。这一研究通过访谈 15 名典型活力者代表，包括大学生、大学教师、运动教练、普通员工等，并结合扎根理论的编码分析结果，提出了特质活力的六个因素，分别是精力、进取、平和、热情、顺应和乐学，并进一步将这些因素归为激发性因素（热情、进取和乐学）和保护性因素（平和、精力和顺应）（宋洪波，2018）。在一定程度上，六因素的一体二分体现了中国人的辩证思维特性。具体而言，活力的激发性因素确保个体充满热情地去探索世界、认识世界，吸收新的事物，追求不断进步，但持续的能量释放必定带来精神和生理的损耗，保护性因素则起着缓冲作用，使个体得以把握内外平衡，控制精力释放，顺应外界环境，达成平和的内心，进而更长久地展现个体的热情和生机。虽然该研究的活力结构与因素基于很小的样本，但其发现的激发性因素和保护性因素都体现了很好的文化解释作用。但是这一有意义的发现并没有与文化心理学领域经典的辩证思维研究结论，或是与其他相关联的概念（如心理健康、动机水平、主观幸福感等变量）进行理论上的比较（Peng et al.，1997、2006；Peng & Nisbett，1999）。

　　中国人对活力的认知可能受到中国人的朴素认识论的影响。根据 Nisbett 等（2001）的研究，东方人的朴素认识论强调整体性的认识，因而很容易接受辩证的对立统一的认知。比如说，中国传统文化中，阴阳二元的思想尤为突出。《老子》有言，"有无相生，难易相成"，"祸兮福之所倚，福兮祸之所伏"（白奚、陈鼓应，2001；蒙培元，1996）；《易经》则言，"无平不陂，无往不复"（南怀瑾，2002）；更有《类经·阴阳类》载言，"道者，阴阳之理也。阴阳者，一分为二也"（张景岳，2013）。阴阳二元的思想孕育了中国人独特的辩证思维特性。文化心理学家的实证研究发现，中国人更偏好于采用辩证的思维去认知世界，这种辩证思维具有整体性和对立统一两大特点（Peng et al.，1997、2006；Peng & Nisbett，1999）。整体性，强调事物之间的相互联系、相互制约以及相互影响，形成对事物全面的、相关联的认识；对立统一性，强调任何事物都包含着相互对立的两个方面，这两个方面不是冲突、不相融的，反而是相互依存、相互依赖、相互包含和相互转化的（Buchtel & Norenzayan，2009；Choi et al.，2003、2007；Nisbett et al.，2001），而这种对立统一的辩证思维特性，贯穿中国人对世间万物的认知。因此，中国人对活力的看法必定带着中国传统文化思想的印记和辩证思维的特性。

　　正是因为这样的辩证思维特性，中国人的活力观不仅有西方活力观中"动"的"向外"的一面，也有中国人推崇的"静"的"向内"的一面。

"动"的活力以能量的激活为表现状态。国外研究发现,当充满活力时,个体应该能够感受到源自自我的热情、生机和能量(Ryan & Deci,2008;Ryan & Frederick,1997)。这种"动"的、"向外"的活力是行动的内在动力,也是积极情绪的源泉,与身心健康、主观幸福感等指标密切相关(Kasser & Ryan,1999;Penninx,et al.,2000;Chin,et al.,2004)。但中国人很可能也崇尚"静"和"向内"的活力。比如,生活中讲究不偏不倚、有节制、不放纵,活力应该是在有控制的适度范围之内表现,而不是无节制的肆意的发挥,否则会对身体和心理造成耗损和伤害。老庄哲学便特别推崇"守静",提出"夫静漠者,神明之宅也""无为倨智而养其神"。也就是说,活力的根本反而是静,无为静养,才能达到对活力亲近自然状态的修养。"静"的活力所强调的行动原则符合中国人所习惯、推崇的生活方式,自然与中国人的生活幸福感体验息息相关。

总的来说,中国人看待世界是整体的、万物联系的,当然也是阴阳二元调和的。对立统一的辩证思维特性必定会反映在中国人对于活力的观念认识中。不同于西方人仅以能量作为活力概念的核心,强调"动"的活力,中国人看待活力必然不会是极端的,必定是辩证的,有"动"有"静"的。但这一有关中国本土化活力理论结构的推论需要实证研究的充分支持。

(三) 活力的测量

基于西方活力观,Ryan 和 Frederick(1997)编制了主观活力量表(Subjective Vitality Scale,SVS),直接对活力水平进行测量。该量表的维度是单一的,但其题目内容却涵盖了西方活力观的核心成分。例如,"我感到活力充沛"(I feel energized)、"我充满活力和精神"(I have energy and spirit)、"我不认为自己充满能量"(I don't feel very energetic)、"有时我感到很有活力,想要爆发"(Sometimes I am so alive I just want to burst)、"我感到很有活力"(I feel alive and vital)五道题对能量进行测量,而"我期待每个新的一天"(I look forward to each new day)和"我几乎总是感到清醒和警觉"(I nearly always feel awake and alert)等题目体现了对敏锐这一成分的关注。唐本钰和张承芬(2005)将主观活力量表引入中国,并以中国大学生为样本对主观活力量表进行修订和检验,发现删除"我不认为自己充满能量"后量表的内部一致性信度提高,系数达到了 0.79,剩余的 6 个项目都具有良好的区分度(t 值均在 0.001 水平显著),由此形成主观活力中文量表。目前,主观活力量表被广泛应用于国内外活力研究中。

　　此外，还有一些健康量表把活力作为其构成维度进行测量。例如，简明健康调查问卷（The Mos 36 - item Short Form Health Survey，SF - 36；Ware & Sherbourne，1992），被广泛用于对癌症、心脑血管病、老年病及其他慢性病生命质量的测评，其活力分问卷测量的是个体对自身精力和疲劳程度的主观评价。简明心境量表（Brief Profile of Mood State，BPOMS；Mc-Nair et al.，1992）被广泛应用于对状态性情绪的评量，其活力 - 活动分量表测量了个体感到生机勃勃力量的程度。另外，在 Schaufeli 和 Bakker（2003）开发的工作投入量表（Utrecht Work Engagement Scale，UWES）和 Schaufeli 等（2002）编制的学习投入量表（Utrecht Work Engagement Scale-Student，UWES-S）中，也将"活力"作为重要的维度进行测查。

　　宋洪波等（2015）指出，国内外学者对于活力的量化沿着两大方向进行。一是将活力作为一个重要维度进行测量，例如 SF - 36 和 BPOMS 两个量表测量了与生理和情绪健康相关的活力状态，在临床评估等领域应用更为广泛；UWES 和 UWES-S 则用于测量工作场景或学习情境下的活力。但这一方向的局限是：有的量表虽然包含活力这一维度，但其侧重点并不在活力概念本身；有的量表则关注的是特定情景下的活力状态，其应用范围有限。二是基于西方学者所提出的活力概念开发的主观活力量表，针对能量和敏锐两大成分对活力进行测量。虽然主观活力量表仍然是目前活力研究领域应用最广泛的量表，但该量表是基于西方活力观开发的，可能无法准确地反映中国人对活力概念的理解，因此也完全反映有效地测量中国人的活力水平。基于这一现实，在探索中国本土化活力结构的基础上，开发相应的本土化活力量表具有极大的理论和应用价值。

二　问题提出及研究思路

　　随着国内积极心理学风潮的兴起，活力逐渐成为心理学领域研究的热点。但国内的活力研究仍存在一些局限。细究西方活力概念，能量是活力的核心，强调的是向外迸发的、充满热情的、"动"的活力。对能量成分的强调也反映在西方学者编制的活力量表中，使用较广泛的是 Ryan 和 Frederick（1997）编制的主观活力量表。唐本钰和张承芬（2005）对原量表修订形成主观活力中文量表。目前，国内多利用这一中文量表开展活力的研究。细思之下，这一研究实践是存在问题的。西方的活力量表反映了西方学者对于活力的认知，能否适用于中国人以及是否能够反映中国人的活力值得商榷。实际上，中国传统文化有着阴阳二元的思想，这种思想是中国人辩证思维的根本来源。在辩证思维下，中国人看待世界的方式是整体的、对立统一的。如果说西方人眼中的活力是"向外"的、"动"的，那么中国人辩证思维下的活力则有可能是内外兼顾、动静相宜的。若这一推论成立，则有必要进一步探索中国人的活力结构。在国内活力领域的文献中，目前仅一篇论文探究了中国背景下的活力结构（宋洪波，2018），但是这一研究的样本量太少（$N = 15$），所提出的活力理论能否适用于更大范围的人群是存疑的。因此，对于活力的中国本土化概念及结构仍需要进一步探索。本研究旨在解决的第一大问题便是：中国人的活力概念是如何的？中国人的活力具有什么样的理论结构？为了回答这些问题，我们将通过深度访谈收集资料，并运用"扎根理论"（陈向明，2000），配以质性分析软件的辅助，对访谈文本进行编码分析，以期对活力概念及结构进行本土化理论建构（研究一）。若中国人的活力的确具有独特的理论结构，本研究旨在回答的第二大问题是：如何科学有效地测量中国人的活力水平？为了解决这一问题，我们将根据质性研究的结论，编制对应的本土化活力量表，并按一般程序对其信度、效度予以检验，以期为今后中国本土化的活力实证研究提供测量工具（研究二、三）。

三　研究一：中国人活力概念及其理论结构的探索

（一）研究对象和程序

为探索中国文化背景下活力的理论结构，本研究开展了质性访谈。访谈采用结构化线下访谈的形式，全程录音，以便后续分析。为了对活力这一主题开展深入的访谈，两位心理学教授和五位博士生编制并审定了访谈提纲，确保访谈题目与访谈主题相匹配。质性访谈严格按照提纲进行，所涉及的问题包括受访者的基本人口学信息以及受访者对活力这一主题的理解。访谈题目样例见附录 1（https://osf.io/9e56a/）。

本研究共计访谈135 名被试（样本 A），男性96 人，女性39 人，年龄在31 ~ 55 岁（$M = 40.80$，$SD = 4.60$）。被试均非在校大学生，职业主要为公务员、企业普通员工和企业管理人员等。所有被试均自愿参与本研究。

（二）结果与讨论

访谈结束后，研究人员对访谈录音进行了文字转录。访谈文本示例详见附录 2（https://osf.io/9e56a/）。基于扎根理论，研究人员使用 NVivo12.0 对访谈文本稿进行编码和分析。本研究进行了一级开放性编码，编码过程如下：第一步，对访谈文字稿进行开放性的意义界定，除去表述语气、背景和其他非实质内容的词句后，剩余词句均根据其表达的实质意义进行贴标签、概念化；第二步，按照标签的概念范畴，对所有标签进行属性界定，形成 25 个属性（A1~A25）（见表 1）；第三步，对 25 个属性进行类属归纳，最终形成 4 个类属（B1~B4）。其中，属性编码由两位作者分别独立进行，完成后采用评分者一致性系数 Cohen's Kappa 进行编码一致性检验。在本研究中，两位评分者的编码一致性系数为 0.73，达到较高的一致性。类属编码由两位评分者讨论并达成一致后完成。

表 1　一级开放性编码正式测试

类属	编号	属性
B1 能量	A1	热情
	A2	激情
	A3	充满能量
	A4	精力充沛
	A5	运动
	A6	行动力
	A7	投入
B2 坚韧	A8	坚韧
	A9	自律
	A10	连续性
	A11	付出
	A12	复原力
	A13	弹性
B3 平和	A14	自信
	A15	乐观
	A16	稳定
	A17	笑容
	A18	不抱怨
B4 敏锐	A19	思维活跃
	A20	期待
	A21	反应快

续表

类属	编号	属性
	A22	敏捷
B4 敏锐	A23	警醒
	A24	分享
	A25	思考

质性分析结果表明，中国的活力包含能量、坚韧、平和和敏锐四个因素。其中，能量、敏锐是与西方主观活力概念所共有的成分，而坚韧、平和则是中国人特有的活力成分，这确证了中国传统文化和辩证思维特性对中国人活力概念的影响。由此，我们认为中国人的活力具有辩证特性。具体来说，中国人活力结构的阴阳二元，体现在西方心理学家已经提出的能量和敏锐的两个因素之外，还包括它们的"阴"面——平和与坚韧，四者相辅相成，生生不已，共同形成了中国文化下辩证的活力概念。四维度活力结构的提出丰富完善了活力心理学的理论基础，为后续本土化的活力心理学研究（包括活力量表的开发）提供了新的思路。

四　研究二：中国人四因素活力量表的编制和信度、效度初步检验

（一）方法

1. 研究对象和程序

以研究一提出的四因素活力结构为理论基础，研究二旨在开发四因素活力量表，并按一般程序对其信度、效度予以初步检验。为此，本研究在线招募了来自我国 23 个省、自治区或市的被试在问卷星和 Credamo 平台上完成问卷作答。所有被试均自愿参与本研究。

初步测试量表（30 道题）收集到答卷 502 份，剔除作答时间小于 240 秒和未通过注意力测试的答卷，参与数据分析的有效答卷 448 份，回收率为 89.24%（样本 B）。其中，男性 243 人，占 54.24%，女性 205 人，占 45.76%；被试年龄为 18 ~ 52 岁（$M = 28.86$，$SD = 5.62$）。

通过区分度检验和因素分析删除不合适的题目后，形成正式测试量表（21 道题）。研究人员通过对正式测试量表和主观活力量表的测查，收集到答卷 721 份，剔除作答时间小于 240 秒和未通过注意力测试的答卷，参与

数据分析的有效答卷 672 份（样本 C），回收率为 93.20%。其中，男性 275 人，占 40.92%，女性 397 人，占 59.08%；被试年龄为 18～67 岁（$M =$ 29.39，$SD = 8.20$）。

通过结构效度检验删除不合适的题目后，形成正式量表（17 题）。正式量表共施测两次，间隔 14 天。正式量表收到答卷 76 份，剔除仅完成单次作答、单次作答时间小于 240 秒和单次作答未通过注意力测试的答卷，参与数据分析的有效答卷 65 份（样本 D），回收率为 85.53%。其中，男性 22 人，占 33.85%，女性 43 人，占 66.15%；被试年龄为 24～61 岁（$M =$ 39.98，$SD = 8.74$）。

2. 测量工具

（1）中国人四因素活力量表

首先，根据中国人活力的四因素结构，结合国内外相关测量题项的内容，对问卷题目进行初步编写。经过反复修改后，形成初步测试题项共计 30 道题，同时邀请对活力研究较为熟悉的心理学教授、副教授对问卷内容做进一步修改，使题项表述更加准确并符合中文使用习惯。在 30 道题中，能量维度 7 题，坚韧维度 8 题，平和维度 8 题，敏锐维度 7 题。通过分析初步测试量表的数据，删除区分度不足（t 值未在 0.05 水平上达到显著）以及在特征根大于 1 的各个因子上载荷均小于 0.4 的题目，共计 9 道题，形成正式测试题项。

正式测试量表共计 21 道题，包含 4 个维度：能量维度（5 道题，例："我感觉自己充满力量"），坚韧维度（5 道题，例："我不轻易放弃"），平和维度（6 道题，例："我脾气温和"），敏锐维度（5 道题，例："我对周围环境变化比较敏感"）。量表采用李克特 7 点计分（1 = "完全不同意"，7 = "完全同意"）。所有题目得分总和为量表得分，维度题目得分总和为维度得分，得分越高表明该个体活力总体水平或维度水平越高。

（2）主观活力量表

本研究采用 Ryan 和 Frederick（1997）编制的主观活力量表（Subjective Vitality Scale，SVS），共包含 7 题（例："我感到充满朝气、活力十足"），用来评估个体对生活的精力、热情或活力，采用李克特 7 点计分（1 = "非常不符合"，7 = "非常符合"）。所有题目得分的总和为该量表的得分，得分越高表明该个体有更高的活力水平。本研究中，该量表的内部一致性系数为 0.86。

（二）结果和讨论

本研究使用 SPSS 26.0 进行项目分析、探索性因素分析、内部一致性信度和效标效度分析，使用 Mplus 8.1 进行验证性因素分析，使用 SPSS 26.0 和 Mplus 8.1 进行共同方法偏差检验。

1. 共同方法偏差

本研究主要采用自我报告的测量方式，潜在存在共同方法偏差（Podsa-koff et al.，2003），因此在正式分析前对样本 C 进行共同方法偏差的检验。采用 Harman 单因子检验法进行检验，结果显示：特征值大于 1 的因子 4 个，第一个因子方差解释率为 36.56%，小于 40%；同时验证性因素分析检验法的检验结果显示：单因素模型匹配不佳，$\chi^2 = 2699.29$，$df = 230$，$\chi^2/df = 11.74 > 3.00$，$CFI = 0.69 < 9.00$，$TLI = 0.66 < 9.00$，$SRMR = 0.10 < 1.00$，$RMSEA = 0.13 > 0.08$。上述结果表明，本研究不存在严重的共同方法偏差。

2. 项目分析

研究人员采用临界比率法对 21 道正式测试题目进行项目分析。取量表总分前 27% 与后 27% 的数据（各 181 人），对被试在每道题目上得分的差异做独立样本 t 检验。如果某题临界比率值没达到显著性标准（$p < 0.05$），则表明该题项不能鉴别被试间的反应差异，应当删除。分析结果表明，正式测试的 21 个项目均具有较好的区分度（见表 2）。

表 2 正式测试 21 道题的项目分析 （样本 C）

项目	总平均得分	标准差	高分组平均分	低分组平均分	t （360）
H1	5.35	1.23	6.29	4.39	17.23
H2	5.73	1.12	6.57	4.68	18.67
H3	5.45	1.28	6.46	4.22	21.66
H4	5.46	1.18	6.39	4.33	20.77
H5	5.38	1.24	6.46	4.18	22.88
H6	6.00	1.00	6.61	5.13	16.15
H7	5.82	1.07	6.53	4.83	18.08
H8	5.64	1.16	6.36	4.79	14.39
H9	5.69	1.00	6.45	4.76	19.10
H10	5.79	1.06	6.57	4.73	20.46
H11	5.57	1.16	6.35	4.59	16.34
H12	5.73	1.11	6.42	5.09	11.69

项目	总平均得分	标准差	高分组平均分	低分组平均分	t（360）
H13	6.00	0.92	6.53	5.28	13.95
H14	5.46	1.22	6.25	4.40	16.68
H15	5.26	1.32	6.15	4.17	16.84
H16	4.90	1.39	5.66	4.13	11.24
H17	5.07	1.32	5.83	4.44	10.81
H18	3.95	1.57	4.76	3.31	9.36
H19	5.09	1.16	5.75	4.55	10.29
H20	5.21	1.18	5.85	4.81	8.92
H21	5.16	1.17	5.93	4.39	14.36

注：所有项目的 t 值均在 0.001 水平上显著。

3. 结构效度

（1）探索性因素分析

在样本 C 中，用随机选取的分半样本数据（$N = 336$）进行探索性因素分析。首先，对 21 个题项的因素分析进行可行性检验。结果表明，KMO 值为 0.92，Bartlett's 球形检验的卡方值为 3532.37，自由度为 210，$p < 0.001$，可以进行探索性因素分析。随后选用最大似然法对 21 个题项进行探索性因素分析，旋转采用正交旋转，按照编制问卷的理论框架提取特征值最大的四个因子。结果显示，四个因子累计解释 61.13% 的方差（见表 3）。其中，H8、H12、H16、H18 在四个因子的载荷均不超过 0.4，故删去。最终确认保留 17 个题项，再次进行因素分析，提取四个因素，累计方差解释率为 69.66%（见表 4）。

表 3　正式测试 21 道题的最大似然比因子矩阵（样本 C）

项目	因子 1	因子 2	因子 3	因子 4
H1	0.75	0.21	0.11	0.01
H2	0.79	0.28	0.15	<0.01
H3	0.76	0.24	0.24	0.07
H4	0.76	0.31	0.18	0.13
H5	0.80	0.22	0.21	0.14
H6	0.36	0.68	0.20	0.06
H7	0.37	0.64	0.23	0.17
H8	0.16	0.29	0.18	0.35

续表

项目	因子 1	因子 2	因子 3	因子 4
H9	0.29	0.61	0.27	0.23
H10	0.34	0.55	0.32	0.19
H11	0.12	0.21	0.60	0.20
H12	0.18	0.29	0.28	0.21
H13	0.22	0.21	0.41	0.31
H14	0.18	0.13	0.86	0.10
H15	0.18	0.18	0.79	0.09
H16	0.11	0.13	0.36	0.10
H17	0.08	0.08	0.11	0.60
H18	0.22	0.02	0.12	0.20
H19	0.07	0.08	0.08	0.76
H20	-0.14	0.06	0.13	0.72
H21	0.14	0.19	0.14	0.70
累积方差解释率	36.04%	48.14%	55.90%	61.13%

表 4　最终 17 道题的最大似然比因子矩阵（样本 C）

项目	能量	坚韧	平和	敏锐
H1 我感到充满朝气	0.76			
H2 我对生活充满热情	0.79			
H3 我精力充沛	0.77			
H4 我做事充满激情	0.77			
H5 我感觉自己充满力量	0.81			
H6 我是个努力工作的人		0.66		
H7 我喜欢不断学习新的知识和提升我的技能		0.66		
H9 我坚定目标，同时付诸实践，根据现实情况适时调整自己		0.61		
H10 我不轻易放弃		0.54		
H11 我脾气温和			0.58	
H13 我待人和气			0.40	
H14 我情绪比较稳定			0.88	
H15 我不轻易生气			0.78	
H17 我爱观察他人				0.59

续表

项目	能量	坚韧	平和	敏锐
H19 我能察觉到自己和别人的内心变化				0.77
H20 我对周围环境变化比较敏感				0.72
H21 在一些场合，我可以快速捕捉到情况的变化				0.70
累积方差解释率	40.64%	55.09%	63.96%	69.66%

（2）验证性因素分析

研究人员采用样本 C 中其余 336 人的数据，对四因素模型进行验证性因素分析。结果表明（见图 1），该模型具有良好的拟合度。主要的拟合指标中，$\chi^2 = 284.22$，$df = 113$，$\chi^2/df = 2.52 < 3.00$，TLI = 0.93 > 0.90，CFI = 0.94 > 0.90，SRMR = 0.05 < 1.00，RMSEA = 0.07 < 0.08。这表明，四因素活力量表具有良好的结构效度。

4. 效标效度

研究人员采用样本 C，以主观活力作为效标变量检验量表效标效度。相关分析显示，活力总分与主观活力高度正相关，尤其是能量因素与其相关很高；其他的坚韧、平和和敏锐因素也与效标呈显著正相关（见表 5）。这表明，四因素活力量表具有较高的效标效度。

表 5　四因素活力量表与效标的相关性（样本 B）

	活力总分	能量	坚韧	平和	敏锐
主观活力	0.75 ***	0.82 ***	0.62 ***	0.46 ***	0.24 ***

注：$^* p < 0.05$；$^{**} p < 0.01$；$^{***} p < 0.001$。

5. 内部一致性信度

研究人员采用样本 B，对正式量表内部一致性信度进行检验。结果显示，量表总内部一致性系数为 0.90。能量分量表内部一致性系数为 0.92；坚韧分量表内部一致性系数为 0.84；平和分量表内部一致性系数为 0.81；敏锐分量表内部一致性系数为 0.78。

计算四个分量表中每个项目得分与分量表总分的相关性，结果显示，能量分量表 5 个项目与分量表总分的相关系数在 0.85 ~ 0.89（$ps < 0.001$）；坚韧分量表 4 个项目与分量表总分的相关系数在 0.82 ~ 0.83（$ps < 0.001$）；平和分量表 4 个项目与分量表总分的相关系数在 0.70 ~ 0.85（$ps < 0.001$）；敏锐分量表 4 个项目与分量表总分的相关系数在 0.74 ~ 0.79（$ps < 0.001$）。这表明，四因素活力量表具有较好的内部一致性信度。

6. 重测信度

研究人员采用样本 C，对间隔 14 天的两次四因素活力量表测试数据做相关分析以检验重测信度。结果显示，量表总体重测相关系数为 0.82（$p < 0.001$）；能量分量表重测相关系数为 0.90（$p < 0.001$）；敏锐分量表重测相关系数为 0.78（$p < 0.001$）；坚韧分量表重测相关系数为 0.85（$p < 0.001$）；平和分量表重测相关系数为 0.76（$p < 0.001$）。这表明，四因素活力量表具有良好的重测信度。

上述结果表明，中国人四因素活力量表在信度、效度检验中得到了良好的心理测量学指标，可以成为有效测量中国人活力的工具。正式量表见附录 3（https://osf.io/9e56a/）。

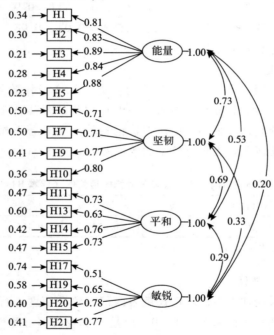

图 1 验证性因素分析路径

五 研究三：中国人四因素活力量表的效度检验

（一）方法

1. 研究对象和程序

基于研究二，研究三进一步检验四因素活力量表的效标效度，以确证中国人四因素活力概念的美德和心理健康指标属性。为此，本研究共招募两批被试在 Credamo 平台在线完成问卷作答。所有被试均自愿参与本研究。

第一批被试完成了四因素活力以及美德相关的效标变量（勇气）的测查。共计收到 291 份有效答卷（样本 E），回收率为 100%。其中，男性 109 人，占 37.46%，女性 182 人，占 62.54%；被试年龄为 18～27 岁（$M = 19.88$，$SD = 1.10$）。

第二批被试完成了四因素活力以及心理健康相关的效标变量（生活满意度、积极心理健康、韧性、抑郁、孤独感）的测查。共计收到 2020 份答卷，剔除作答时间小于 400 秒和未通过注意力测试的答卷，参与数据分析的有效答卷 1966 份（样本 F），回收率为 97.33%。其中，男性 506 人，占 25.74%，女性 1460 人，占 74.26%；被试年龄为 20～60 岁（$M = 36.47$，$SD = 9.11$）。

2. 测量工具

（1）四因素活力

本研究采用研究二编制的中国人四因素活力量表（Four-Factor Vitality Scale，FFVS），该量表共 17 道题，包含 4 个维度：能量（5 题，例："我精力充沛"），坚韧（4 题，例："我不轻易放弃"），平和（4 题，例："我情绪比较稳定"），敏锐（4 题，例："我对周围环境变化比较敏感"）。量表采用李克特 7 点计分（1 = "完全不同意"，7 = "完全同意"）。所有题目得分的总和为量表总分，维度题目得分的总和为维度总分，分数越高表明该个体活力总体水平或维度水平越高。在本研究中，该量表的内部一致性系数分别为 0.94（样本 E）和 0.92（样本 F）。

（2）勇气

本研究采用 Peterson 和 Seligman（2004）编制的优势行动价值量表（Values in Action Inventory of Strengths，VIA-IS）的勇气分量表。该量表共 40 道题（例："我是一个勇敢的人""我不言放弃""我一向遵守承诺""我精力充沛"），包含勇敢、坚持、正直和活力 4 个维度。采用李克特 5 点计分（1 = "一点也不像我"，5 = "非常像我"）。总分越高代表勇气水平越高。在本研究中，该量表的内部一致性系数为 0.95.

（3）生活满意度

本研究采用 Diener 等编制的生活满意度量表（The Satisfaction With Life Scale，SWLS）。该量表共 5 道题（例："我的生活状态非常好"），用于总体生活满意度水平的自评，采用李克特 7 点计分（1 = "完全不同意"，7 = "完全同意"）。总分越高代表生活满意度越高。在本研究中，该量表的内部一致性系数为 0.89。

（4）积极心理健康

本研究采用 Stewart-Brown 等（2009）编制的简版沃里克－爱丁堡积极心理健康量表（The Short Warwick-Edinburgh Mental Well-being Scale，SWEMWBS）。该量表共 7 道题（例："面对未来我很乐观"），用于自我评定积极心理健康水平，采用李克特 5 点计分（1 = "从不"，5 = "总是"）。总分越高积极心理健康水平越高。在本研究中，该量表的内部一致性系数为 0.85。

（5）韧性

本研究采用 Vaishnavi 等（2007）编制的简版心理弹性量表（Connor-Davidson Resilience Scale-2，CD-RISC-2）。该量表共 2 道题，用于自我评定心理弹性水平，采用李克特 5 点计分（1 = "从不"，5 = "总是"）。总分越高心理弹性水平越高。在本研究中，该量表的内部一致性系数为 0.73。

（6）抑郁

本研究采用 Kroenke 等（2003）编制的简版病人健康问卷（The Patient Health Qustionnarie-2，PHQ-2）。该问卷共 2 道题，用于评定被试在过去两周中的抑郁心境和兴趣缺失（抑郁症的核心症状），采用李克特 4 点计分（1 = "一点也不"，4 = "几乎每天"）。总分越高代表抑郁水平越高。在本研究中，该量表的内部一致性系数为 0.75。

（7）孤独感

本研究采用 Russell 等（1980）编制的简版 UCLA 孤独感量表（UCLA Loneliness Scale-4，UCLA-4）。该量表共 4 道题（例："我感觉自己与周围人的相处和谐"），采用李克特 4 点计分（1 = "一点也不"，4 = "几乎每天"）。反向计分题目处理后，总分越高代表孤独感越强。在本研究中，该量表的内部一致性系数为 0.69。

（二）结果与讨论

本研究主要采用自我报告的测量方式，潜在存在共同方法偏差（Podsakoff et al.，2003）。正式分析前同时采用 Harman 单因子检验法（SPSS 26.0）和验证性因素分析检验法（Mplus 8.1）分别对样本 E 和样本 F 进行共同方法偏差检验。对于样本 E，单因子检验的结果显示：特征值大于 1 的因子 10 个，第一个因子的方差检验率为 36.50%，小于 40%；验证性因素分析的结果显示：单因素模型匹配不佳，$\chi^2 = 6163.17$，$df = 1539$，$\chi^2/df = 4.00 > 3.00$，CFI = 0.59 < 9.00，TLI = 0.57 < 9.00，SRMR = 0.08 <

1.00，RMSEA $= 0.10 > 0.08$。对于样本 F，单因子检验的结果显示：特征值大于 1 的因子 4 个，第一个因子的方差检验率为 36.88%，小于 40%；验证性因素分析的结果显示：单因素模型匹配不佳，$\chi^2 = 16490.16$，$df = 629$，$\chi^2/df = 26.22 > 3.00$，CFI $= 0.61 < 9.00$，TLI $= 0.59 < 9.00$，SRMR $= 0.08 < 1.00$，RMSEA $= 0.14 > 0.08$。上述结果表明，本研究不存在严重的共同方法偏差。

研究人员采用 SPSS 26.0 计算四因素活力和效标变量间的相关，以检验效标效度。结果显示，活力及其四因素与勇气及其四个维度均呈显著正相关（见表 6）；除此之外，活力及其四因素均与生活满意度、积极心理健康、韧性呈显著正相关，但与抑郁、孤独感呈显著负相关（见表 7）。上述结果不仅进一步确认了四因素活力量表具有良好的效标关联效度，也表明在中国被试群体中发现的四因素活力结构虽然和西方主观活力在理论结构上存在差异，但两者在属性定义方面存在较强的一致性，均兼具美德和心理健康指标两大属性。

表 6　四因素活力量表与美德效标的相关性（样本 E）

	活力总分	能量	坚韧	平和	敏锐
勇气总分	0.78 ***	0.70 ***	0.75 ***	0.53 ***	0.46 ***
勇敢	0.66 ***	0.63 ***	0.62 ***	0.47 ***	0.34 ***
坚持	0.70 ***	0.59 ***	0.74 ***	0.45 ***	0.42 ***
正直	0.66 ***	0.50 ***	0.60 ***	0.52 ***	0.49 ***
活力	0.77 ***	0.77 ***	0.72 ***	0.48 ***	0.41 ***

注：*** $p < 0.001$。

表 7　四因素活力量表与心理健康效标的相关性（样本 F）

	活力总分	能量	坚韧	平和	敏锐
生活满意度	0.48 ***	0.54 ***	0.32 ***	0.35 ***	0.23 ***
积极心理健康	0.63 ***	0.63 ***	0.50 ***	0.49 ***	0.32 ***
韧性	0.53 ***	0.52 ***	0.45 ***	0.42 ***	0.25 ***
抑郁	− 0.43 ***	− 0.46 ***	− 0.33 ***	− 0.35 ***	− 0.16 ***
孤独感	− 0.50 ***	− 0.52 ***	− 0.37 ***	− 0.42 ***	− 0.23 ***

注：*** $p < 0.001$。

六　总讨论

本研究致力于探究中国人的活力概念及其结构，并基于发现的理论结构开发相应的测量工具。研究一用质性分析的方式提出了中国人活力的四因素结构（能量、坚韧、平和与敏锐）；研究二根据活力四因素结构编制了中国人四因素活力量表，并验证了其具有良好信度、效度；研究三进一步检验了中国人四因素活力量表的效标效度，确认了四因素活力概念的美德和心理健康指标两个属性。相比于宋洪波（2018）仅提出中国特质活力六因素模型，本研究基于中国传统文化，在文化心理学的框架下结合定性研究和定量研究，不仅建立了中国人四因素活力理论框架，而且还开发了本土的活力量表，为未来的活力实证研究提供了理论支持和测量工具。

（一）中国人活力的四因素结构

研究一从中国传统文化出发，将中国人辩证思维特性纳入考量，通过质性分析的手段提炼出了中国人活力的四因素结构——能量、坚韧、平和与敏锐，研究二则基于这一理论结构，编制了中国人四因素活力量表，并按照标准程序对量表进行了信度、效度的检验，从量化层面再次确认了中国人活力的四因素结构。而这一本土化活力理论结构既体现了东西方文化的共性，又凸显了中国文化的个性。

一方面，四因素活力包含能量和敏锐两个成分，这与西方心理学家所提出主观活力概念一致，因此存在文化上的共性。在西方文化背景下，活力是一个包括能量和敏锐两个方面的概念：能量涵盖了主观的精神能量和客观的身体能量，敏锐则强调了个体对于自身能量的调动，这种能量的激活是积极正向的（Ryan & Deci, 2008；Ryan & Frederick, 1997）。能量和敏锐共同构成了西方活力概念的一体两面。从研究一的质性分析结果看来，这与中国人对活力的认知有相似之处，即强调能量和敏锐两个基本方面。能量因素是中国人活力的根本，是一种能够向外释放出来、产生积极结果的活力成分，成为释放行为动力和产生积极情绪的源泉，而敏锐因素则是个体积极开放的认知状态和行动表现，指向活跃、敏捷的思维和反应，是能量正向激活的结果。研究二也确认中国人的四因素活力概念在一定程度上与西方主观活力是相契合的。主观活力量表（Ryan & Frederick, 1997）尤其关注对"能量"的测量，也有两题关注到"敏锐"成分，而中国四因素活力量表也包含着这两大因素。四因素活力量表的效标效度检验结果则表明，四因素活力总分和主观活力总分具有显著的正相关，相关系数为 0.75。并且，四因素活力量表的能量分量表得分和主观活力总分也存在较强的正相关，相关系数高达 0.82，而敏锐分量表得分和主观活力总分虽有显著的正相关，但相关系数为 0.24，这可能因为主观活力量表只设置了两题测量"敏锐"成分，其总分不能完全反映活力的"敏锐"方面。由此，以能量为核心的主观活力基本等同于四因素活力中的能量因素。另外，研究三对效标效度检验的结果表明，四因素活力概念同西方活力概念的相似性也体现在属性定义方面，即四因素活力概念同样具有美德和心理健康指标两大属性，这一发现与以往西方的活力研究结果（Brdar & Kashdan，2010；Park et al.，2004；Peterson & Seligman，2004；Ryan & Frederick，1997）一致，再度体现了中国人活力概念的文化共性。

另一方面，活力四因素结构包含中国文化背景下特有的成分——坚韧与平和，区别于西方主观活力，体现了中国人活力概念的文化个性和辩证特性。研究一的质性结果表明，中国人对活力的认知涵盖了对"坚韧""平和"两个方面的关注。我们认为，这体现了中国人看待事物时特有的辩证思维。在中国人的心目中，作为生命积极状态的活力，是绵延、连续不断、生生不息的。"野火烧不尽，春风吹又生"便体现着这一点。因此，对于中国人而言，能量不是无节制地、肆意地向外释放，过度的能量消耗会造成身体和心理的伤害，甚至影响活力（Baumeister，2002；Baumeister et al.，1998；Gombert et al.，2020；Muraven & Baumeister，2000）。对外部环境和内心体验的敏锐也不是一时的、瞬间的，而是能够根据外在环境的需要，持续地、灵活地转换认知角度、调整具体行为，以实现外界实际需求和内在自我价值的和谐。在这个意义上，中国人的活力应该包含"向内"的、"守静"的、不放纵的成分，即坚韧、平和。正如《道德经》所提出"天下莫柔弱于水，而攻坚强者莫之能胜，以其无以易之"（王弼楼，2011），水是柔和、平静的，却在岁月长河里流淌不停，显现出旺盛生命力。如水般的平和，与能量释放的热情相对应，是生命活力生生不息的源流，可以让生命的每一刻都焕发生机。又所谓"柔弱者，生之徒。坚强者，死之徒"（王弼楼，2011），水也是柔弱的，却积蓄着渗透一切的力量，"滴水石穿"便是其坚韧品格的体现。如水一般的坚韧（宋洪波，2017），与敏锐相对应，是持续有力行动的基础，给予长久的生命力量。不同于主观活力对能量的压倒性强调，中国人对活力的认知兼顾"动"的、"通外"的活力因素（能量和敏锐）和"静"的、"向内"的活力成分（坚韧和平和），并强调两者的和谐统一。这是中国文化背景下独有的

活力理论结构，体现了文化个性。不仅如此，这一研究发现体现了中国人
关于活力的矛盾对立统一的观点，确认了中国人活力是具有鲜明的辩证特
性的。这进一步丰富了文化心理学的内容，尤其是为中国人辩证性心理的
研究做出了贡献。辩证思维最先由彭凯平和尼斯贝特等文化心理学家提
出，并通过实证研究表明中国人更偏好于采用辩证的思维去认知世界，这
种辩证思维具有整体性和二元调和性两大特点（Peng et al.，1997；Peng &
Nisbett，1999、2000）。后来，这种中国人辩证性的心理研究从思维拓宽到
了自尊和情绪领域，发现中国人比西方人更多地表现出辩证自尊（认为自
己既有好的一面也有不好的一面）和辩证情绪（同时体验到积极和消极情
绪），而这种差异又对两者的幸福感具有不同的预测作用（Miyamoto & Ry-
ff，2011；Spencer-Rodgers et al.，2004、2010）。本研究则进一步将中国人
心理辩证特征研究拓宽到了积极心理学领域中的活力，具有重要的前沿
意义。

（二）　中国人四因素活力的测量

研究二基于研究一的理论成果开发了一份信度、效度相对较好的本土
化活力量表——中国人四因素活力量表。目前，国内研究者使用较多的活
力量表是 Ryan 和 Frederick（1997）开发的主观活力量表的中文版。虽然
该量表具有较高的信度、效度，但从以往研究结果（宋洪波，2017；
2018）和本研究的发现来看，中国人对活力的理解与西方人可能不同，这
是中西方哲学思想根基和社会文化的根本差异性导致的，因此主观活力量
表可能不能很好地反映中国人的活力水平。中国人四因素活力量表则是根
据在中国人被试发现的四因素活力结构开发的，可以反映中国传统文化和
中国人辩证思维特性对活力的影响。

我们根据研究一提出活力四因素理论，并参考国内外相关测量量表，
由心理学专业研究人员编写了 30 条量表题项用于初测，量表的内容效度可
以得到保证。用于正式测试的 21 条量表题项具有较好的区分度，通过探索
性和验证性因素分析提取了特征值最大的四个因子，并删去在四个因子上
载荷小于 0.4 的 4 道题目，形成 17 题版的正式量表。其中，坚韧因素保留
的 4 道题均描述个体的行为特征，而正式测试题项 H8 "我相信否极泰来"
则描述世界观，属于与行为不同的另一个层面，可能因此这个题项的载荷
不高，并被剔除。正式测试题项 H12 "即使孤独一人时，我也能跟自己相
处得很好"本意是测查平和因素，但在坚韧因素上的载荷高于平和；另
外，坚韧因素下保留的 4 道题目都强调坚持或努力，而 H12 并未提及这两

点，可能因此 H12 在坚韧因素上的载荷也并不高，该题最终被剔除。正式测试题项 H16 "我不喜欢辩论是非" 在平和因素上的载荷不高。平和主要指个体情绪的表现模式，该因素保留的其他几题也是从情绪角度描述的，但 "我不喜欢辩论是非" 则更多地强调个体不喜欢表露自身的认知状态或改变他人的认知状态，这与情绪的表现模式关系不大，因此被剔除。从敏锐因素保留的四道题来看，其核心表现是个体能积极、开放地通过感官摄取周围的信息，正式测试题项 H18 "我喜欢剧烈运动" 与此无必然联系，也被剔除。

本研究对正式量表进行因素分析发现，所有量表题项均在对应因子上有着较高的载荷，四个因子可以解释总体方差的 69.66%，具有较好的结构效度。四因素活力量表总分及其各因素的分量表得分均与主观活力、勇气、生活满意度、积极心理健康、韧性变量的得分呈显著正相关，与抑郁、孤独感变量的得分呈显著负相关，这对效标效度来说是较为理想的，能够有效避免聚合效度或区分效度不高。此外，量表总体的内部一致性系数为 0.90，量表总体和维度分量表重测相关系数在 0.76～0.90，表明量表具有良好的内部一致性信度和重测信度。根据上述分析结果，我们确定的 17 题版本的量表作为正式的四因素活力量表，可以用于中国人的活力水平的测量，为中国本土化的活力研究提供了定量依据。

（三）研究局限及未来展望

首先，研究一所提出的四因素活力结构是根据中国被试的访谈数据提出的，这可能会影响结果在其他文化背景下的可推广性。未来的研究需要拓宽文化背景的广度，并囊括尽可能多的、来自不同文化的人群进一步检验四因素活力结构的可重复性。

其次，研究二对正式测试量表的区分度检验结果虽然显示了各条目良好的区分性，但细究各条目的平均得分（处于 5～6 分）以及低分组在各条目上的平均得分（高于 4 分），我们发现量表的整体得分偏高，这导致区分度上的局限性，也意味着可能存在高社会赞许的问题。未来的研究应该在应用量表时应注意这一问题，并加入社会赞许性的测量予以控制。另外，研究二收集了来自不同年龄、性别的样本数据，样本来源较为广泛，但均来自健康人群和 60 岁以下的人群，所得结论不一定能有效地推广到临床上的特殊群体和 60 岁以上的老年人，未来的研究可以有针对性地收集特殊人群和老年人群的样本进行检验。

最后，研究三确认了四因素活力概念的美德属性和心理健康指标属性。这表明活力对于中国人是重要的积极心理变量,是值得通过科学的心理干预技术去实现提升的。一些研究也发现有氧运动和冥想可以有效提升主观活力水平(Adie et al., 2008；Canby et al., 2015；Mavilidi et al., 2021；Smith et al., 2008),未来的研究可以考察这些干预手段能否提升中国人的四因素活力水平。

七 总结

通过访谈和质性分析的方法,我们发现中国人的活力概念具有鲜明的辩证思维特性,这种特性强调事物的两个方面,是一种互相依赖的阴中有阳、阳中有阴的关系。具体来讲,中国人对活力的认知是"动"的成分(能量、敏锐)和"静"的成分(坚韧、平和)的对立统一,形成了辩证的活力概念。不仅如此,这一概念兼具美德和心理健康指标两大属性。在量化层面,我们基于四因素活力结构开发了中国人四因素活力量表,并确认量表具有较好的信度、效度,为本土化活力研究的进一步拓展奠定了一定的基础。

参考文献

白奚、陈鼓应,2001,《老子评传(中国思想家评传丛书3)》(精),南京大学出版社。

陈向明,2000,《质的研究方法与社会科学研究》,教育科学出版社。

蒙培元,1996,《"道"的境界——老子哲学的深层意蕴》,《中国社会科学》第1期。

南怀瑾,2002,《易经系传别讲》,复旦大学出版社。

宋洪波,2017,《道家的活力心理思想探微》,《宁波大学学报》(教育科学版)第1期。

宋洪波、符明秋、杨帅,2015,《活力:一个历久弥新的研究课题》,《心理科学进展》第9期。

宋洪波,2018,《特质活力结构探索》,《宁波大学学报》(教育科学版)第1期。

唐本钰、张承芬,2005,《个体早期情绪唤起与自我决定及主观活力的关系》,《心理与行为研究》第2期。

王弼楼,2011,《老子道德经注》,中华书局。

张景岳,2013,《类经》(精),山西科技出版社。

Adie, J. W., Duda, J. L. & Ntoumanis, N. (2008). Autonomy Support, Basic Need Satisfaction and the Optimal Functioning of Adult Male and Female Sport Participants: A Test of Basic needs Theory. *Motivation and Emotion*, 32 (3), 189 – 199. https://doi.org/10.1007/s11031 – 008 – 9095 – z.

Baumeister, R. F., Bratslavsky, E., Muraven, M. & Tice, D. M. (1998). Ego Depletion: Is the Active Self a Limited Resource? *Journal of Personality and Social Psychol-*

ogy, 74（5），1252. https://doi. org/10. 1037/0022 − 3514. 74. 5. 1252.

Baumeister, R. F.（2002）. Ego Depletion and Self-Control Failure: An Energy Model of the Self's Executive Function. *Self and Identity*, 1（2），129 − 136. https://doi. org/ 10. 1080/152988602317319302.

Brdar, I. & Kashdan, T. B.（2010）. Character Strengths and Well-being in Croatia: An Empirical Investigation of Structure and Correlates. *Journal of Research in Personality*, 44（1），151 − 154. https://doi. org/10. 1016/j. jrp. 2009. 12. 001.

Buchtel, E. E. & Norenzayan, A.（2009）. Thinking Across Cultures: Implications for Dual Processes. In J. Evans & K. Frankish（Eds.），*In Two Minds: Dual Processes and Beyond*（pp. 217 − 238）. Oxford University Press. https://doi. org/10. 1093/acprof: oso/9780199230167. 003. 0010.

Canby, N. K., Cameron, I. M., Calhoun, A. T. & Buchanan, G. M.（2015）. A Brief Mindfulness Intervention for Healthy College Students and Its Effects on Psychological Distress, Self-Control, Meta-Mood, and Subjective Vitality. *Mindfulness*, 6（5），1071 − 1081. https://doi. org/10. 1007/s12671 − 014 − 0356 − 5.

Chin, A. P. M., van Poppel, M. N., Twisk, J. W. & van Mechelen, W.（2004）. Eff-ects of Resistance and All-round, Functional Training on Quality of Life, Vitality and Depression of Older Adults Living in Long-term Care Facilities: A "Randomized" Controlled Trial［ISRC-TN87177281］. *BMC Geriatrics*, 4（1）. https://doi. org/10. 1186/1471 − 2318 − 4 − 5.

Choi, I., Dalal, R., Kim-Prieto, C. & Park, H.（2003）. Culture and Judgement of Causal Relevance. *Journal of Personality and Social Psychology*, 84（1），46 − 59. https://doi. org/10. 1037/0022 − 3514. 84. 1. 46.

Choi, I., Koo, M. & Jong An Choi.（2007）. Individual Differences in Analytic Versus Holistic Thinking. *Personality and Social Psychology Bulletin*, 33（5），691 − 705. https://doi. org/10. 1177/0146167206298568.

Diener, E., Emmons, R. A., Larsen, R. J. & Griffin, S.（1985）. The Satisfaction With Life Scale. *Journal of Personality Assessment*, 49（1），71 − 75. https://doi. org/10. 1207/s15327752jpa4901_13.

Freud, S.（1923）. *Encyclopedia Article: The Libido Theory*. Standard Edition.

Gombert, L., Rivkin, W. & Schmidt, K. − H.（2020）. Indirect Effects of Daily Self-Control Demands on Subjective Vitality via Ego Depletion: How Daily Psychological Detachment Pays Off. *Applied Psychology*, 69（2），325 − 350. https://doi. org/10. 1111/ apps. 12172.

Hagger, M. S., Wood, C., Stiff, C. & Chatzisarantis, N. L. D.（2010）. Ego Depletion and the Strength Model of Self-control: A Meta-analysis. *Psychological Bulletin*, 136（4），495 − 525. https://doi. org/10. 1037/a0019486.

Kasser, V. G. & Ryan, R. M.（1999）. The Relation of Psychological Needs for Autonomy and Relatedness to Vitality, Well-being, and Mortality in a Nursing Home. *Journal of Applied Social Psychology*, 29（5），935 − 954. https://doi. org/10. 1111/j. 1559 −

1816. 1999. tb00133. x.

Kroenke, K. , Spitzer, R. L. & Williams, J. B. W. （2003）. The Patient Health Question-
naire-2: Validity of a Two-item Depression Screener. *Medical Care*, 41 （11）, 1284 –
1292. https://doi. org/10. 1097/01. MLR. 0000093487. 78664. 3C.

Lam, C. F. , Spreitzer, G. & Fritz, C. （2014）. Too Much of a Good Thing: Curvilinear
Effect of Positive Affect on Proactive Behaviors. *Journal of Organizational Behavior*, 35
（4）, 530 – 546. https://doi. org/10. 1002/job. 1906.

Mavilidi, M. F. , Mason, C. , Leahy, A. A. , Kennedy, S. G. , Eather, N. , Hillman,
C. H. , Morgan, P. J. , Lonsdale, C. , Wade, L. , Riley, N. , Heemskerk, C. &
Lubans, D. R. （2021）. Effect of a Time-Efficient Physical Activity Intervention on
Senior School Students' On-Task Behaviour and Subjective Vitality: The 'Burn 2 Learn'
Cluster Randomised Controlled Trial. *Educational Psychology Review*, 33 （1）, 299 –
323. https://doi. org/10. 1007/s10648 – 020 – 09537 – x.

McNair, D. M. , Lorr, M. & Droppleman, L. F. （1992）. *Revised Manual for the Profile of
Mood States*. San Diego, CA: Educational and Industrial Testing Services.

Miyamoto, Y. & Ryff, C. D. （2011）. Cultural Differences in the Dialectical and non-dia-
lectical Emotional Styles and Their Implications for Health. *Cognition and Emotion*, 25
（1）, 22 – 39. https://doi. org/10. 1080/02699931003612114.

Muraven, M. & Baumeister, R. F. （2000）. Self-regulation and Depletion of Limited Re-
sources: Does Self-control Resemble a Muscle? *Psychological Bulletin*, 126 （2）,
247. https://doi. org/10. 1037/0033 – 2909. 126. 2. 247.

Muraven, M. , Gagné, M. & Rosman, H. （2008）. Helpful Self-Control: Autonomy
Support, Vitality, and Depletion. *Journal of Experimental Social Psychology*, 44 （3）,
573 – 585. https://doi. org/10. 1016/j. jesp. 2007. 10. 008.

Myers, A. M. , Malott, O. W. , Gray, E. , Tudor-Locke, C. , Ecclestone, N. A. ,
Cousins, S. O. & Petrella, R. （1999）. Measuring Accumulated Health-Related Bene-
fits of Exercise Participation for Older Adults: The Vitality Plus Scale. *The Journals of Ger-
ontology Series A: Biological Sciences and Medical Sciences*, 54 （9）, M456 –
M466. https://doi. org/10. 1093/gerona/54. 9. M456.

Nisbett, R. E. , Peng, K. , Choi, I. & Norenzayan, A. （2001）. Culture and Systems of
Thought: Holistic Versus Analytic Cognition. *Psychological Review*, 108 （2）, 291 –
310. https://doi. org/10. 1037/0033 – 295X. 108. 2. 291.

Park, N. , Peterson, C. & Seligman, M. E. P. （2004）. Strengths of Character and Well-
Being. *Journal of Social and Clinical Psychology*, 23 （5）, 603 – 619. https://doi. org/
10. 1521/jscp. 23. 5. 603. 50748.

Peng, K. & Nisbett, R. E. （1999）. Culture, Dialectics, and Reasoning about Contradiction.
American Psychologist, 54 （9）, 741 – 754. https://doi. org/10. 1037/0003 – 066X. 54. 9. 741.

Peng, K. & Nisbett, R. E. （2000）. Dialectical Responses to Questions about Dialectical
Thinking. *American Psychologist*, 55 （9）, 1067 – 1068. https://doi. org/10. 1037/
0003 – 066X. 55. 9. 1067.

Peng, K., Nisbett, R. E. & Wong, N. Y. C. (1997). Validity Problems Comparing Values Across Cultures and Possible Solutions. *Psychological Methods*, 2 (4), 329 – 344. https://doi. org/10. 1037/1082 – 989X. 2. 4. 329.

Peng, K., Spencer-Rodgers, J. & Nian, Z. (2006). *Naïve Dialecticism and the Tao of Chinese Thought*. In U. Kim, K. S. Yang, & K. K. Howang (Eds.), Indigenous and Cultural Psychology: Understanding People in Context (pp. 247 – 262). Springer Science + Business Media. https://doi. org/10. 1007/0 – 387 – 28662 – 4_11.

Penninx, B. W. J. H., Guralnik, J. M., Bandeen-Roche, K., Kasper, J. D., Simonsick, E. M., Ferrucci, L. & Fried, L. P. (2000). The Protective Effect of Emotional Vitality on Adverse Health Outcomes in Disabled Older Women. *Journal of the American Geriatrics Society*, 48 (11), 1359 – 1366. https://doi. org/10. 1111/j. 1532 – 5415. 2000. tb02622. x.

Peterson, C. & Seligman, M. E. P. (2004). *Character Strengths and Virtues: A Handbook and Classification* (pp. xiv, 800). Oxford University Press.

Podsakoff, P. M., MacKenzie, S. B., Lee, J. -Y. & Podsakoff, N. P. (2003). Common Method Biases in Behavioral Research: A Critical Review of the Literature and Recommended Remedies. *Journal of Applied Psychology*, 88 (5), 879 – 903. https://doi. org/10. 1037/0021 – 9010. 88. 5. 879.

Russell, D., Peplau, L. A. & Cutrona, C. E. (1980). The Revised UCLA Loneliness Scale: Concurrent and Discriminant Validity Evidence. *Journal of Personality and Social Psychology*, 39 (3), 472 – 480. https://doi. org/10. 1037/0022 – 3514. 39. 3. 472.

Ryan, R. M. & Deci, E. L. (2008). From Ego Depletion to Vitality: Theory and Findings Concerning the Facilitation of Energy Available to the Self: From Ego Depletion to Vitality. *Social and Personality Psychology Compass*, 2 (2), 702 – 717. https://doi. org/10. 1111/j. 1751 – 9004. 2008. 00098. x.

Ryan, R. M. & Frederick, C. (1997). On Energy, Personality, and Health: Subjective Vitality as a Dynamic Reflection of Well-Being. *Journal of Personality*, 65 (3), 529 – 565. https://doi. org/10. 1111/j. 1467 – 6494. 1997. tb00326. x.

Schaufeli, W. & Bakker, A. (2003). Test Manual for the Utrecht Work Engagement Scale. *Unpublished Manuscript, Utrecht University, the Netherlands. Retrieved from Http://Www. Schaufeli. Com*, 3, 44 – 52.

Schaufeli, W. B., Martínez, I. M., Pinto, A. M., Salanova, M. & Bakker, A. B. (2002). Burnout and Engagement in University Students: A Cross-National Study. *Journal of Cross-Cultural Psychology*, 33 (5), 464 – 481. https://doi. org/10. 1177/0022022102033005003.

Smith, B. W., Shelley, B. M., Dalen, J., Wiggins, K., Tooley, E. & Bernard, J. (2008). A Pilot Study Comparing the Effects of Mindfulness-based and Cognitive-behavioral Stress Reduction. *Journal of Alternative and Complementary Medicine (New York, N. Y.)*, 14 (3), 251 – 258. https://doi. org/10. 1089/acm. 2007. 0641.

Spencer-Rodgers, J., Peng, K. & Wang, L. (2010). Dialecticism and the Co-occurrence of Positive and Negative Emotions Across Cultures. *Journal of Cross-Cultural Psychology*,

41（1），109 – 115. https://doi. org/10. 1177/0022022109349508.

Spencer-Rodgers, J. , Peng, K. , Wang, L. & Hou, Y. （2004）. Dialectical Self-esteem and East-West Differences in Psychological Well-being. *Personality & Social Psychology Bulletin*, 30 （11）, 1416 – 1432. https://doi. org/10. 1177/0146167204264243.

Stewart-Brown, S. , Tennant, A. , Tennant, R. , Platt, S. , Parkinson, J. & Weich, S. （2009）. Internal Construct Validity of the Warwick-Edinburgh Mental Well-being Scale （WEMWBS）: A Rasch Analysis Using Data from the Scottish Health Education Population Survey. *Health and Quality of Life Outcomes*, 7 （1）, 15. https://doi. org/10. 1186/1477 – 7525 – 7 – 15.

Ugur, E. , Kaya, Ç. & Özçelik, B. （2019）. Subjective Vitality Mediates the Relationship between Respect Toward Partner and Subjective Happiness on Teachers. *Universal Journal of Educational Research*, 7 （1）, 126 – 132.

Vaishnavi, S. , Connor, K. & Davidson, J. R. T. （2007）. An Abbreviated Version of the Connor-Davidson Resilience Scale （CD-RISC）, the CD-RISC2: Psychometric Properties and Applications in Psychopharmacological Trials. *Psychiatry Research*, 152 （2 – 3）, 293 – 297. https://doi. org/10. 1016/j. psychres. 2007. 01. 006.

Ware, J. E. & Sherbourne, C. D. （1992）. The MOS 36 – item Short-form Health Survey （SF – 36）: I. Conceptual Framework and Item Selection. *Medical Care*, 30 （6）, 473 – 483. https://doi. org/10. 1097/00005650 – 199206000 – 00002.

《中国社会心理学评论》 第 23 辑
第 187～204 页
© SSAP, 2022

工匠精神的量表开发与意涵探析[*]

赵德雷　王乐晶[**]

摘　要：工匠精神是劳动者在生产过程中秉持的工作理念和价值观，以及对所从事行业的敬畏与执着的职业态度。研究通过文献分析、深入访谈及开放式问卷调查获取语素材料形成初始量表，然后选取 298 名学生进行初测，并根据测量的结果对量表进行修订。工匠精神量表包含 27 个题项，由创业、乐业、精业、勤业 4 个维度构成。数据结果证实了工匠精神的四因素结构，而且量表具有良好的信度和效度，可作为测查工匠精神的有效工具。工匠精神有利于缓解速度与质量间的矛盾，减小分工与合作间的张力，引导人们重视声誉、追求个人和集体的长远发展。新时代卓越工匠应妥善处理"大我"和"小我"的关系，既有追求卓越的职业品质与传承奉献的责任担当，也具备开放协同的共赢意识和勇于创新的开拓精神。

关键词：工匠精神　创业　乐业　精业　勤业

一　前言

工匠精神一般指劳动者对产品精雕细琢、精益求精，对品质追求完美极致的敬业精神。改革开放以来，充分发挥资源、劳动力等要素优势的发

---

[*] 本研究得到北京市社科基金项目（编号：20SRB005）；中央高校自由探索计划项目（编号：3072021CF1302）的支持。

[**] 赵德雷，哈尔滨工程大学人文社会科学学院副教授、硕士生导师，通信作者，Email：zhaodelei@hrbeu.edu.cn；王乐晶，深圳市龙岗区龙城天成学校专职心理教师。

展导向，虽然促进了制造业规模的快速增长，但大多数产品处于全球产业价值链中低端，技术水平偏低，只能在低收入和中端市场上出售（Huang，2016）。全球化竞争背景下，推进供给侧结构性改革、促进产业结构升级在客观上需要重振工匠精神。2015年国务院发布《中国制造2025》后，李克强总理在2016年的政府工作报告中首次强调工匠精神概念。2017年，习近平总书记在党的十九大报告中又明确提出要弘扬工匠精神。这引发社会各界对工匠精神展开广泛讨论。

提到工匠精神，人们会想起鲁班、华佗、庖丁解牛、铁杵成针等耳熟能详的名字和故事，忆起设计精巧的赵州桥、工艺精细的宫殿园林、图案精美的刺绣织物等令人惊叹的建筑和艺术品，头脑中会浮现出专注、细致、力臻制作精良物品的"匠人"形象。他们勤劳、敬业、诚信，具有传统文化的大智慧。今天的华为、徐工等世界著名企业品牌，中国高铁、航天等尖端行业产品，也都是工匠精神理念的结晶。然而，可能很少有人真正说得清工匠精神究竟是什么、有哪些表现。

在新的历史时期鼓励劳动者发扬工匠精神，就有必要梳理和总结工匠精神的时代意涵。这方面的讨论主要沿着工匠精神的本质和核心要素两个方向展开。

（一）工匠精神的本质

关于工匠精神的本质有广义和狭义两种理解。狭义的工匠精神指"手工艺匠人在制作过程中追求完美、追求极致的精益求精的专业态度"（福奇，2014；桑内特，2015；Keller，2011）。传统的工匠用自己的专注和敬业来建造以及销售他们的产品（Aoyama & Reijiro，2015；Jansen et al.，2015）。他们为了提升谋生能力，自发钻研，锤炼"独门绝技"，赚取更多的收入和更响的名声，老了之后便将自己摸索出来的技艺心法传承给儿孙。个体回应人生处境的态度，外化为个体的为人处世之道。这种情操又决定了个体的感情和操守，进而升华为道德感、美感（肖凤翔、王金羽，2017）。从这个角度说，工匠的实践活动更是一种道德实践（庄西真，2017）。因而，匠人家族内代代相传的不仅有生产技术，也不仅是精进不休、专注专业的职业态度，还有敬业爱民、开拓创新的综合素养和为人处世的态度。广义的工匠精神将从业者的职业道德、职业能力以及职业价值取向的狭义定义，与工匠的人生观、价值观联系在一起，并将之上升为各行各业都应该具有的一种价值取向（查国硕，2016）和美德。

培育和传承工匠精神，即工匠精神的社会化，是自然人通过社会文化构造，获取工匠的行为价值观、思想道德操守、职业行业规范、理想人格魅力等特质文化，并积极反作用于社会的过程（李砚祖、潘天波，2017）。日本的轻工业产品、德国的精密机械、瑞士的钟表都是制造强国的代表性产品。但不同制度文化下，工匠精神的核心特征会有些许差异。德国人严谨、高效、恪尽职守。这是其"天职观"逐渐演变为各行各业的职业伦理观念，指导生产生活实践的结果。日本工匠精神的特点在于擅学习、又不囿于"仿"，敬畏职业职责的匠人文化使劳动者对工作细节、质量表现出极致追求。瑞士的特点是选择"小而精"的发展道路。国土面积小、自然资源有限，瑞士人就在生产中将物尽其用与持续创新紧密结合，不断提高产品性价比。美国作为当今世界的超级大国，其工匠精神中最宝贵的财富在于自由创新、开放包容的文化氛围。而我国传统工匠精神的特点在于全身心投入、尽职尽责的职业状态，和内心笃定、耐心执着的精神。

尽管不同文化下工匠精神的特点有所差别，但其本质都是劳动者在生产过程中秉持的工作理念和价值观，以及对所从事行业的敬畏与执着的职业态度，都表现为劳动者追求精益生产和创新发展的行为习惯。持有这种工作价值观的人，在内在动机的驱使下追求工作本身的乐趣和工作改进带来的成就感，工作意义感更强（Thorlindsson et al.，2018））。他们享受全身心投入工作所带来的内心充实、平和与淡然，而避免过多关注工作所能带来的各种物质条件；他们注重个人技能提升和潜能激发，以及在此过程中获得的声誉和影响力；他们更趋向于成长导向，追求卓越，不仅在工作上不断改进以获得更加优良的品质，而且追求个人具有一技之长，以苛刻的要求不断挖掘自身潜能，获得技能的持续精进（高中华等，2020）。

（二）工匠精神的核心要素

历史上，前辈严谨拼搏的工作态度曾为推动科技进步和生产发展起到至关重要的作用，老传统老字号也由此获得了持久赞誉。现代工业技术产品的更迭涌现，更离不开那份力求卓越、执着投入的信念力量。很多相关研究都会谈到工匠精神的核心要素/特征。这方面的观点大致可被概括为三因素说、四因素说和多因素说，三种取向。

三因素说多从价值追求、品德和技艺的层面展开分析。例如，庄西真（2017）提出工匠精神是"尚巧达善"的工作追求，"知行合一"的实践理念，"德艺兼修"的职业信仰的有机结合，其中"德"的修养处于首要地位，规约着技艺；王国领、吴戈（2016）认为工匠精神包括天人合一的人文精神、一丝不苟的敬业精神、求精尚巧的创造精神。也有学者从匠心（执着）、匠艺（钻研）、匠品（专注）三个维度（李淑玲，2020；贺正楚、彭花，2018），或更具体地，从精益求精、传承创新和专注坚守（"道技合一"）三个维度阐释其价值理念和内在追求（肖群忠、刘永春，2015）。

四因素说通常是在三因素说的基础上增加意志品质特质。有的学者强调严谨，认为工匠精神体现为精益求精的追求、敬业奉献的态度、一丝不苟的严谨和凝神专一的坚持（张琰、匡瑛，2016）；有的学者强调创新，认为工匠精神包含敬业、精致、专注、创新四个要素（李林，2019）；李进（2016）则在爱岗敬业、精益求精、求实创新之外，提出尊师重道也是工匠精神的要素。多数学者认为工匠精神是高尚的职业道德、精湛的职业技能、专业的职业素养与敬业的职业精神的完美统一（钱闻名，2018）。

多因素说划分得更细。除了精致、创新、敬业三个一致的必备要素，研究者通常还会提到个人成长、笃定执着、珍视声誉、师道精神等内容（高中华等，2020；李宏伟、别应龙，2015）。还有国外研究者在谈学者写作的时候提到匠人习惯（artisanal habits）包括：创新（creativity）、手艺（craft）、技艺（artistry）、耐心（patience）、实践练习（practice）、完美主义（perfectionism）、终生学习的情怀（a passion for life long learning）（Sword，2017）。

总之，目前虽已有研究尝试用量化方法探讨工匠精神及其影响因素（方阳春、陈超颖，2018；叶龙等，2018）。但围绕此概念内涵的认识尚有分歧，没有成体系的、科学的测评工具。本研究希望在细致梳理工匠精神内容结构的基础上，编制工匠精神量表，进而探讨新时期工匠精神与当代工作价值观、社会价值观的关联，为深入理解此概念做些基础工作。

二　方法

本研究首先通过文献梳理和半结构性访谈，初步了解当下人们对工匠精神的认识和理解。随后，基于搜集来的工匠精神语素材料，编写测量工匠精神的条目，尝试从内容结构的角度深入阐释和挖掘工匠精神的内涵。

（一）维度构想和项目初始编制

在人们心目中具有工匠精神的人是什么样的？其思想和行为具有哪些特点？相关核心词汇的搜集工作主要通过三个步骤实现。首先，在中国知网以"工匠""工匠精神"为关键词检索，并将文献的检索范围限定在2000～2019 年，收集"工匠精神"的特征词。另外，参考国内权威的新闻报道和有关著作,从中提炼"工匠精神"的核心特征词。对这些词语进行编码汇总,得到工匠精神特征词97项,主要有追求卓越、崇尚质量、敬业爱岗、持之以恒、精益求精、追求极致、坚持不懈、耐心专注、攻坚克难、挑战自我等。

其次,选取20名大学生,围绕工匠精神的定义和特征对其进行半结构性访谈。具体问题如:"你觉得你身边有富有工匠精神的人吗?他们有什么性格或者行为特征?";"你觉得你自己是富有工匠精神的人吗?为什么?";"你怎样看待工匠精神?";"你觉得爱迪生、袁隆平具有工匠精神吗?说出你的理由"。根据访谈结果,提取出代表工匠精神特征的64个词语。编码工作人员继而对文献分析和访谈内容分析得到的共161个工匠精神特征词进一步整理归纳,去除重复词语,合并同义词。最终形成70个工匠精神的特征词,并根据词语含义归为六个类别:开拓创新、淡泊名利、理想信念、精湛细致、坚定执着、努力刻苦。其中淡泊名利(如奉献、安宁清贫、不慕虚荣)、理想信念(如心怀信仰、不忘初心、爱岗敬业)、精湛细致(如才能、追求卓越、技艺精湛)、坚定执着(如坚韧、执着、目标坚定)均为既往研究提及的核心特征。另外一些词语则强调了工匠精神的两种新特征:开拓创新(如与时俱进、追求突破、独具匠心)和努力刻苦(如认真、勤奋、勤学苦练)。

表1 工匠精神的特征

类属	项目内容
开拓创新	创新、与时俱进、追求突破、兼容并包、灵活变通、独具匠心、匠心独运
淡泊名利	淡然、奉献、安宁清贫、不慕虚荣、淡泊名利、默默奉献
理想信念	求实、有理想、心怀信仰、不忘初心、敬业、爱岗敬业、立足本职、坚持标准、坚持操守
精湛细致	才能、能力、德艺双馨、技艺精湛、业务精湛、精益求精、尽善尽美、精雕细琢、追求卓越、踏实、严谨、不骄不躁、干练稳重、平心静气、耐心细致、一丝不苟、严谨细致、注重细节、融会贯通、无畏
坚定执着	倔强、坚韧、决心、执着、目标坚定、心无旁骛、敬业乐群、传承、诚实
努力刻苦	奋斗、努力、刻苦、认真、勤奋、勤学苦练、工作积极、尽职尽责、恪尽职守、顽强、专注、持之以恒、不畏艰难、坚持不懈、埋头苦干、潜心钻研、锲而不舍、勇往直前、兢兢业业

六类词语中,强调精湛细致的词语最多,多数被访者认为具有工匠精神的人最典型的特质就是追求完美和细致。其次是理想信念,主要表现为个人具有很强烈的社会责任感以及正义感。再次是刻苦努力,主要描述一

个人工作的状态。

图 1　工匠精神特征词的词频分析

　　最后，研究人员基于上述研究成果制定出半开放式调查问卷。在哈尔滨 3 所高校通过方便取样抽取在校大学生 64 人，发放匿名问卷，其中男生 36 人，女生 28 人。被试从问卷中选择符合工匠精神特征的词语并对其进行排序，也可补充其他词语。研究人员对回收的半开放式问卷进行分析整理，最终将工匠精神的特征词缩减到 6 个类别、41 个词语。

（二）量表试测和修改

　　以 41 个特征词为基础编写条目，形成工匠精神初测量表。量表采用 Likert 五点计分方法，从"不符合""不太符合""不确定""比较符合""很符合"，依次给予 1 分、2 分、3 分、4 分、5 分。测试得分越高，表明工匠精神越强。研究共进行两次试测。

　　第一次试测的主要目的是请被试对量表进行评估。测试采用线下和线上问卷相结合的方式，共招募 60 名在校大学生为被试，问卷全部回收。评定的内容包含三个方面：一是题项的语义是否表达准确，二是题项是否在划分的维度内，三是语言表达是否清楚。根据反馈意见，研究人员对归类不当的 2 道题目进行了修改，对表达存在歧义的 2 道题目进行了修改，删减了 2 道语义重复的题目，并在专家的指导下，补充了 9 道关于工匠精神的题项，最终形成了含有 48 道题目的工匠精神量表。

　　第二次试测的目的是检验调整后的维度结构是否合理，并通过探索性因素分析，对项目进行精简。采用"问卷星"网络调查方式，在全国范围 17 所高校内向在校大学生发放 307 份问卷，回收有效问卷 298 份，有效回收率为 97.07%。

（三）　正式施测

经过探索性因素分析删减项目后，将剩余项目编入量表进行正式施测。所得数据信息用于验证性因素分析，以及量表的信度、效度检验。正式施测的被试为 H 大学 500 名本科生。最终回收有效问卷 464 份，有效回收率为 92.8%，其中男生 304 人，女生 160 人。

研究最后邀请 35 位在职人士作为"工匠"代表试做量表，并评价量表质量和给出改进建议。这些被试以 36~45 岁和 46~55 岁两个年龄段居多，来自交通、能源、城建、水利、制造等多个行业，其中 30 人具有本领域高级职称。除两位刚工作 6 年的中级工程师外，其他人的工龄都至少为10 年，其中 16 人的工龄超过 20 年。

（四）　统计处理

本研究采用 SPSS 22.0 以及 Amos 21.0 分析对数据进行探索性因素分析、验证性因素分析和信度分析。

三　结果

（一）　探索性因素分析与量表结构的初定

探索性因素分析依据的原则为：差异显著性水平 p 值大于 0.05；高低分组差异的 t 值小于 3.00；相关系数小于 0.30；项目在多个因素上的负荷值大于 0.40；项目在每个因素上的负荷值都小于 0.40；项目共同度小于 0.20。

首先，将反向计分题进行反向计分，再计算项目总分，按照总分的高低排序，找出高低分各组总人数之 27% 处的分数。然后，进行独立样本的 T 检验，对于未达到指标值的项目予以剔除。最后，通过 Pearson 相关计算得出每个题目与总分的积差相关。根据项目分析的结果，删除临界比率未达到 3.00，或者量表总分之间的相关系数未达到 0.30，抑或显著性水平 p 大于 0.05 的 10 道项目，其他 38 个项目予以保留。

其次，对 38 个项目进行 KMO 和 Bartlett 球形检验，得到 KMO 值为0.93，Bartlett 球形检验 χ^2 值为 6357.01（df = 780，$p < 0.05$）。这说明剩余项目适合进一步因素分析（Kaiser, 1974）。

采用特征值大于 1 的主成分分析法对 38 道题目实行降维，提取的公因素较多，且有的因素包含的题项太少。因此，本研究改用抽取固定因素个数的方法，考虑到前面的理论建构以及碎石图的走向，发现抽取 4 个因素比较合适，此时 4 个因素解释总方差的 52.27%，萃取效果可以接受。根据分析结果，11 道项目的负荷值小于 0.4 或者在多个维度上的负荷值大于 0.4，予以剔除。其余项目的指标值均满足上述探索性因素分析的原则，予以保留。最终一共删减了 21 个项目，保留了 27 个项目。

最后，对每个因素所包含的项目进行分析概括，同时结合预测量表结构的具体情况，对 4 个因素进行如下命名。第一个因素 F1，包含 5 个题项，侧重描述突破创新、开拓进取和价值提升的目标追求，因此将这个因素命名为"创业"。第二个因素 F2，包含 8 个题项，侧重描述关注且强调工作中蕴涵的社会责任与正义的价值取向，因此将这个因素命名为"乐业"。第三个因素 F3，包含 7 个题项，侧重描述严谨细致、精益求精的工作态度，因此将这个因素命名为"精业"。第四个因素 F4，包含 7 个题项，侧重描述工作中勤奋认真、执着不懈的精神品质，因此将这个因素命名为"勤业"。

表 2　工匠精神预测量表旋转后的因素矩阵

项目	F1	F2	F3	F4	共同度
工作任务中出现的新难题，更能激发我的探索乐趣。	0.77				0.69
我乐于突破工作中出现的新难题。	0.75				0.69
我常能想到一些新颖的点子。	0.69				0.53
我喜欢用不同的方法解决同样的问题。	0.67				0.59
我很愿意在工作和学习中探索新的方法和技巧。	0.54				0.66
我认为工作是自我价值的一种体现。		0.78			0.64
我非常渴望将自己的才能奉献给社会。		0.74			0.60
我会严格遵守职业道德。		0.62			0.50
中华民族的优良文化传统，我们都有责任继承和弘扬下去。		0.59			0.41
做人做事，我都坚持实事求是。		0.58			0.47
我将自己的人生理想倾注在工作或学习中。		0.55			0.48
做任何事情，意义和价值是最重要的，至于能获利多少、别人如何评价，都不必挂怀。		0.53			0.36

续表

项目	F1	F2	F3	F4	共同度
我从不轻言放弃。		0.41			0.48
我做事从来都是缜密周到。			0.79		0.71
在考虑即将承担的工作任务时，我会想到每一个细节。			0.71		0.69
对于已经完成的任务，我还会去重复检查，防止疏漏。			0.70		0.58
我无法忍受工作中出现一丝一毫的误差。			0.64		0.43
即使当前的任务完成得很好，我也还会力求更好的改进。			0.62		0.64
我有很强的执行力。			0.51		0.45
我善于总结工作中的失误，争取下次做到更好。			0.50		0.54
在面对一些需要耐心、细心的工作时，我都会持之以恒做完。				0.74	0.64
我勤勤恳恳地对待工作。				0.62	0.53
一旦认定了目标，我就不会惧怕艰难险阻。				0.57	0.55
我愿意为了工作去重复枯燥的过程。				0.56	0.40
我愿意付出比别人更多的努力去追求最好的结果。				0.55	0.57
我总能投入十足的时间和精力在工作和学习上，从不投机取巧。				0.51	0.47
我能很快从失败中恢复调整过来。				0.47	0.37

（二）验证性因素分析与正式测量

为进一步验证工匠精神的结构效度是否符合构想，本研究用经过探索性因素分析删减项目后的量表再次施测。

研究采用 Amos 分析软件验证四因素模型的拟合程度。对各因素的相关分析发现，因素间存在不同程度的相关。精业和勤业相关系数最高，深入访谈中也发现对任务结果要求高的人一般更加勤奋，而要想精益求精也往往必须有足够的耐心和坚定的意志力。所以工匠精神结构的单因素模型假设和三因素模型假设都可能成立。但根据假设模型各项拟合指标来看，四因素结构模型的拟合程度最好（RMR = 0.035，RMSEA = 0.08），单因素和三因素模型的拟合程度远差于四因素结构模型。具体路径结果见图 2。

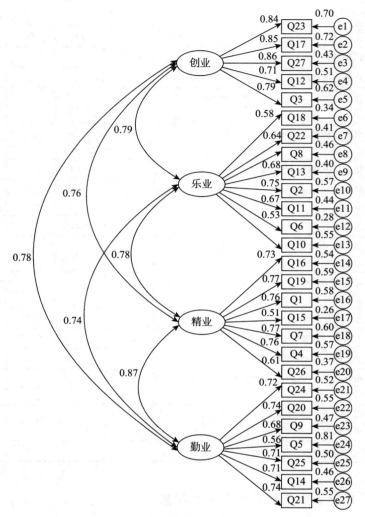

图 2 工匠精神四因素模型

最终将工匠精神 4 个维度共 27 道题目保留下来。

（三） 量表的信度与效度

信度分析结果表明：工匠精神量表总的内部一致性系数为 0.95。各因素的内部一致性系数在 0.85 ~ 0.88。量表信度符合心理测验的信度要求。

内容效度：工匠精神的基本概念是由前辈学者归纳提炼而成的，其内容维度也基于代表性访谈和半开放式问卷调查确立。在文献分析的基础之上，请专家进行评估，确定量表的维度。量表编制完成后，还邀请心理学专业的老师和 35 位中青年工匠代表对量表的内容进行评定。大家都认为各题项较好把握了工匠精神的典型品质、整体反映了工匠精神的内涵，量表有良好的内容效度。

表 3　工匠精神各因素以及因素与总分的相关系数

	M	SD	创业	乐业	精业	勤业	总分
创业	19.32	2.36	(0.88)				
乐业	33.22	3.27	0.66**	(0.85)			
精业	26.07	3.08	0.69**	0.63**	(0.86)		
勤业	27.09	2.74	0.65**	0.65**	0.75**	(0.87)	
总分	105.70	11.45	0.85**	0.85**	0.89**	0.89**	(0.95)

注：①$^{*}p < 0.05$，$^{**}p < 0.01$，$^{***}p < 0.001$，下同；②相关矩阵对角线上括号内数字为克隆巴赫 a 系数。

检验结构效度常用的方法是因素分析法。探索性因素分析的结果表明，工匠精神包含四个因素。四个因素可以解释 52.27% 的总体方差，共同度介于 0.36 ~ 0.71。另外，量表结构效度可用因素与总分之间的相关性来衡量。从表 3 可以看出，量表各因素相关系数介于 0.63 ~ 0.75，每个因素与量表总分之间的相关系数均在 0.85 ~ 0.89。这说明各维度之间存在某种程度的独立性，而且能够较好地反映量表所测量的内容。因此，本量表具有良好的结构效度。

由于前期的量表编制和信效度分析均基于大学生样本，为了进一步检验量表质量，研究又招募 35 位工作经验丰富、工作业绩突出的工程师试做量表。结果显示，这些真正的"工匠"们在量表总分（$M_{总} = 4.38$）和创业（$M_{创业} = 4.39$）、乐业（$M_{乐业} = 4.51$）、精业（$M_{精业} = 4.28$）、勤业（$M_{勤业} = 4.32$）各维度上的平均分均远高于量表中间值 3，甚至接近满分 5。这也从一个侧面反映本量表能够准确鉴别工匠精神特征、表征及工匠精神内涵。

四　讨论

工匠精神的内涵丰富，具有多维内容结构。勤业、精业、创业、乐业绝不是简单的搭配组合或者表面特征总结，而是紧密关联的构念体系。

（一） 工匠精神的构念分析

1. 作为一种工作价值观的工匠精神

工匠精神是一种特殊的工作价值观，其作用首先突出反映在工作和组织层面。它体现了劳动者在工作中所看重的职业能力与工作品质，以及从业者的职业道德和职业价值追求 （Paanakker，2019）。每个人在承担一项工作的时候都自然会有目标设定或者说价值追求，以及达成目标的策略取向两方面的考虑。劳动者工作的目标，可概略分为追求终极性价值 （terminal values） 和追求工具性价值 （instrumental values） 两类。终极性价值包含个人和社会，指一个人希望通过一生而实现的目标，是存在的理想化终极状态和结果；工具性价值包含道德和能力，是达到理想化终极状态所采用的行为方式或手段 （Rokeach，1973）。劳动者实现目标过程中的策略取向，则大致可分为审慎防御和大胆进击两种。工匠精神的四个内涵要素：勤业、精业、创业、乐业，恰好被涵括进这个由目标和方法构建起来的二维架构中 （见图 3）。而这一概念框架也为我们认识工匠精神各要素间的关系，进而深入理解工匠精神之内核，提供了更为宏观且统合的视角。

强调工作的工具性价值，并主要采取防御性思路保证任务的完成和技艺的传承，就是“勤/守业”品质。恪尽职守是处在任何职位的人都应有的本分。对待工作勤奋努力，不轻言放弃，即使遇到困难，也要坚持不懈地完成任务。这种品质体现了劳动者的责任担当。

强调工作的终极性价值，并采取防御性思路不断改进技术、提升效果，就是“精业”品质。在产品质量、技术创新、服务水平等方面追求卓越，是传统工匠最突出的特征。劳动者要求自己从事的工作和生产的产品尽善尽美，主要不是为了赚钱，而是为了理想和信念。再平凡的岗位，都会在他们心中创树一种对事业的敬畏。这种品质体现了劳动者对声誉的珍视。

强调工作的工具性价值，并采取进击策略突破原有工作惯习，实现个人与事业的发展，就是“创业”品质。除了凭借踏实勤勉去守护产品的质量、工作的效率和服务的效果，还可以通过创新工作理念、改进工作方法来追求更高的效率和质量。精进不休和勇于创新是工匠精神传承和发展的不竭动力。这种品质体现了劳动者对成长进步的追求。

强调工作的终极性价值，并采取进击策略应对各方挑战，以期实现目标和手段的升华，就是“乐业”品质。劳动者认同自己的职业，且胸怀一种社会责任感与正义感，想要充分发挥自己的才能。这种品质体现了劳动者对自己所从事工作的笃定执着。

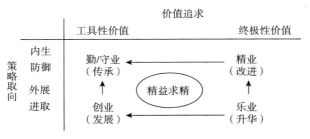

图 3　工匠精神的内涵

　　虽然每个具体的工匠、在某个特定时段对四项特质可能给予不同程度的重视，但只有四者皆备，才是完整的工匠精神。其最核心的特质——"精益求精"——是我们头脑中最鲜活的工匠形象。正如朱熹对《论语》的注解所言："言治骨角者，既切之而复磋之；治玉石者，既琢之而复磨之，治之已精，而益求其精也。"但真正能做到"精而益求精"的人，其实不仅要有传承祖辈手艺的责任担当，还要有改进升级传统技艺的使命感，以及发展制造工艺、追求个人成长的信心，更珍视自己的声誉，笃定执着地享受工艺传承、发展与升华的内心愉悦（高中华等，2020）。

　　2. 作为一种社会价值观的工匠精神

　　工匠精神被重新强调并掀起一股至今不衰的讨论热潮，乃时代发展之要求，其直接回应的是当今经济社会发展亟待解决的矛盾。

　　第一对矛盾源自速度与质量之间的张力。产品质量意识和技术创新能力，是制造业高质量发展的内在基础。过去几十年的低成本战略和经济理性的"非理性"扩张使得制造业的高质量发展受阻。其后果一方面表现在回避技术创新和品牌塑造存在的风险和不确定性，通过降低生产成本和产品质量，实现企业利益最大化，即粗制滥造；另一方面表现在大量制造业企业因实体经济利润率下降、无法通过创新提高效益，因而放弃知识和能力建设，急功近利地模仿抄袭其他产品（马永伟，2019），即假冒伪劣。

　　第二对矛盾源自分工与合作之间的张力。现代化生产管理将完整工序加以拆分，企业内部再进行部门分工，生产与研发，运营与销售，不同部门各司其职，有效运转。原本复杂的工作任务分解为一道道简单的工序，固然可以短时间内聚合优势资源，促进生产要素高效流动配置，进而推动生产力更快发展。然而，处理不好分工合作的关系也可能带来两种消极后果。一是简单重复，二是各自为政。二者皆是创新发展的大敌。

　　速度与质量的冲突威胁了个人和群体的声誉，分工与合作的冲突阻碍了个人和群体的进步。现代职业分工与管理专业化已改变了工匠精神的载体与形态，技术理性和高质量发展导向下的时代精神已经与工匠精神紧密关联起来（曹前满，2020）。新时代的工匠应不仅有精益求精、追求卓越的职业品质与传承奉献的责任担当，还具备开放协同、分工协作的共赢意识和勇于创新的开拓精神（王靖，2019）。应对前一种威胁，需要发扬精业和勤业品质，坚守、传承；应对后一种威胁，需要发扬创业和乐业品质，突破、进步（见图 4）。

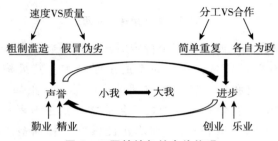

图 4 工匠精神与社会价值观

而维护声誉和追求进步，本质上就是处理好"小我"（在一个特定的社会情境中将个体与他人相区分的特征）和"大我"（以小我所属的团体，如家庭、组织和国家等，为自身界限的具有包容性的自己）的关系，"随情境灵活且适度地改变小我和大我间的边界，让小我的内在要求在大我的限制之下得到适当的表达与实现"（王轶楠、刘嘉，2019）。做好小我，尽分内之责，重视自身声名，同时也维护了群体的声誉。彰显大我，顾群体之利，放眼未来发展，同时也兼顾了整体的进步。因而，工匠精神不仅仅是职业伦理，更是一种社会道德，它涉及技术理性与人文价值的协同发展（王景会、潘天波，2020）。需要培养工匠精神的不仅有从事手工业的工匠，甚至不仅适用于制造业的劳动者，而是所有人。每一个工匠精神践行者看似个体化的工作态度与职业行为背后，都有一个边界可灵活伸缩的"自我"（杨宜音、张曙光，2012），在较大的自我圈层中怀揣着家、国，乃至天下。

（二）总结

1. 研究结论

本研究根据文献分析、深入访谈及开放式问卷调查的结果，形成包含 48 个条目的工匠精神初始量表。对该量表进行探索性因素分析，删除 21 个条目后，形成包含 27 个条目的最终量表。提取出精业、勤业、创业、乐业4个因素。其中"精业",指的是严谨细致、精益求精的工作态度,如"我做事从来都是缜密周到","在考虑即将承担的工作任务时,我会想到每一个细节"等。"勤业",指的是工作中勤奋认真、执着不懈的精神品质,表现为对待工作勤奋努力,不轻言放弃,即使遇到困难,也会坚持不懈地完成它,如"一旦认定了目标,我就不会惧怕艰难险阻","我愿意为了工作去重复枯燥的过程"等。"创业",指突破创新、开拓进取和价值提升的目标追求,表现为传递一种创新的工作理念,追求工作方法的改进,同时也追求更高的工作效率,如"我乐于突破工作中出现的新难题","我常能想到一些新颖的点子"。"乐业",指关注且强调工作中蕴涵的社会责任与正义的价值取向,是心理层面对于自己职业的认同,表现为一种社会责任感与正义感,并想要充分发挥自己的才能,如"我认为工作是自我价值的一种体现","我非常渴望将自己的才能奉献社会"。本次编制量表及其各维度的内部一致性系数都在0.85以上,符合心理测量学的要求,具有较高的稳定性。量表各维度与总量表均显著相关($p < 0.01$),相关系数在0.85~0.89,表明该量表有良好的内容效度。同时,量表各因素之间以及量表总分与各因素间的相关系数都达到了预期的水平。探索性因素分析与验证性因素分析模型结构对数据的拟合良好。根据以上结论,此次编制的工匠精神量表结构清晰,具有较好的信度和效度,可以作为测量工匠精神水平的一个较为可靠的工具。

对所从事的职业勤奋钻研、对所负责的工作精益求精、对所精通的技艺传承与创新、对所追求的事业敬畏执着,是新时代卓越工匠的理想品质,综合体现着工匠个人和群体的价值追求。在新时代背景下,工匠精神虽然与传统含义一脉相承,但其内涵和外延都有了进一步发展。内涵上,工匠精神的核心目标从"造物"转向"育人",指一种稳定、积极的职业品质或素质,是有助于塑造高、精、坚人才的精神品质和"职业精神"(刘建军,2016)。外延上,工匠精神的践行主体已由从事体力劳动为主的特殊行业的"匠人",扩展到包括从事以脑力劳动为主的科技开发、发明创造在内的各行各业的工作者(董雅华等,2020)。

2. 不足与展望

本研究尚存一些不足之处。首先,验证性因素分析中部分指标结果不够完美,说明目前拟合相对最好的四因素模型仍有改进的空间。其次,量表质量检验缺乏重测信度的数据。最后,量表编制过程中主要选用大学生被试,缺乏现实工匠数据结果的有力支撑。虽然最后补充少量样本,并且获得支持量表质量的数据,但未来更多真正工匠样本的补充无疑有助于解决重测信度的问题和提升研究结果的说服力。

　　尽管量表目前尚待更多实证数据的检验，但关于工匠精神内容结构和测量方法的探索为围绕该主题进行量化研究奠定了有益基础，也有助于对工匠精神在新时期更丰富意涵的深入理解。工匠精神有助于树立崇尚劳动的风尚，形成尊重劳动者的氛围，弘扬爱岗敬业、诚实守信的精神，更有助于激发劳动者的敬业热情和创造能力，鼓励人们通过勤恳、认真的劳动去实现自我价值，自觉提升专业技能与素质，让尽心尽力的工作态度、精益求精的品质意识贯彻于各行各业（张苗苗，2016）。技术与艺术、求精与求效、守正与创新、造物与育人的有机统一（王英伟、陈凡，2019），才是新时期工匠精神培育的目标。不管是标准化制作一个零件，还是雕琢一件精美的艺术品；不管是处理日常行政事务，还是经营管理一个企业，都需要有专注工作的坚守、迎难而上的坚强、开拓进取的坚持，以及抵御诱惑的坚定，即追求卓越的心态。从这个层面来看，工匠精神已经超越生产领域，升华为凝聚全社会共识的时代精神与民族文化。

参考文献

曹前满，2020，《新时代工匠精神的存在逻辑：载体与形式》，《暨南学报》（哲学社会科学版）第 2 期。

董雅华、蒋楚楚、刘铁英、周源源，2020，《工匠精神的当代价值及其实现路径》，《现代教育管理》第 3 期。

方阳春、陈超颖，2018，《包容型人才开发模式对员工工匠精神的影响》，《科研管理》第 3 期。

高中华、赵晨、付悦，2020，《工匠精神的概念、边界及研究展望》，《经济管理》第 6 期。

贺正楚、彭花，2018，《新生代技术工人工匠精神现状及影响因素》，《湖南社会科学》第 2 期。

李宏伟、别应龙，2015，《工匠精神的历史传承与当代培育》，《自然辩证法研究》第 8 期。

李进，2016，《工匠精神的当代价值及培育路径研究》，《中国职业技术教育》第 27 期。

李林，2019，《为工匠精神培育营造良好制度环境》，《人民论坛》第 5（中）期。

李淑玲，2020，《智能化背景下工匠精神的新结构体系构建——基于杰出技工的质性研究》，《中国人力资源开发》第 8 期。

李砚祖、潘天波，2017，《工匠精神的社会化传承：一种文化心理学分析》，《美术与设计》第 6 期。

理查德·桑内特，2015，《匠人》，上海译文出版社。

刘建军，2016，《工匠精神及其当代价值》，《思想教育研究》第 10 期。

马永伟，2019，《工匠精神与中国制造业高质量发展》，《东南学术》第 6 期。

钱闻名，2018，《基于行业标准的新时代工匠精神培育路径研究》，《江苏高教》第 11 期。

王国领、吴戈，2016，《试论工匠精神在现代中国的构建》，《中州学刊》第 10 期。

王景会、潘天波，2020，《工匠精神的人文本质及其价值——时空社会学的视角》，《新疆社会科学》第 1 期。

王靖，2019，《新时代工匠精神的价值内涵与大学生职业精神的塑造》，《中国高等教育》第 5 期。

王英伟、陈凡，2019，《新时代工匠精神的审视与重构》，《自然辩证法研究》第 11 期。

王轶楠、刘嘉，2019，《让小我融入大我：本土心理学视角下的自尊研究》，《中国社会科学报》，第 1792 期。

肖凤翔、王金羽，2017，《"样式雷"世家工匠精神培养的现代教育意蕴》，《河北师范大学学报》（教育科学版）第 5 期。

肖群忠、刘永春，2015，《工匠精神及其当代价值》，《湖南社会科学》第 6 期。

亚力克·福奇，2014，《工匠精神——缔造伟大传奇的重要力量》，浙江人民出版社。

杨宜音、张曙光，2012，《在"生人社会"中建立"熟人关系"：对大学"同乡会"的社会心理学分析》，《社会》第 6 期。

叶龙、刘园园、郭名，2018，《包容型领导对技能人才工匠精神的影响》，《技术经济》第 10 期。

查国硕，2016，《工匠精神的现代价值意蕴》，《职教论坛》第 7 期。

张苗苗，2016，《思想政治教育视野下工匠精神的培育与弘扬》，《思想教育研究》第 10 期。

张琰、匡瑛，2016，《新工业革命背景下的"玉圭金枭"——论"工匠精神"存在的必要性及其培育》，《职教通讯》第 19 期。

庄西真，2017，《多维视角下的工匠精神：内涵剖析与解读》，《中国高教研究》第 5 期。

Aoyama & Reijiro. (2015). Global Journeymen: Re-inventing Japanese Craftsman Spirit in Hong Kong. *Asian Anthropology*, 14 (3), 265 – 282.

Huang Yue. (2016). How can China Inspire Craftsman's Spirit? *Beijing Review*, 59 (15), 46 – 47.

Jansen, A., Leiser, M. S., Wenzelmann, F. & Wolter, S. C. (2015). Labor Market Deregulation and Apprenticeship Training: A Comparison of German and Swiss Employers. *European Journal of Industrial Relations*, 21 (4), 353 – 368.

Kaiser, H. F. (1974). An Index of Factorial Simplicity. *Psychometrika*, 39 (1), 31 – 36.

Keller, C. (2011). Shop Class as Soul Craft: An Inquiry into the Value of Work (review). *Technology and Culture*, 52 (1), 209 – 210.

Paanakker, H. L. (2019). Values of Public Crafts manship: The Mismatch Between Street-Level Ideals and Institutional Facilitation in the Prison Sector. *American Review of Public Administration*, 49 (8), 884 – 896.

Rokeach, M. (1973). *The Nature of Human Values*. New York: Free Press.

Sword, H. (2017). *Air & Light & Time & Space: How Successful Academics Write*. London: Harvard University Press.

Thorlindsson, T., V. Halldorsson & I. D. Sigfusdottir. (2018). The Sociological Theory of Craftsmanship: An Empirical Test in Sport and Education. *Sociological Research Online*, 23 (1), 114 – 135.

《中国社会心理学评论》 第 23 辑
第 205～216 页
© SSAP，2022

社会猜疑对多重身份融合的影响[*]

高承海 马 骁[**]

摘 要：社会猜疑是人们关于公平、信任的负面看法，不利于和谐关系建立，但在多重群体身份构成的复杂社会中，社会猜疑如何影响多重群体身份的融合尚不清楚。本研究以两个族群的 273 名大学生为研究对象，测量了被试的社会猜疑水平、群体身份重叠程度，以及族群认同和国家认同四个核心变量，探讨与分析社会猜疑对多重群体身份融合的影响及调节作用。结果表明，族群认同和国家认同存在显著的正相关，且社会猜疑显著负向调节族群认同与国家认同的关系，即当被试社会猜疑水平较低时，其族群认同正向预测国家认同；当社会猜疑水平较高时，二者关系不显著。此外，少数族群的社会猜疑还能显著负向预测其多重群体身份重叠程度。总之，较低的社会猜疑有利于族群认同和国家认同的和谐共生，这为解决大型社会的身份复杂性问题、促进多重群体身份融合具有启发意义。

关键词：社会猜疑 社会身份复杂性 群体身份融合 族群认同 国家认同

一 引言

随着现代化与全球化的发展，人们日益生活在一个由多重身份构成的

---

* 本研究得到 2020 年度国家社科基金（编号：20BMZ081）的资助。厦门大学社会与人类学院吴胜涛副教授对本文研究设计和数据采集、分析提供了协助，在此深表感谢。

** 高承海，西北师范大学西北少数民族教育发展研究中心副教授，硕士生导师，通信作者，Email：gaochenghai@163.com；马骁，宁夏大学/厦门大学社会与人类学院博士研究生。

复杂社会中，这给个体生活及社会治理带来了极大挑战。公平正义、相互信任的社会心态有助于建立和谐的群体关系，相反，愤世嫉俗、相互猜疑则可能对群体关系产生消极影响。本研究以族群、国家的多重身份认同为例，探讨其融合可能，以及社会猜疑的调节作用。

（一）社会猜疑与群体关系

社会猜疑（societal cynicism）是人们关于公平、信任的消极看法，一个高社会猜疑的人倾向于认为生活充满不幸和剥削，对社会制度也不信任（Leung et al.，2002）。作为社会公理（social axiom，又译作"社会通则"）的一个维度，社会猜疑是一种社会信念，与多个文化价值观指标相关，并在40多个国家的多文化样本中得到验证（Bond，2004）。社会猜疑的概念有助于了解人们对所处社会历史、当前社会制度的态度，也可以作为了解个体社会心理与行为的工具。Bond等（2004）通过跨文化的调查研究发现，社会猜疑水平较高的国家其经济竞争力较高，但是其公民的内在工作动机和工作满意度较低，人与人之间相互算计、社会互动更加消极；社会猜疑还与较低的社会责任心、更多的群体内部分歧等相关。最近的研究还发现，社会猜疑可以调节社会排斥与共情、亲社会行为的关系，即只有社会猜疑水平低的个体才会对社会排斥做出更强烈的共情，并表现出更高水平的亲社会行为（Bryan，Kimin，& Norman，2021）。由此可见，社会猜疑作为一种消极的社会信念，不利于和谐关系的建立。

在群际关系层面，社会猜疑也与群际态度、身份认同密切联系。研究表明，社会猜疑水平更高的个体更偏爱内群体，更倾向于把消极行为当作外群体的典型特征（Kurman，2011）。一项以中国内地学生为被试的研究，检验了社会猜疑与刻板印象（对香港人的）的关系，发现内地大学生的社会猜疑水平越高，他们对香港人持有的竞争性印象越强烈而热情性印象越弱（Guan，Deng，& Bond，2010）。另一项研究还验证了内地、香港大学生的社会猜疑与社会认同（"中国人"认同）、社会事件效价（积极/消极）与中国人原型感知之间的关系，发现社会猜疑调节了社会认同和事件效价对中国人原型感知的影响，即当被试的社会猜疑水平较高时，那些高认同者认为积极行为更符合中国人的典型特征，而低认同者认为消极行为符合中国人的典型特征。然而，当社会猜疑水平较低时，无论中国人认同水平如何，积极和消极行为都被认为是同样典型的（Chen，Guan，& Hui，2012）。总之，社会猜疑与群体身份的表征、认同有重要关系，但需要进一步验证，这是本研究的出发点。

（二）多重群体身份融合及影响因素

人是以类别化的形式存在于社会当中的，每个人在社会当中都归属于不同的群体而拥有不同的社会身份，最为重要的几个社会身份包括性别、族群、宗教、政治党派和社会阶层等。在全球化不断深入的今天，人们的社会身份更具多重性、相对性和情境性。人们如何表征这些多重的社会身份，对群际关系有重要的影响。为理解多重社会身份表征及其对群际关系的影响，Roccas 和 Brewer（2002）提出了社会身份复杂性（Social Identity Complexity，SIC）概念，它是指个体对自己多重身份的主观表征方式，通常用个体感知到的多重身份之间的重叠程度加以测量。那些认为自己不同社会身份重叠较大的个体，其社会身份复杂性程度更低（反之则社会身份更为复杂）；低社会身份复杂性的个体对外群体的偏见和歧视行为更少，他们更具包容性，对外群体表现出更多的信任感（Miller，Brewer，& Arbuckle，2009；Roccas & Brewer，2002）。此外，社会身份复杂性对个体的人际关系也有重要影响，社会身份复杂性程度低的个体更具开放性，他们的人际关系也更为和谐（Brook，Garcia，& Fleming，2008；Medvene，Grosch，& Swink，2006）。由此可见，降低社会身份复杂性、促进多重身份融合对于改善群际关系和人际关系方面均具有重要意义。

哪些因素影响社会身份复杂性？除了外部的社会文化因素（主要是多元文化背景和群际接触）、情景因素（包括内群体威胁、内群体的特异性、认知负荷和压力等），个体内部的认知与动机因素（认知风格和价值观）也不容忽视（Roccas & Brewer，2002；辛素飞、辛自强，2012）。研究发现，保守主义和权力的价值观与高社会身份复杂性正相关，而开放性和普遍性的价值观与低社会身份复杂性负相关（Brewer & Pierce，2005；Miller，Brewer，& Arbuckle，2009）。

社会猜疑作为一种重要的文化和价值观维度，它是否也影响人们的多重社会身份的表征和认同呢？目前还未有明确的答案。根据前述社会猜疑对群体和个体的影响，以及关于个人价值观影响社会身份复杂性的研究启示，我们认为存在这种影响，并以多民族国家社会成员的族群身份和国家身份及其认同为例，验证社会猜疑是否影响多重社会身份的表征及其认同融合。

将社会猜疑引入社会身份复杂性和认同融合的研究中具有双重意义。一方面能够发现影响社会身份复杂性的价值观维度，丰富当前社会身份复杂性的理论研究，对于促进和谐群际关系具有重要的意义；另一方面可以帮助多民族国家从个体的视角理解族群认同和国家认同的关系，采取正确的民族政策和社会策略处理二者之间关系，维护多民族国家的团结、统一与稳定。当前关于族群认同和国家认同的关系研究，主要是基于民族学、政治学等宏观地探讨了二者之间的关系，代表性的观点有"冲突论""共存论"等。前者主张族群认同和国家认同是相互冲突的，而后者则认为二者是可以共存共生的，取决于多民族国家采取的策略。主张冲突论，则可能会采取同化措施来构建统一的国家认同；主张共存论，则更倾向于采取更加包容的社会策略（陈茂荣，2014；韩震，2010；贺金瑞、燕继荣，2008；薛一飞、李春成，2018；于春洋、黄岩，2012；袁娥，2011）。

（三）研究问题与假设

为验证前面的设想，本研究以我国两个族群的大学生为研究对象，测量了被试的社会猜疑水平、社会身份复杂性程度、族群认同和国家认同四个核心变量。其中社会身份复杂性反映被试身份融合的认知表征，而族群认同和国家认同的相关程度着重反映被试情感上对族群身份和国家身份的融合程度。我们的研究目的有两点：一是验证社会猜疑对社会身份复杂性的影响，二是检验社会猜疑是否调节族群认同和国家认同的关系，以此证明社会猜疑对多重群体身份融合的影响。本研究中社会身份复杂性程度是根据其操作性定义来测量的，即测量被试对族群身份和国家身份的重叠性程度，具体做法是让被试在五种不同重叠程度的两个圆圈中选择一个，重叠程度越高得分越高，但被试的社会身份复杂性程度则越低。其余三个变量均采用李克特量表测量。此外，也收集了被试的性别、族群、阶层和年龄等人口学变量信息。

首先，基于社会信念和价值观会广泛影响人们的社会认知及行为的观点（Schwartz, Sagiv, & Boehnke, 2000），我们认为社会猜疑对多重社会身份的认知表征会产生影响，社会猜疑水平较低的个体，他们更具包容性，在多重社会身份的表征上可能更具重叠性，因而社会身份复杂性程度较低，反之亦然。因此，本研究的第一个研究假设是，社会猜疑与社会身份复杂性存在显著的负相关（H1）。其次，我国是世居的多民族国家，各民族在历史发展过程中交往、交流、交融，最终形成了多元一体的中华民族（费孝通，1989），各民族历来只有一个国家身份，这与移民国家社会成员的族群认同和国家认同有所不同，而近年我国各民族共同团结繁荣发展，民族关系总体呈现积极向好态势，各民族的国家认同水平进一步提高，据此，我们的第二个假设是被试的族群认同和国家认同存在显著的正相关，族群认同可以正向预测国家认同（H2）。最后，社会猜疑作为一种负面的社会信念和价值观，表现为较为消极的人性观和对所处社会制度的不信任等，其形成与所处社会的历史、经济、文化和制度等有重要关系。在多民族国家，族群身份和国家身份是社会成员最为重要的群体身份，个体持有的社会信念与所属民族和国家的文化、政治、经济等有必然的联系，因此，本研究的第三个假设是社会猜疑与族群认同、国家认同存在显著的负相关（H3），第四个假设是社会猜疑在上述二者之间存在调节作用（H4）。

二　方法

（一）　被试

本研究选取中国西北某省 273 名大学生为研究对象，被试年龄为 18～25 岁（$M = 19.86$，$SD = 1.35$）。其中女性 206 人，男性 67 名。此外，本研究选取的有独特语言、宗教传统的 A 族群 130 人，说普通话、无明确宗教信仰的 B 族群 143 人。

（二）　研究工具

社会猜疑　采用 Bond 等（2004）编制的量表，测量被试对社会公平、信任的负面看法，共 11 道题，所有项目采用 6 点计分（1 代表极不赞同，6 代表极其赞同），题目如"人善被人欺""有权势的人倾向于剥削他人"。在本研究中，量表内部一致性系数 Cronbach's α 为 0.78，信度良好。

族群认同和国家认同　采用国内周爱保等（2015）修订的族群认同和国家认同量表中的项目来测量被试对自己所属族群以及国家的认同感，量表共 10 道题，其中族群认同分量表 6 个项目，国家认同分量表 4 个项目，所有项目采用 6 点计分（1 代表极不赞同，6 代表极其赞同），如"我很清楚我的民族身份对我的重要意义""比起外国人，我觉得自己与中国人有更多的共同点"。本研究中族群认同分量表内部一致性系数 Cronbach's（2015）为 0.87，国家认同分量表内部一致性系数 Cronbach's（2015）为 0.77，表明信度良好。

群体身份重叠　根据 Roccas 和 Brewer（2002）对社会身份复杂性的操作性定义，本研究采用图片方式测量被试对族群身份和国家身份的重叠性程度，被试在五种不同重叠程度的两个圆圈中选择一个，重叠程度越高得分越高，认同融合越好，但社会身份复杂性程度越低。项目采用 5 点计分（1 代表极不赞同，5 代表极其赞同）国内已有研究表明，采用这种方式测量身份认同和文化相似性感知具有很好的信效度（高承海、王荣霞、孙中芳，2020）。

三　结果

（一）主要变量的描述统计

表 1 呈现的是本研究主要变量的描述统计和相关分析结果。相关分析表明，社会猜疑与群体身份重叠存在显著的负相关（$R = -0.18$，$p < 0.01$），表明社会猜疑程度越高，被试对多重社会身份的表征呈现越低的重叠性，因而身份复杂性程度更高，结果验证了本研究的第一个假设（H1）；族群认同和国家认同之间存在显著的正相关（$R = 0.22$，$p < 0.01$），结果验证了本研究的第二个假设（H2）；社会猜疑与族群认同关系不显著，但与国家认同存在显著的负相关（$R = -0.14$，$p < 0.01$），部分验证了本研究的第三个假设（H3）。

主要变量与人口学变量的相关分析结果表明，国家认同、族群认同和群体身份重叠均存在显著的族群差异，表现为 B 族群的国家认同得分更高，但族群认同得分较低；B 族群的群体身份重叠性得分越高（社会身份复杂性程度更低），族群认同与国家认同的相关程度越高。

表 1　主要变量的描述统计及相关分析

变量	M	SD	1. 社会猜疑	2. 国家认同	3. 族群认同	4. 群体身份重叠	5. 年龄	6. 性别[a]	7. 社会阶层[b]
1. 社会猜疑	3.19	0.68							
2. 国家认同	4.64	0.92	-0.14**						
3. 族群认同	4.32	0.91	0.03	0.22**					
4. 群体身份重叠	4.50	1.04	-0.18**	0.46**	0.11				
5. 年龄	19.86	1.35	-0.04	-0.24**	0.09	0.11			
6. 性别[a]	1.81	0.39	-0.07	0.00	0.11	0.09	0.03		
7. 社会阶层[b]	2.47	0.77	0.02	-0.16*	0.14*	-0.16*	0.02	0.10	
8. 族群[c]	0.48	0.50	0.10	-0.24**	0.17**	-0.38**	0.26**	0.03	0.35**

注：[a]性别编码为 1（女）、0（男），[b]社会阶层编码为 1（上）、2（中）、3（下），[c]族群编码为 1（A 族群）、0（B 族群）；$^*p < 0.05$，$^{**}p < 0.01$。

（二）社会猜疑在族群认同和国家认同之间的调节效应

本研究将族群认同作为自变量，社会猜疑和族群作为调节变量，社会阶层、年龄和性别作为协变量，国家认同作为因变量，进行调节效应检验（Bolin，2014）。结果表明（见表2）：族群认同能够显著正向预测国家认同，族群显著负向预测国家认同，这与相关分析结果一致，进一步验证了本研究的假设（H3），但社会猜疑对国家认同的预测效应不显著，这说明社会猜疑和族群认同之间存在交互作用，或者是因为国家认同和族群认同存在族群差异。

表 2　社会猜疑和族群的调节效应检验

	（1）国家认同	（2）国家认同
（截距）	4.65 ***	4.71 ***
	（0.05）	（0.05）
性别	0.11	0.17
	（0.13）	（0.12）
年龄	− 0.12 **	− 0.09 *
	（0.04）	（0.03）
社会阶层	− 0.24 **	− 0.15 *
	（0.07）	（0.07）
族群认同	0.21 ***	0.30 ***
	（0.06）	（0.05）
社会猜疑		− 0.07
		（0.07）
族群		− 0.31 **
		（0.11）
族群认同 × 社会猜疑		− 0.19 *
		（0.07）
族群认同 × 族群		− 0.53 ***
		（0.11）
社会猜疑 × 族群		− 0.27
		（0.15）
族群认同 × 社会猜疑 × 族群		− 0.05
		（0.15）
R^2	0.11	0.27
调整后的 R^2	0.10	0.24
Num. obs.	245	245

注：以上呈现的是非标准回归系数，括号内的是标准误；族群编码为 1（A 族群）、0（B 族群）；* $p < 0.05$，** $p < 0.01$，*** $p < 0.001$。

　　进一步结果证实，社会猜疑和族群认同的交互作用显著（$B = -0.19$，$SE = 0.07$，$p < 0.05$），表明社会猜疑负向调节族群认同对国家认同的预测作用，结果验证了本研究第四个假设（H4）。具体而言（见图1），社会猜疑程度较低时，族群认同显著正向预测国家认同（$B = 0.42$，$SE = 0.08$，$t = 5.4$，$p < 0.001$）；社会猜疑程度较高时，族群认同对国家认同的预测效应不显著（$B = 0.06$，$SE = 0.08$，$t = 0.7$，$p = 0.48$）。

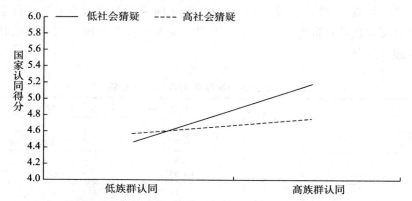

图1　社会猜疑在族群认同和国家认同之间的调节效应

　　族群对族群认同和国家认同的关系起到显著负向调节作用（$B = -0.15$，$SE = 0.3$，$p < 0.001$）。具体而言，B族群族群认同能显著正向预测国家认同（$B = 0.57$，$SE = 0.09$，$t = 6.5$，$p < 0.001$）；而A族群族群认同对国家认同的预测效应不显著（$B = -0.01$，$SE = 0.08$，$t = -0.08$，$p = 0.94$）。此外，族群也对社会猜疑与国家认同的关系起显著负向调节作用（$B = -0.62$，$SE = 0.3$，$p < 0.05$）。具体而言，A族群社会猜疑显著负向预测国家认同（$B = -0.31$，$SE = 0.11$，$t = -2.69$，$p < 0.05$），而B族群社会猜疑对国家认同的预测效应不显著（$B = 0.02$，$SE = 0.11$，$t = 0.16$，$p = 0.87$）。

（三）社会猜疑与群体身份重叠

　　本研究将社会猜疑作为自变量，族群作为调节变量，社会阶层、性别、年龄作为协变量，群体身份重叠作为因变量，进行调节效应检验（Hayes，2014）。结果表明（见表3）：社会猜疑显著负向预测群体身份重叠；族群身份显著负向预测群体身份重叠。

　　交互作用结果表明，族群身份在社会猜疑和群体身份重叠之间的调节作用不显著，（$B = -0.21$，$SE = 0.17$，$p > 0.05$）。但简单效应分析表明，尽管B族群社会猜疑对群体身份重叠的预测不显著（$B = -0.05$，$SE =$

0.12，$t = -0.41$，$p = 0.68$,)，但A族群社会猜疑显著负向预测群体身份重叠（$B = -0.27$，$SE = 0.13$，$t = -2.08$，$p < 0.05$）。

表3　族群调节变量回归模型

	(1) 群体身份重叠	(2) 群体身份重叠
(截距)	4.52*** (0.06)	4.53*** (0.06)
性别	0.26 (0.16)	0.28 (0.15)
年龄	-0.07 (0.04)	-0.01 (0.04)
社会阶层	-0.18* (0.08)	-0.02 (0.09)
社会猜疑	-0.20* (0.09)	-0.15 (0.08)
族群		-0.66*** (0.13)
社会猜疑×族群		-0.21 (0.17)
R^2	0.05	0.15
调整后的 R^2	0.04	0.13

注：以上呈现的是非标准回归系数，括号内为标准误；族群编码为1（A族群）、0（B族群）；* $p < 0.05$，** $p < 0.01$，*** $p < 0.001$。

以上研究结果表明，社会猜疑在族群认同和国家认同之间存在显著的负向调节作用；族群在族群认同和国家认同之间以及在社会猜疑和国家认同之间存在显著调节作用，尽管族群在社会猜疑和群体身份重叠之间的调节效应不显著，但对于少数族群A而言，社会猜疑显著负向预测其群体身份重叠。

四　讨论

本研究揭示了社会猜疑在群际关系中的作用，即社会猜疑与多重群体身份的认知表征存在显著相关，那些社会猜疑水平较低的个体，他们的多重群体身份呈现更多的重叠性，社会身份复杂性程度更低。根据社会身份复杂性理论，低社会身份复杂性的个体更具有包容性、对外群体持有的偏见和歧视更少。相比以往关于影响社会身份复杂性的因素研究，本研究在社会文化环境等因素的基础上，发现了影响身份复杂性的又一个个体层面的文化与价值观因素，研究结果对于社会身份复杂性理论的完善与发展具有一定贡献。

本研究发现，社会猜疑与国家认同存在显著负相关，而与族群认同的相关不显著，这个结果对于多民族国家具有重要的启发，即多民族国家可以通过改变社会成员的社会信念（降低社会猜疑）来增强国家认同，这有利于族群认同和国家认同的和谐共存。进而，当我们考察社会猜疑在两种群体身份（族群认同和国家认同）之间的作用时，发现社会猜疑起显著的调节作用，即当被试的社会猜疑水平较低时，其族群认同正向预测国家认同；当社会猜疑水平较高时，二者关系不显著。这进一步证实了社会猜疑不仅影响多重群体身份的认知表征，还对多重群体身份融合具有重要影响。类似地，国内另一项研究也证实了社会信念在族群认同和国家认同之间的作用：该研究测量了体制合理化信念、族群认同和国家认同三个核心变量，结果发现体制合理化信念正向预测族群认同和国家认同；尤其对少数族群个体，体制合理化信念还在二者之间存在负向调节作用，即体制合理化信念水平较高的少数族群个体，其族群认同和国家认同的关系不显著，但是族群认同和国家认同程度均较高（周爱保、侯玲、高承海，2015）。

本研究将社会猜疑引入理解社会身份复杂性及其认同融合问题，在研究内容方面扩展了当前社会身份复杂性影响因素的研究，研究结果验证了本研究提出的三个假设，在理论和实践方面均有重要意义。但是，本研究也存在不足，需要未来的研究加以完善。一是本研究采取自陈报告的方式对社会猜疑、族群认同、国家认同和群体身份重叠进行了测量，无法获得被试的内隐认知和态度。二是本研究采取问卷法，这决定了本研究对变量关系的探讨只能是相关水平的，而不能做出因果关系的推断。未来的研究，可以进一步在更多的社会群体当中，以更多群体身份（如性别、职业、阶层等）为例，采取内隐测量方法，以实验的方法验证社会猜疑对社会身份复杂性和认同融合影响的社会心理机制问题。

综上所述，本研究再次证实了社会猜疑在群际关系（社会身份认同）中发挥着不容忽视的作用，能够调节多重群体身份融合。这对于我们理解大型社会的身份复杂性问题、促进多重群体身份融合具有重要的理论和实践意义。

参考文献

陈茂荣，2014，《民族认同与国家认同何以和谐共生——基于民族认同基础理论的分析》，《青海民族研究》第 2 期。

费孝通，1989，《中华民族的多元一体格局》，《北京大学学报》（哲学社会科学版）第 4 期。

高承海、王荣霞、孙中芳，2020，《民族接触减弱民族本质论：文化认同与文化相似性的中介作用》，《心理科学》第 2 期。

韩震，2010，《论国家认同、民族认同及文化认同———一种基于历史哲学的分析与思考》，《北京师范大学学报》（社会科学版）第 1 期。

贺金瑞、燕继荣，2008，《论从民族认同到国家认同》，《中央民族大学学报》（哲学社会科学版）第 3 期。

辛素飞、辛自强，2012，《社会身份复杂性的研究：理论、方法与进展》，《心理科学进展》第 3 期。

薛一飞、李春成，2018，《民族认同与国家认同之辩———二者关系类型及其困境化解之对策选择》，《广西民族研究》第 1 期。

于春洋、黄岩，2012，《论民族认同与国家认同———兼谈"共存共生"论对两者关系协调的启示》，《广西民族研究》第 4 期。

袁娥，2011，《民族认同与国家认同研究述评》，《民族研究》第 5 期。

周爱保、侯玲、高承海，2015，《民族认同和国家认同的和谐共生：社会公正信念的作用》，《西南民族大学学报》（人文社科版）第 7 期。

Bolin, J. H. (2014). Introduction to Mediation, Moderation, and Conditional Process Analysis: A Regression-Based Approach. *Journal of Educational Measurement*, 51 (3), 335 – 337.

Bond, M. H., Leung, K., Au, A., Tong, K. K., deCarrasquel, S. R., Murakami, F., …& Lewis, J. R. (2004). Culture-level Dimensions of Social Axioms and their Correlates Across 41 Cultures. *Journal of Cross-Cultural Psychology*, 35 (5), 548 – 570.

Brewer, M. B. & Pierce, K. P. (2005). Social Identity Complexity and Outgroup Tolerance. *Personality and Social Psychology Bulletin*, 31 (3), 428 – 437.

Brook, A. T., Garcia, J. & Fleming, M. (2008). The Effects of Multiple Identities on Psychological Well-Being. *Personality and Social Psychology Bulletin*, 34 (12), 1588 – 1600.

Bryan, K. C. Choy, Kimin, E. & Norman P. (2021) Li. Too Cynical to Reconnect: Cynicism Moderates the Effect of Social Exclusion on Prosociality through Empathy-Sciencedirect. *Personality and Individual Differences*, 178 (8), 1 – 6.

Chen, S. X., Guan, Y. J. & Hui, C. M. (2012). Responding to News about a Natural Disaster: The Interplay of Group Identification and Social Cynicism in Perceived Prototypicality. *International Journal of Intercultural Relations*, 36 (4), 586 – 597.

Guan, Y. J., Deng, H. & Bond, M. H. (2010). Examining Stereotype Content Model in a Chinese Context: Inter-group Structural Relations and Mainland Chinese's Stereotypes towards Hong Kong Chinese. *International Journal of Intercultural Relations*, 34 (4), 393 – 399.

Kurman, J. (2011). What I Do and What I Think They Would Do: Social Axioms and Behaviour. *European Journal of Personality*, 25 (6), 410 – 423.

Leung, K. , Bond, M. H. , Carrasquel, S. , Muñoz, C. , Hernández, M. , Murakami, F. , …& Singelis, T. M. （2002）. Social AxiomsThe Search for Universal Dimensions of General Beliefs about How the World Functions. *Journal of Cross-Cultural Psychology*, 33 （3）, 286 – 302.

Medvene, L. , Grosch, K. & Swink, N. （2006）. Interpersonal Complexity: A Cognitive Component of Person-centered Care. *Gerontologist*, 46 （2）, 220 – 226.

Miller, K. P. , Brewer, M. B. & Arbuckle, N. L. （2009）. Social Identity Complexity: Its Correlates and Antecedents. *Group Processes & Intergroup Relations*, 12 （1）, 79 – 94.

Roccas, S. & Brewer, M. B. （2002）. Social Identity Complexity. *Personality and Social Psychology Review*, 6 （2）, 88 – 106.

Schwartz, S. H. , Sagiv, L. & Boehnke, K. （2000）. Worries and Values. *Journal of Personality*, 68 （2）, 309 – 346.

《中国社会心理学评论》 第 23 辑
第 217~235 页
© SSAP，2022

使用人工智能提升人类认同[*]

王从余　翟　崑　彭凯平[**]

摘　要： 人工智能正在成为人类共同的外群体对象，它比动物更智能、比外星人更现实，随着技术的发展普及而随处可见。那么使用人工智能会提升"我是人类中一员"的认同感吗？发展预期在其中起何作用？本研究考察人工智能深度经验与人类认同的关系，以及发展预期的调节作用。结果显示，人工智能深度经验与人类认同倾向、国际捐赠意愿显著正相关，且发展预期在其中起显著调节作用，即当发展预期较乐观时，人工智能深度经验正向预测人类认同倾向、国际捐赠意愿；当发展预期较悲观时，上述预测效应不再显著。结果表明，人工智能的深度使用有助于提升人类认同，尤其当大众对人工智能发展抱乐观预期时，可能会促进人类命运共同体的积极构建。

关键词： 人工智能　人工智能经验　人类认同　社会认同　内群体偏好

一　引言

人类自发展早期就对群体间的社会分类线索有着一种天然的敏感（Richter, Over, & Dunham, 2016）。即使同一抽象水平上的两个社会类别

---

[*] 本研究得到全国教育科学规划 2022 年度教育部青年课题"人工智能提升共同体意识的心理机制及干预研究"（项目号：EEA220518）课题的资助。

[**] 王从余，中国人民公安大学教师，清华大学社会科学学院博士；翟崑，北京大学国际关系学院教授、博士生导师；彭凯平，清华大学社会科学学院心理学系教授、博士生导师，通讯作者，Email：pengkp@mail.tsinghua.edu.cn。

之间没有发生冲突，仅仅是觉知到外群体存在于社会背景，人们就会将其与相应的内群体（自己所属的社会类别）进行社会比较，进而提升内群体认同（Turner, Hogg, Oakes, Reicher, & Wetherell, 1987）。过去，社会认同视角往往限于人类内部不同性别、国家、种族、职业等基于地缘政治、语言文化的真实群体（Abrams & Hogg, 1990; Dick, Wagner, Stell-macher, & Christ, 2005），或者没有面对面互动、群体间没有历史与未来的最简群体（Otten & Mummendey, 1999）。最简群体范式通过实验操纵实现社会分类，人为地构建出内外群体（Otten, 2016），在高度控制变量的条件下验证了仅仅因为外群体在场，人类便会对内群体表达出更多的认同与偏好（Brown, 2020; Hogg, 2016）。

　　然而，新一轮的技术革命和新一代工业革命将再次引领人类社会的颠覆性变革，人类将不再是地球上唯一的智能体（Adams et al., 2012; Long, 2017），随处可见的人工智能正在成为人类共同的外群体对象，人类的自我概念在人工智能时代下面临前所未有的变化。那么，人工智能的使用是否会影响人类作为共同内群体的身份认同呢？

（一）人工智能与人类认同

　　前人关于人工智能影响人类认同的研究发现，工作场所自动化水平的提升，降低了工作场所中的种族歧视与偏见（Gamez-Djokic & Waytz, 2020; Jackson et al., 2019）。这是因为工作场所的自动化意味着人类与人工智能竞争，并产生了人类将被取代的威胁。外群体带来的威胁，让"我是人类中一员"的群体身份更加凸显，对人类共同内群体的认同得到提升，人类内部的歧视与偏见也随之降低。

　　但人工智能提升人类认同的效应不必由现实冲突或潜在威胁来激发；人类与人工智能的社会分类是人工智能凸显人类认同的最小条件。实证研究发现，仅仅是使用人工智能的经验水平便可正向预测人类认同（王从余，2021）。人工智能经验指的是个体使用人工智能的综合性、常规性经验，并非特定领域或某款应用的使用经验。它所对应的情境是宏观地、笼统地暴露于人工智能，不是一款特定应用所带来的交互体验，也不是人类与人工智能发生冲突的情境。其中，人工智能深度经验与人类认同的关联更强。人工智能深度经验是指需要一定理解、操纵难度较高的使用经验，例如，使用机器学习算法、操控无人机等；与之相对的是，不怎么需要理解、门槛低、新手友好的人工智能初级经验，例如，使用个性化推荐功能、使用机器翻译软件等。

更重要的是，在控制了人工智能威胁、教育水平、文化背景等变量后，人工智能深度经验与人类认同的正相关仍显著。进一步中介分析揭示，由人工智能拟人化感知、人类水平人工智能接近度感知构成的人工智能觉知在其中起中介作用。人工智能拟人化感知、人类水平人工智能接近度感知是人工智能在多大程度上与人类相似和接近的主观感知。只有两个相似（similar）且接近（proximate）的群体才能进行社会比较，从而成为一对内外群体（Hinkle & Brown，1990）。举个通俗的例子，清华男篮的外群体对象可以是北大男篮，但不会与北大足球队进行比较，因其不相似；也很少与伯克利男篮进行比较，因为相距甚远。

总结而言，人工智能深度经验较高的人，更倾向于感知到人工智能与人类是相似且接近的，并将人工智能视为人类的外群体。在社会认同视角下，即使内外群体之间没有冲突与威胁，当个体觉知到人类的外群体对象，他作为人类中一员的群体身份也会更加凸显（Turner，Hogg，Oakes，Reicher，& Wetherell，1987；Turner & Oakes，1986；Turner & Onorato，1999）。因此，不需要人工智能威胁的存在，仅仅使用人工智能便可提升人类认同。

（二）人类认同的测量

人类认同是指对人类抱有认同、共情和喜爱（情感），把自己看作整个人类中的一员（认知），关心人类福祉并愿意帮助人类（行动）。随着全球化的演进，人类认同的重要性在国际交流中越来越多的展现出来。前人编制问卷以测量人类认同，例如，全人类认同量表（McFarland et al.，2012）在美国、德国、波兰等得到广泛使用，并具有良好的信效度（Baum et al.，1957；McFarland et al.，2012；McFarland et al.，2019）。

除了用量表来测量人类认同，前人也会通过测量人类内部的内群体偏好来反映人类认同（Gamez-Djokic & Waytz，2020；Jackson et al.，2019）。人类渴望获得积极的自我概念，而社会认同是人们关于集体自我如何与社会群体联系的一种认知，是自我概念的重要组成部分（Hogg，2000）。所以人类同样追求积极的社会认同，也就是希望看到内群体比外群体更好，这在人类内部已得到充分的实证证据支持（Dunham，2018；Higgins，1996）。例如，给内群体成员分配更多的积分奖励（Hertel & Kerr，2001；Tajfel，Billig，Bundy，& Flament，1971）、与内群体成员更多合作（Yamagishi，Mifune，Liu，& Pauling，2010）、对内群体成员更信任（Plötner，Over，Carpenter，& Tomasello，2015）、更诚实（Cerda & Warnell，2020）、更慷慨（Sparks, Schinkel, & Moore, 2017）、更感同身受（Benoît, Thier-ry, Olivier, & Harold, 2012）等。于是，本研究还加入国际捐赠意愿作为人类认同的具体测量指标。国际捐赠意愿是内群体偏好的一种具体表现形式，其操作性定义是为他国捐赠意愿与为本国捐赠意愿的差值。由于本国与他国是一组内外群体，所以为本国捐赠的意愿通常高于为外国捐赠的意愿，即国际捐赠意愿可能呈负值。

不过，在一些情况下内群体偏好会有所降低，特别是当两个群体的成员对上位群体产生共同内群体认同时，共同内群体认同的包容性力量，可以改善亚群体间关系，这就是共同内群体认同模型（common in-group iden-tity model；管健、荣杨，2020）。具体而言，通过引入抽象水平更高、包容性更强的社会类别，可以改变原本的社会分类倾向，进而达到减少内群体偏好、促进共同内群体认同的结果（Gaertner et al., 1993；Gaertner, Dovidio, & Bachman, 1996）。因为在共同内群体认同模型中，共同内群体认同的提升与亚群体间内群体偏好的降低本是一体两面的结果（Gaertner & Dovidio, 2005）。且国际捐赠意愿与人类认同的正相关性已得到不少跨文化的实证数据（McFarland et al., 2019）。

将国际捐赠意愿纳入研究还有以下两点优势。第一，它从行为意图层面测量人类认同，提高了实验的生态效度，与主观报告的全人类认同感量表形成互补，丰富了因变量的测量方式，以检验人工智能觉知影响人类认同的稳健性。第二，当个体报告国际捐赠意愿时，本国和他国这一组人类内部的社会分类得到凸显。因此，将国际捐赠意愿作为因变量，亦是为了检验当人类内部的外群体与人工智能同时被觉知时，使用人工智能是否还能提升人类认同。

（三）人工智能发展预期的调节作用

既然威胁与冲突并非人工智能提升人类认同的前提，那么到底什么是前提呢？众所周知，人类从来都不是地球上唯一的物种，其他动物也参与人类的生产生活，也在一些场景下具有社交功能，并进行社会行动，但是以"万物之灵"自居的人类，即使会对动物（特别是自己的宠物）抱有情感和关怀，却很少真正将某一个动物种群视为一种具有社会心理意义的社会类别，而是局限于生物学意义上的非人类物种。这主要是因为人类对动物在智能水平上有压倒性优势（Sanders, 1990）。所以从严格意义上讲，只有人类水平人工智能才有可能成为人类的外群体。然而回到现实，人工智能还处于弱人工智能阶段，只能在一些专业领域和特定任务表现上与人类媲美（Silver et al.，2016），但是在很多领域还远远不如人类水平，距全面达到人类水平尚有很长的路要走（Russell & Norvig，2010）。既然如此，为什么现阶段人工智能的使用经验还能够正向预测人类认同？

我们推断，是因为人们对人工智能达到人类水平抱有期望。从诞生之初，人工智能便不满足于作为一个代替人类执行任务的高性能工具，而是旨在成为与人类媲美的智能体（Wang，2019）。"精确、全面地描述人类的学习和其他智能，并制造机器来模拟"是 1956 年达特茅斯会议上提出的目标（Iliadis，Maglogiannis，Papadopoulos，Karatzas，& Sioutas，2012；Kile，2013；McCarthy，Minsky，Rochester，& Shannon，2006）。近年来，人工智能在一些特定任务上的成功表现让人类水平人工智能的期待更加深入人心（Goertzel，2014）。

那么人工智能什么时候达到人类的智能水平？对此，人工智能技术专家尚未达成共识。各路观点众说纷纭（Müller & Bostrom，2016）。如未来学家 Ray Kurzweil 预测人工智能将在 2029 年达到人类水平，纽约大学心理学教授 Gary Marcus 预测还要 20～50 年，而 Rethink Robotics 公司董事长兼首席执行官 Rodney Brooks 则预测要几百年后（IEEE Spectrum，2017）。又如 Grace、Salvatier、Dafoe、Zhang 和 Evans（2018）调查 352 名在 NIPS 和 ICML 会议上发表论文的人工智能专家，结果显示，中国专家的综合预测比美国专家早四十几年（2046 年 vs. 2090 年）。

本研究对发展预期的操作性定义是人类水平人工智能是否会在有生之年到来的主观感知。因为无论一个人是抱有"在我死后，哪管洪水滔天"的心态，还是心怀对人类文明的隽永关怀，生前身后的区别都足以让人工智能的影响发生质变。因此，发展预期以生与死为临界点可被分为两类：一类是乐观的预期，觉得人类水平人工智能会在有生之年到来；另一类是悲观的预期，觉得人类水平人工智能无法在有生之年到来。对个体而言，生与死之间有着无法穿透的边界。当个体觉得人类水平人工智能无法在有生之年到来的时候，个体可能很难将人工智能当成人类的外群体。因为人工智能诞生于计算机科学，之所以逐步成为一个独立学科，本质区别在于人工智能以构建一个与人类智能媲美的智能体为目标，而计算机仍是人类打造更高性能的工具（Beni & Wang，1993）。因此，当个体的发展预期比较悲观时，人工智能相当于退回到计算机领域，只是一种更高性能的工具，而不是具有社会心理意义的社会类别，更遑论成为人类的外群体。

（四）研究问题与假设

总之，人工智能深度经验与人类认同可能存在正向关联，且发展预期可能在其中起到调节作用。具体而言，当个体觉得人工智能会在有生之年实现人类水平时，更倾向于将人工智能觉知为人类的外群体对象，便可能在使用人工智能的过程中提升人类认同；当个体觉得人工智能无法在有生之年实现人类水平时，会将人工智能视为人类手中的工具，所以他可能不会因为使用人工智能而提升人类认同。于是，我们提出假设：发展预期调节人工智能深度经验对人类认同的影响。当发展预期较乐观时，深度经验正向预测人类认同；而当发展预期较悲观时，深度经验与人类认同无显著相关。

如图1所示，本研究考察人工智能深度经验与人类认同的关系及其作用机制，以探索使用人工智能提升人类认同的前提条件。

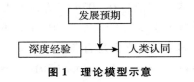

图1　理论模型示意

二　方法

（一）被试

我们委托 Credamo 公司招募18岁以上、中文流利、非人工智能专业的中国公民参加实验。该公司采用网络问卷的方式发放问卷489份，剔除答题时间过长过短、注意筛查专业不符合发布要求的数据后，有效问卷326份，有效率66.67%，男性156名，女性170名，平均年龄26.76±6.06岁。仅招募非人工智能专业者是为确保实验操纵的有效性。一方面，专业者的接近度感知较高（王从余，2021），因而可能出现天花板效应。另一方面，参与者阅读的实验材料是专家预测人工智能达到人类水平的时间。而专业者很可能了解业内专家的真实观点，或因掌握人工智能技术细节而有稳定的自主判断，这可能导致他们难以采信这些实验材料。

（二）实验材料与程序

参与者阅读指导语，同意进入测评后，先填写人工智能经验问卷，经过发展预期（乐观组 vs. 悲观组 vs. 对照组）的随机分组，阅读相应的实验材料。然后，依次填写人工智能智能水平感知、人工智能拟人化感知、人类水平人工智能接近度感知、全人类认同感量表、国际捐赠意愿的问卷。最后收集被试的年龄、性别、专业等信息。

我们对人工智能深度经验的测量采用人工智能经验问卷的深度经验分问卷，共 5 个项目，采用 Likert 7 点评分（1 = 从不使用，7 = 经常使用），信度良好（Cronbach's α = 0.91）（王从余，2021）。所有项目均为正向计分，问卷总分越高，人工智能深度经验越丰富。

人类认同倾向采用全人类认同感量表（Identification With All Humanity）来测量（McFarland et al.，2012）。该量表共 9 个条目，采用 Likert 5 点评分（1 = 非常遥远，5 = 非常接近），信度良好（Cronbach's α = 0.93）。由两名社会心理学博士生独立将原始项目翻译成中文，再由另外两名博士生比较和修改，直到达成共识。代表性条目为 "您对这个群体的认同程度是多少（例如有归属感，爱这个群体，关心这个群体）？——社区/中国/全世界的人"。在中国文化背景下人们对社区认同的概念相对陌生，因此仅收集国家和全人类的认同感数据。根据 McFarland 等（2012）的计分规则，将全人类与国家的分数相减作为最后得分，对国家认同进行控制变量，得到了剔除重合部分的人类认同倾向。得分越高，人类认同倾向越强。

国际捐赠意愿通过两个问题来测量："如果第二波疫情暴发，在捐赠渠道可靠的前提下，（1）你有多大可能性为中国抗击疫情捐款？（1 = 完全不可能，7 = 很有可能）；（2）你有多大可能性为疫情最严重的国家捐款？（1 = 完全不可能，7 = 很有可能）。"该实验发布于 2020 年 6 月 18 日至 23 日，当时中国疫情防控已进入常态化阶段，而国际疫情持续蔓延。以 2020 年 6 月 18 日为例，中国 31 个省（自治区、直辖市）和新疆生产建设兵团报告新增确诊病例 32 例，而美国新增确诊病例 22839 例。因此，问题二测量的是对他国的捐赠意愿。为了测量内群体偏好，我们将问题二分数减去问题一分数，所得结果作为最终得分。得分越高，国际捐赠意愿越强。另外，最终得分剔除了本国与他国捐赠意愿的重合部分，也对本身的捐赠意愿水平进行控制变量。

由于发展预期基于感知形成，会被权威观点所左右（Walton，2010），故参与者被要求阅读一段新闻报道，里面介绍了专家对人工智能发展的预期。在乐观组阅读的实验材料中，调查结果显示专家普遍认为人工智能将在 25 年内达到人类水平，即人类水平人工智能会在有生之年到来（参与者年龄为 18 ~ 37 岁）；在悲观组阅读的则是专家普遍认为要几百年之后人工智能才能达到人类水平，即人类水平人工智能无法在有生之年到来。此外，两组的实验材料都指出人工智能一定会达到人类水平，且描述了人类水平人工智能的具体表现。也就是说，为控制变量，两组差异仅在于专家对人类水平人工智能实现时间的预测。对照组是一段算法的描述，三组材料的字数控制在 260～272 字。

发展预期的操纵检验包括三个方面：

（1）人类水平人工智能接近度感知，测量工具改编自 Müller 和 Bostrom（2016）关于人类水平人工智能的调查问卷，包括三个问题：1. 你觉得人工智能全面达到人类水平（在大部分领域的能力与人类水平相当）的可能性有多大？（1 = 完全不可能，7 = 必然发生）；2. 你觉得人工智能将在多少年后全面达到人类智能水平（在大部分领域的能力与人类水平相当）？（1 = 非常遥远，7 = 非常接近）；3. 你觉得现阶段的人工智能在多大程度上达到人类智能水平？（1 = 非常遥远，7 = 非常接近），采用 Likert7 点评分，信度良好（Cronbach's α = 0.70）。

（2）智能水平感知。采用广泛使用的 GODSPEED 问卷中智能水平感知分问卷，5 个条目分别是"无能的/有能力，不可靠/可靠的，无知的/知识渊博，低智能/高智能，愚蠢/明智"（Bartneck，Kulic'，Croft，& Zoghbi，2009），采用 Likert 7 点评分，信度良好（Cronbach's α = 0.86）。

（3）拟人化感知包括 4 个条目，采用 Likert 7 点评分，信度良好（Cronbach's α = 0.86）。其中 3 个来自 GODSPEED 问卷中拟人化感知分问卷，剔除两个外观拟人化的条目，采用"像机器/像人，无意识/有意识，人造的/栩栩如生"3 组相对的形容词。根据研究构想，增加一问："你觉得现阶段的人工智能在多大程度上与人类相似？（1 = 非常不相似，7 = 非常相似）"。

根据发展预期的定义，有效的实验操纵意味着人类水平人工智能接近度感知的组间差异显著，且智能水平感知与拟人化感知的组间差异不显著。

三　结果

（一）发展预期的操纵检验

多元方差分析结果显示，三组人类水平人工智能接近度感知差异显著，F（2，323）= 5.327，p = 0.005，η^2 = 0.03，LSD 多重比较发现，乐观组（$M = 15.83$，$SD = 3.22$）显著高于悲观组（$M = 14.47$，$SD = 3.52$；$p = 0.004$）和对照组（$M = 14.55$，$SD = 3.69$；$p = 0.006$），但乐观组和对照组的差异不显著（$p = 0.87$）。三组的智能水平感知［$F（2，323）= 0.29$，$p = 0.75$，$\eta^2 = 0.002$］和拟人化感知［$F（2，323）= 2.05$，$p = 0.13$，$\eta^2 = 0.01$］均无显著差异。表明发展预期的操纵有效，且实验材料有效控制了智能水平感知和拟人化感知。另外，三组间人工智能深度经验的差异不显著［$F（2，323）= 0.07$，$p = 0.94$，$\eta^2 < 0.001$］。

（二）描述统计、相关分析与多重共线性检验

所涉及各研究变量的均值、标准差和两两之间的皮尔逊相关系数总结见表 1。由表 1 可见，人工智能深度经验与人类认同倾向、国际捐赠意愿显著正相关。

表 1　各变量的平均数、标准差及相关矩阵

	M	SD	1. 人工智能深度经验	2. 人类认同倾向	3. 国际捐赠意愿
1. 人工智能深度经验	17.98	7.39	——		
2. 人类认同倾向	−13.85	7.80	0.27***	——	
3. 国际捐赠意愿	−1.58	1.51	0.25***	0.47**	——
4. 发展预期	——	——	−0.02	0.02	−0.03

注：** $p < 0.01$，*** $p < 0.001$。

由于各变量之间存在显著相关，可能会存在多重共线性问题，因此本研究对方程中的连续变量均进行了标准化处理和共线性诊断。结果显示，所有预测变量的特征根（0.19 ~ 1.81）均大于 0，条件指数（1.00 ~ 3.07）均小于 10，方差膨胀因子 VIF（1.00 ~ 1.31）均小于 5，容忍度（0.77 ~ 1.00）均大于 0.1，这说明数据不存在严重共线性问题，适合做进一步分析。

（三）人工智能深度经验与人类认同倾向、国际捐赠意愿的关系：发展预期的调节作用

本研究采用 PROCESS 程序的模型 1（Hayes，2013），在样本量选择为 5000，95% 的置信区间下，检验发展预期在人工智能深度经验与人类认同倾向之间的调节作用，以及发展预期在人工智能深度经验与国际捐赠意愿之间的调节作用。其中，发展预期为三分类变量，将乐观组作为参照，增加 2 个哑变量来代替"发展预期"这个变量，分别是 W1（1 = 悲观组，

0 = 非悲观组)、W2(1 = 对照组,0 = 非对照组)。回归分析如表 2 所示:
人工智能深度经验显著正向预测人类认同倾向、人工智能深度经验与哑变
量 W1 的交互项对人类认同倾向的影响显著为负。人工智能深度经验显著
正向预测国际捐赠意愿、人工智能深度经验与哑变量 W1 的交互项对国际
捐赠意愿的影响显著为负。

表 2 模型中变量的回归分析

结果变量	预测变量	整体拟合指数			回归系数显著性	
		R	R^2	F	β	t
人类认同倾向	人工智能深度经验	0.31	0.10	6.80 ***	0.34 ***	4.03
	W1				− 0.17 ***	− 1.30
	W2				0.03 ***	0.23
	人工智能深度经验 × W1				− 0.27 ***	− 2.11
	人工智能深度经验 × W2				0.03 ***	0.21
国际捐赠意愿	人工智能深度经验	0.29	0.09	6.00 ***	0.35 ***	4.02
	W1				− 0.16 ***	− 1.25
	W2				− 0.07 ***	− 0.56
	人工智能深度经验 × W1				− 0.33 ***	− 2.48
	人工智能深度经验 × W2				− 0.01 ***	− 0.05

注:模型中各变量均经过标准化处理后带入回归方程; * $p < 0.05$, *** $p < 0.001$。

我们通过 Bootstrap 计算 95% 置信区间来检验调节作用假设,结果显
示,发展预期显著调节了人工智能深度经验与人类认同倾向的关系 [R^2 =
0.02,F(2,320) = 3.03,$p = 0.049$]。如图 2 所示,当发展预期较乐观
时,人工智能深度经验显著正向预测人类认同倾向,$\beta_{乐观组}$ = 0.34,t =
4.03,$p < 0.001$,95% 的置信区间为 [0.18,0.51]、$\beta_{对照组}$ = 0.37,t =
3.88,$p < 0.001$,95% 的置信区间为 [0.18,0.56],均不包含 0;当发展
预期较悲观时,人工智能深度经验对人类认同倾向的效应不显著,$\beta_{悲观组}$ =
0.07,$t = 0.73$,$p = 0.46$,95% 的置信区间为 [− 0.12,0.26],包含 0。此
外,发展预期显著调节了人工智能深度经验与国际捐赠意愿的关系(R^2 =
0.02,F(2,320) = 3.44,$p = 0.03$)。如图 3 所示,当发展预期较乐观

时，人工智能深度经验显著正向预测国际捐赠意愿，$\beta_{乐观组} = 0.35$，$p <$ 0.001，95% 的置信区间为 [0.17，0.52]、$\beta_{对照组} = 0.34$，$p < 0.001$，95% 的置信区间为 [0.18，0.50]，均不包含 0；当发展预期较悲观时，人工智能深度经验对国际捐赠意愿的效应不显著，$\beta_{悲观组} = 0.02$，$p = 0.83$，95% $CI = [-0.19，0.23]$，包含 0。综合来看，人工智能深度经验与人类认同倾向、国际捐赠意愿的关系受到发展预期的调节，研究假设得到验证。

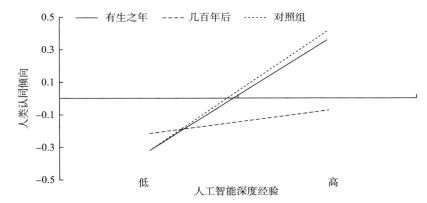

图 2　发展预期在人工智能深度经验与人类认同倾向之间的调节作用

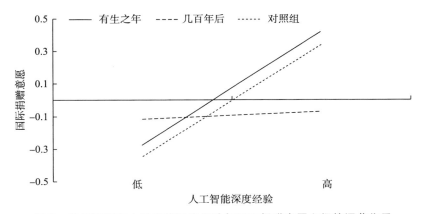

图 3　发展预期在人工智能深度经验与国际捐赠意愿之间的调节作用

四　讨论

本研究探讨了人工智能深度经验与人类认同倾向的关系，以及发展预期在其中的调节作用。在实验中，参与者阅读关于人类水平人工智能何时到来的权威预测，以操纵他们的发展预期。结果表明人工智能的深度经验与人类认同倾向正向关联，且当发展预期较乐观时，使用人工智能提升人类认同倾向的效应才达到显著水平。说明乐观的发展预期是使用人工智能提升人类认同倾向的必要条件。此外，基于国际捐赠意愿的证据证实了在人类内部的社会分类（国内、国际）凸显时，人工智能仍能影响人类认同倾向。

本研究的发现丰富了共同内群体认同模型的前因条件。前人研究发现，严重的自然灾害（Vezzali, Cadamuro, Versari, Giovannini, & Trifiletti, 2015）或跨国流动（Greischel, Noack, & Neyer, 2018）等前因条件可以提升共同内群体认同。本研究证实了人工智能也可以作为一种前因条件，减少人类内部的内群体偏差、提升人类认同倾向。这一发现把社会认同视角推广到包含非人类智能体的范畴，这在弱人工智能时代下给人类的自我概念带来前所未有的一种背景格局。同时，对人类命运共同体的构建也有现实的借鉴意义。人类命运共同体的构建不仅面临着国际政治中现实冲突因素的阻碍，还有一道心理认同的鸿沟：仅仅群体间的社会分类就会让人们偏袒内群体或内群体成员（Tajfel & Turner, 2010），这为国家、民族、种族等不同社会群体间的争端埋下心理根源（管健、荣杨，2020）。只有人们把全人类当成一个共同的内群体，人类的冲突才有可能消弭。研究者们调查了在大屠杀中营救犹太人的人，这些人都表达了"我是人类中一员"，这种认同感消弭了国家、民族、种族间的歧视和冲突（McFarland et al., 2012）。当前，人工智能或可为人类命运共同体增添了一笔人类认同的心理底色。具体而言，当人们对人工智能的发展抱有乐观预期时，人工智能更有可能成为人类的外群体对象。而人工智能技术与应用的发展普及让这个人类外群体比外星人更现实而常见。于是，我们建议推广人工智能在全社会的深度使用，特别是无人机、自动驾驶等需要一定操作训练的，和机器学习等需要理解人工智能原理的应用与技术。同时，还建议技术专家、传媒等多方协作来营造积极的舆论环境，让大众对人工智能发展的主观预期更乐观。

从时空关系的视角出发，人工智能深度经验反映的是日常生活中人类与人工智能的接触频率，位于当前的时间尺度下，可被视为空间接近度的测量指标，发展预期是对人工智能何时接近人类水平的主观感知，可被视为时间接近度的测量指标。而时间概念与空间关系存在关联性，人们对时间的心理表征本质上就是空间，时空信息的处理存在交互作用（Weger & Pratt, 2008）。从大脑功能定位的角度看，时间与空间的信息加工本质上都是数量的信息加工，由一个皮质回路参与执行（Bonato, Zorzi, & Umiltà, 2012）。所以本研究证实发展预期在人工智能深度经验与人类认同之间的调节作用，也可理解为人类与人工智能的空间接近度感知与时间接近度感知在影响人类认同时的交互作用。

本研究存在以下不足。首先，使用人工智能提升人类认同的证据来自相关研究。本研究对发展预期进行了实验操纵，但是人工智能深度经验作为一种特质变量被纳入分析中。因为人工智能经验是个体使用人工智能的综合性、常规性经验，它让人类切身感知到人工智能融入日常生产生活，成为社会背景中的新刺激（Duffy，2003；Wang，2019）。而个体使用人工智能的综合性、常规性经验是一种比较稳定的心理变量，难以进行实验操纵：无论是观看图片、文字，还是视频材料，人工智能经验、人工智能深度经验和人工智能初级经验在实验组与对照组之间的差异均未达到统计显著水平（王从余，2021）。不过，随着人工智能的不断发展普及，后续研究可追踪同一批被试的人工智能经验水平变化，用纵向研究来更好地验证使用人工智能与人类认同之间的因果关系。另外，我们还可以研究一些特定领域或某款应用的使用经验对人类认同的影响。其次，本研究通过全人类认同感量表和国际捐赠意愿来测量人类认同倾向，因变量的测量方式较丰富，但是缺乏行为指标。特别是在国际捐赠意愿的测量中，并没有让参与者做出实际的捐赠行为，而只是调查了意愿。后续研究可以借鉴 Tajfel 等开发的 6 种分配矩阵（Tajfel，Billing，Bundy，& Flament，1971；实验2）等测量工具，从行为层面考察使用人工智能对人类认同的影响。

尽管存在一些局限，但本研究给关于人工智能的未来探讨提供了新的启发。首先，发展预期的调节作用提示我们，个体对人类水平人工智能的主观感知可能产生社会心理影响。事实上，现阶段的人工智能在很多领域上的表现逊色于人类，距离全面达到人类水平更是有很长的路要走（Müller & Bostrom，2016）。很多人认为现阶段人工智能根本就不能算作智能，尚未实现从工具到人类外群体对象的完全进化（例如 Wissing & Reinhard，2018）。然而，实证数据显示，现阶段人工智能的使用经验就能够对人类认同产生正向的预测效应。这个问题在本研究中得到了很好的解释。在实验中，乐观组阅读了专家普遍认为人类水平人工智能会在有生之年实现的权威报道，但是他们的发展预期并没有显著高于对照组；且对照组与乐观组的人工智能深度经验均显著正向预测人类认同。这表明发展预期在人群中的基准值可能是较乐观的。随着人工智能技术及应用不断发展普及，并在特定领域中展现出与人类媲美甚至超越人类的任务表现，人类水平人工智能在大众的主观感知中较为接近，尽管它在客观技术层面与人类水平相距尚远（Brown et al.，2020；Silver et al.，2016）。因此，正如社会心理学提出的建构性原则，我们主张，对人工智能的主观感知才是"真正的刺激"，而非客观的技术现状和交互过程（Ross & Nisbett，2011）。故而有必要更多地探索人类水平人工智能的主观感知对人类心理与行为的影响。发展预期是对人类水平人工智能何时实现的接近度感知，同时还有其他更多的感知维度。特别是人工智能作为外群体对象而非工具所带来的主观感知，如社会存在感（perceived social presence）、能动性感知（perceived agency）、感受性感知（perceived experience）等。这些主观感知将在人工智能与社会心理之间建立跨越情境、超越时代的联系。

此外，我们采用"人类水平人工智能"的说法，而非"强人工智能"或"通用人工智能"，是因为本研究不探讨强人工智能与弱人工智能的不同技术路线，同时也希望超越对人工智能威胁的关注。当谈论通用人工智能（AGI）时，哲学、伦理学和未来学视角都绕不开人工智能威胁论。例如，未来学家尼克·波斯特罗姆（Nick Bostrom）预测人工智能挟持政治进程、暗地操控金融市场，改变信息流动方向，或黑掉武器系统等风险场景，开启了人工智能伦理的二级学科——人工智能风险学。但是现实中人工智能带来的积极影响同样不可忽视，例如，防止医疗失误、减少车祸等（Kirby，2019）。事实上，任何一项强大的技术都是利弊共存的，取决于人们如何设计、如何使用这项技术。只要合理地设计和使用，人工智能威胁并不一定会发生，而必然发生的是人工智能的智能水平不断攀升并接近人类水平。为此，在人工智能威胁的探讨之外，人类水平人工智能所带来的基础的、中性的感知值得更多关注。

综上所述，本研究发现人工智能深度经验能够正向预测人类认同倾向，即深度使用人工智能较多的个体会表现出较强的人类认同倾向；同时，发展预期调节了人工智能深度经验与人类认同的关系，当发展预期较乐观时，使用人工智能提升人类认同的效应才达到显著水平。这暗示我们，人工智能的深度使用有助于提升人类共同内群体的身份认同，尤其当大众对人工智能发展抱乐观预期时，可能会促进人类命运共同体的积极构建。

参考文献

管健、荣杨，2020，《共同内群体认同：建构包摄水平更高的上位认同》，《西北师大学报》（社会科学版）第 1 期。

王从余，2021，《人工智能觉知影响人类认同》，博士学位论文，清华大学。

温忠麟、叶宝娟，2014，《中介效应分析：方法和模型发展》，《心理科学进展》第 5 期。

Abrams, D. & Hogg, M.（1990）. An Introduction to the Social Identity Approach. In (pp. 1 – 9).

Adams, S., Arel, I., Bach, J., Coop, R., Furlan, R., Goertzel, B., ⋯ & Schlesinger, M. (2012). Mapping the landscape of Human-level Artificial General Intelligence. *AI magazine*, 33 (1), 25 – 42.

Bartneck, C., Kulic', D., Croft, E. & Zoghbi, S. (2009). Measurement Instruments for the Anthropomorphism, Animacy, Likeability, Perceived Intelligence, and Perceived Safety of Robots. *International Journal of Social Robotics*, 1 (1), 71 – 81.

Baum, J., Buddington, A., Johnson, H., Sampson, E. & Smith, B. (1957). *GUIDEBOOK FOR FIELD TRIPS*. Paper Presented at the Guidebook for Field Trips: Atlantic City Meeting, 1957.

Beni, G. & Wang, J. (1993). Swarm Intelligence in Cellular Robotic Systems. In *Robots and Biological Systems: Towards a New Bionics?* (pp. 703 – 712): Springer.

Benoît, M., Thierry, L., Olivier, G. & Harold, M. (2012). Behavioral Investigation of the Influence of Social Categorization on Empathy for Pain: A Minimal Group Paradigm Study. *Frontiers in Psychology*, 3, 389.

Bonato, M., Zorzi, M. & Umiltà, C. (2012). When Time is Space: Evidence for a Mental Time Line. *Neuroscience & Biobehavioral Reviews*, 36 (10), 2257 – 2273.

Brown, R. (2020). The Origins of the Minimal Group Paradigm. *History of Psychology*, 23 (4), 371 – 382.

Brown, T., Mann, B., Ryder, N., Subbiah, M., Kaplan, J., Dhariwal, P., ⋯ & Amodei, D. (2020). Language Models are Few-Shot Learners. In *Proceedings of the 34th Conference on Neural Information Processing Systems*, Vancouver, Canada.

Cerda, C. & Warnell, K. R. (2020). Young Children's Willingness to Deceive Shows ingroup Bias only in Specific Social Contexts. *Journal of Experimental Child Psychology*, 198.

Dick, R. V., Wagner, U., Stellmacher, J. & Christ, O. (2005). Category Salience and Organizational Identification. *Journal of Occupational & Organizational Psychology*, 78 (2).

Duffy, B. R. (2003). Anthropomorphism and the Social Robot. *Robotics and Autonomous Systems*, 42 (3), 177 – 190.

Dunham, Y. (2018). Mere Membership. *Trends in Cognitive Sciences*, 22 (9), 780 – 793.

Gaertner, S. L., Dovidio, J. F., Anastasio, P. A., Bachman, B. & Rust, M. C. (1993). The Common Ingroup Identity Model: Recategorization and the Reduction of Intergroup Bias. *European Review of Social Psychology*, 4 (1), 1 – 26.

Gaertner, S. L., Dovidio, J. F. & Bachman, B. A. (1996). Revisiting the Contact Hypothesis: The Induction of a Common Ingroup Identity. *International Journal of Intercultural Relations*, 20 (3), 271 – 290.

Gaertner, S. L. & Dovidio, J. F. (2005). Understanding and Addressing Contemporary Racism: From Aversive Racism to the Common Ingroup Identity Model. *Journal of Social Issues*, 61.

Gamez-Djokic, M. & Waytz, A. (2020). Concerns About Automation and Negative Sentiment Toward Immigration. *Psychological science*, 31 (8), 987 – 1000.

Goertzel, B. (2014). Artificial General Intelligence: Concept, State of the Art, and Future Prospects. *Journal of Artificial General Intelligence*, 5 (1), 1.

Grace, K., Salvatier, J., Dafoe, A., Zhang, B. & Evans, O. (2018). When will AI Exceed Human Performance? Evidence from AI Experts. *Journal of Artificial Intelligence Research*, 62, 729 – 754.

Greischel, H., Noack, P. & Neyer, F. J. (2018). Oh, the Places You'll go! How International Mobility Challenges Identity Development in Adolescence. *Developmental Psychology*, 54 (11), 2152 – 2165.

Hayes, A. F. (2013). Model Templates for PROCESS for SPSS and SAS. Retrieved from www. guilford. com/p/hayes3.

Hertel, G. & Kerr, N. L. (2001). Priming In-Group Favoritism: The Impact of Normative Scripts in the Minimal Group Paradigm. *Journal of experimental social psychology*, 37 (4), 316 – 324.

Hewstone, M., Rubin, M. & Willis, H. (2002). Intergroup bias. *Annual review of psychology*, 53 (1), 575 – 604.

Higgins, E. (1996). Knowledge activation: Accessibility, Applicability, and Salience. *Social Psychology: Handbook of basic Principles*.

Hinkle, S. & Brown, R. (1990). Intergroup Comparisons and Social Identity: Some Links and Lacunae. In D. E. Abrams & M. A. Hogg (Eds.), *Social Identity Theory: Constructive and Critical Advances* (pp. 70). London: Pearson Education Limited.

Hogg, M. A. (2000). Social Identity and Social Comparison. In *Handbook of Social Comparison* (pp. 401 – 421): Springer.

Hogg, M. A. (2016). Social Identity Theory. In S. McKeown, R. Haji, & N. Ferguson (Eds.), *Understanding Peace and Conflict Through Social Identity Theory* (pp. 3 – 17). Switzerland: Springer, Cham.

IEEE Spectrum. (2017, May). Human-level AI is right around the corner—or hundreds of years away. https://spectrum. ieee. org/humanlevel-ai-is-right-around-the-corner-or-hundreds-of-years-away#RodneyBrooks.

Iliadis, L., Maglogiannis, I., Papadopoulos, H., Karatzas, K. & Sioutas, S. (2012). *Artificial Intelligence Applications and Innovations* (Vol. 381): Springer.

Jackson, J. C., Castelo, N. & Gray, K. (2019). Could a Rising Robot Workforce Make Humans Less Prejudiced? *American Psychologist*, 75 (7).

Kile, F. (2013). Artificial Intelligence and Society: A Furtive Transformation. *AI & SOCIETY*, 28 (1), 107 – 115.

Kirby, C. R. (2019). *Expertise, Ethos, and Ethics: The Prophetic Rhetoric of Nick Bostrom and Elon Musk in the Artificial Intelligence Debate*. (Ph. D.). Wake Forest University,

Long, L. N. (2017). *Toward Human-Level (and Beyond) Artificial Intelligence*. Presented at PSU Math Dept.

Lucci, S. & Kopec, D. (2015). *Artificial intelligence in the 21st century*: Stylus Publishing, LLC.

McCarthy, J., Minsky, M. L., Rochester, N. & Shannon, C. E. (2006). A Proposal for the Dartmouth Summer Research Project on Artificial Intelligence, august 31, 1955. *AI magazine*, 27 (4), 12 – 12.

McFarland, S., Hackett, J., Hamer, K., Katzarska-Miller, I., Malsch, A., Reese, G. & Reysen, S. (2019). Global Human Identification and Citizenship: A Review of Psychological Studies. *Political Psychology*, 40, 141 – 171.

McFarland, S., Webb, M. & Brown, D. (2012). All Humanity is my Ingroup: A Measure and Studies of Identification with all Humanity. *Journal of Personality and Social Psychology*, 103 (5), 830 – 853.

Müller, V. C. & Bostrom, N. (2016). Future Progress in Artificial Intelligence: A Survey of Expert Opinion. In V. C. Müller (Eds.), *Fundamental issues of artificial intelligence* (pp. 553 – 571). Berlin: Springer.

Otten, S. & Mummendey, A. (1999). To our Benefit or at your Expense? Justice Considerations in Intergroup Allocations of Positive and Negative Resources. *Social Justice Research*, 12 (1), 19 – 38.

Otten, S. (2016). The Minimal Group Paradigm and its Maximal Impact in Research on Social Categorization. *Current Opinion in Psychology*, 11, 85 – 89.

Plötner, M., Over, H., Carpenter, M. & Tomasello, M. (2015). The Effects of Collaboration and Minimal-group Membership on Children's Prosocial Behavior, Liking, Affiliation, and Trust. *Journal of Experimental Child Psychology*, 139, 161 – 173.

Richter, N., Over, H. & Dunham, Y. (2016). The Effects of Minimal Group Membership on Young Preschoolers' Social Preferences, Estimates of Similarity, and Behavioral Attribution. *Collabra*, 2 (1), 8.

Ross, L. & Nisbett, R. E. (2011). *The Person and the Situation: Perspectives of Social Psychology* (pp. 34 – 35). London: Pinter & Martin Publishers.

Russell, S. & Norvig, P. (2010). *Artificial Intelligence: A Modern Approach*, 3rd Edition (M. Horton Ed.). Upper Saddle River, New Jersey: Pearson.

Sanders, C. R. (1990). The Animal 'other': Self definition, Social Identity and Companion Animals. *Advances in Consumer Research. Association for Consumer Research* (U. S.), 17 (1), 662 – 668.

Silver, D., Huang, A., Maddison, C. J., Guez, A., Sifre, L., Van Den Driessche, G., … & Lanctot, M. (2016). Mastering the Game of Go with Deep Neural Networks and Tree Search. *Nature*, 529 (7587), 484 – 489.

Sparks, E., Schinkel, M. G. & Moore, C. (2017). Affiliation Affects Generosity in Young Children: The Roles of Minimal Group Membership and Shared Interests. *J Exp Child Psychol*, 159, 242 – 262.

SPECTRUM, I. (2017). Human-level AI is Right around the Corner-or Hundreds of Years Away. Retrieved from https://spectrum. ieee. org/humanlevel-ai-is-right-around-the-corner-or-hundreds-of-years-away#GaryMarcus.

Tajfel, H., Billig, M. G., Bundy, R. P. & Flament, C. (1971). Social Categorization and Intergroup Behaviour. *European Journal of Social Psychology*, 1 (2), 149 – 178.

Tajfel, H. & Turner, J. C. （2010）. An Integrative Theory of Intergroup Conflict. In T. Postmes & N. R. Branscombe （Eds.）, *Rediscovering Social Identity*. （pp. 173 – 190）. New York, NY, US: Psychology Press.

Turner, J. C., Hogg, M. A., Oakes, P. J., Reicher, S. D. & Wetherell, M. S. （1987）. *Rediscovering the Social Group: A Self-categorization Theory*: Basil Blackwell.

Turner, J. C. & Oakes, P. J. （1986）. The Significance of the Social Identity Concept for Social Psychology with Reference to Individualism, Interactionism and Social Influence. *British journal of Social Psychology*, 25 （3）, 237 – 252.

Turner, J. C. & Onorato, R. S. （1999）. Social Identity, Personality, and the Self-concept: A Self-categorizing Perspective. *In The psychology of the Social Self*. （pp. 11 – 46）. Mahwah, NJ, US: Lawrence Erlbaum Associates Publishers.

Vezzali, L., Cadamuro, A., Versari, A., Giovannini, D. & Trifiletti, E. （2015）. Feeling like a Group after a Natural Disaster: Common in-group Identity and Relations with Outgroup Victims among Majority and Minority young Children. *British journal of Social Psychology*, 54 （3）, 519.

Walton, D. （2010）. *Appeal to Expert Opinion: Arguments from Authority*: Penn State Press.

Wang, P. （2019）. On Defining Artificial Intelligence. *Journal of Artificial General Intelligence*, 10 （2）, 1 – 37.

Weger, U. W. & Pratt, J. （2008）. Time Flies like an Arrow: Space-time Compatibility Effects Suggest the Use of a Mental Timeline. *Psychonomic Bulletin & Review*, 15 （2）, 426 – 430.

Wissing, B. G. & Reinhard, M. A. （2018）. Individual differences in risk perception of artificial intelligence. *Swiss Journal of Psychology*, 77 （4）, 149 – 171.

Yamagishi, T., Mifune, N., Liu, J. H. & Pauling, J. （2010）. Exchanges of Group-based favours: Ingroup Bias in the Prisoner's Dilemma Game with Minimal Groups in Japan and New Zealand. *Asian Journal of Social Psychology*, 11 （3）, 196 – 207.

附录1

AIE 问卷

分问卷	编号	条目
深度经验	1	使用至少一种机器学习算法，例如，朴素贝叶斯算法、支持向量机、线性回归、逻辑回归、KNN、K-means、决策树、随机森林、CART、Apriori 算法、PCA、分层聚类、反向传播算法、深度学习等。
	2	研究、理解或利用至少一种人工智能的应用技术，例如，文本分析和 NLP、语音识别、虚拟助手、机器学习平台、深度学习平台、AI 优化硬件、智能决策、生物识别技术、RPA 等。
	3	使用 TensorFlow、PyTorch 或 Keras 等框架。

分问卷	编号	条目
深度经验	4	使用半自动驾驶辅助系统，例如，自动泊车辅助、智能巡航控制、车道偏离警报、盲点监测等；或使用无人机（UAV）。
	5	使用基于人工智能技术的照片编辑器或图形设计工具（例如 AutoDraw 和 Prisma）；或使用 Deepfake 技术。
初级经验	1	使用自动语音识别和生成系统，例如，语音转文字、文字转语音、自动生成字幕等功能（在微信、笔记类、电子书阅读、短视频等应用程序上）。
	2	使用机器翻译工具，例如，谷歌翻译、有道翻译、百度翻译等。
	3	使用面孔识别，语音生物特征认证或指静脉扫描仪等技术，用于安全和防诈骗，设备访问和身份验证、指纹/刷脸支付、考勤签到等方面。
	4	体验个性化推送服务，例如，淘宝推荐的商品、知乎推荐的问答、网易云音乐推荐的歌曲等。

《中国社会心理学评论》 第 23 辑
第 236 ~ 249 页
© SSAP, 2022

归属需要与亲社会行为的关系：人际
信任和公我意识的链式中介作用[*]

郭 嫄[**]

摘 要： 归属需要是一种维持最低限度人际交往的内在驱动力，能够促使个体产生内在动力并与他人建立积极稳定的联系。为探究大学生归属需要对亲社会行为的影响及人际信任、公我意识在其中的中介作用，本研究采用归属需要量表、亲社会行为倾向量表、人际信任量表及公我意识量表对 1146 名大学生进行调查。结果表明：（1）归属需要对亲社会行为具有正向预测作用；（2）人际信任和公我意识分别在归属需要和亲社会行为之间起部分中介作用；（3）人际信任 - 公我意识在归属需要和亲社会行为之间起链式中介作用。研究结果有助于深入理解归属需要的亲社会功能及其社会认知规律，也对促进青年大学生社会化发展的教育实践具有重要参考价值。

关键词： 归属需要 亲社会行为 人际信任 公我意识

一 引言

人是一种"类价值存在"，个体必须归属于某个群体或社会组织，才

* 本研究得到广东省哲学社会科学规划项目（GD22XJY06）、广东省教育科学规划（德育专项）项目（2021JKDY013）、广东省教育科学规划项目（2022GXJK185）及广东外语外贸大学外文中心创新人才培植项目（18QNCX17）的支持。
** 郭嫄，广东外语外贸大学马克思主义学院副教授、硕士生导师，主要从事道德心理发展、亲社会行为研究。

能使其感受到自我存在的价值和意义。根据社会交换理论（Lawler & Thye，1999），个体为了满足自身强烈的归属需要（the need to belong），将会积极地融入集体，表现出符合社会期望并对他人有益的行为，进而得到集体更多的关注和积极的评价，满足关系性需要。自我决定理论（Self-Determination Theory）认为，归属需要，即关系性需要，是人类所具有的三种基本心理需要之一（Deci & Ryan，2000），是指个体被团体、社会接纳或感觉到被接纳和寻求认同的需要，包括爱与安全感的需要（李霞、朱晓颖、李文虎，2010）。研究表明：归属需要的满足有助于提升个体主观幸福感（Martela & Ryan，2016）、生命意义感、人际安全感（Martela，Ryan，& Steger，2018），降低孤独感，减少抑郁症状、去个性化行为以及冷漠行为（陈云祥、王书剑、刘翔平，2019；Ferrand，Martinent，& Charry，2015）。反之，归属需要未能得到满足则会降低自我调节能力（Baumeister，Dewall，Ciarocco，& Twenge，2005），增加攻击行为（Twenge，Baumeister，Tice，& Stucke，2001）。作为一种维持最低限度人际交往的内在驱动力（Baumeister & Leary，1995），归属需要的动力机制能够促使个体产生内在动力并与他人建立积极稳定的联系，进而做出符合社会期望并对他人有益的行为，以期获得接纳和认可。它源于个体社会化发展的内在需求，也是个体归属需要未能得到满足时所产生的自我失衡补偿或替代性行为的心理机制（Sheldon，Abad，& Hinsch，2011；Sheldon & Gunz，2010）。因此，可推测，作为关系性需要的重要内在驱动力，归属需要能够正向预测亲社会行为，但以往研究鲜有从个体社会认知角度来探讨归属需要与亲社会行为发展的关系。所以，本研究试图探索归属需要对亲社会行为的影响及其可能存在的作用机制，以期深入理解归属需要的亲社会功能及其社会认知规律。

亲社会行为是指个体在社会交往中表现出的符合社会期望并对他人有益的行为（Carlo，2014；Eisenberg，Fabes，& Spinrad，2005），具有重要的适应性价值。基于个体内生的道德约束力，亲社会是一种习得的寻求社会公正和关爱的社会行为趋向，也是诸多积极道德品质中的重要组成方面，是个体自我道德成长和社会化发展的重要指标之一，有助于促进个体的道德人格完善、社会化发展以及社会责任感培养，是人们长期关注的热点议题。研究表明，亲社会行为发展不仅有益于提升个体的社会责任感和自尊水平（Rotenberg et al.，2005；杨莹、寇彧，2015），还能够形成良好的人际互动关系、促进社会和谐（Wang，Wang，Deng，& Chen，2019；安连超等，2018）。在良好、科学的教育因素影响下，个体的亲社会行为发展呈螺旋式上升态势，这主要是由外部作用因素（文化背景、教养方式、生活情景等）、内化机制（认知、动机、人格特质等）以及外化机制（行为延展和后续反馈）等综合作用的结果。

人际信任（interpersonal trust）是人际关系发展的基础（龙雪娜、张灏，2022），作为良好人际交往的重要指标，同样对亲社会行为产生重要影响。人际信任是一种积极的情感品质，有助于个体获得更为优质的心理资源，促使个体对外界抱有更为积极的认知和互动模式，而这种互动和认知模式将有助于个体拥有积极的人际情感体验。社会交换理论认为，个体只有感觉到自己被信任、被接纳、被认可，才会拥有更高的安全感，从而在行为上也更加有亲和力，乐于助人。反之，人际信任感较低的个体，更有可能以消极认知去解读外部环境和社会团体，也会以消极方式进行反馈与回应。研究发现，人际信任感越高，个体就越倾向于表现出更为积极的亲社会行为（郭嫄，2018；Tian, Zhang, & Scott, 2018；孙晓军、何亭、吴若昫，2021）。还有研究从网络的角度发现，网络人际信任能促进个体的知识分享行为以及网络环境中的利他行为（Yang & Farn, 2009；蒋怀滨等，2016；谢方威等，2021；赵欢欢、张和云，2013）。那么，人际信任是否可能在归属需要与亲社会行为之间起着"桥梁"作用呢？根据基本心理需要理论，个体有着对来自环境或他人支持和关爱的关系性需要，这种关系性需要会自觉激发人际信任意识，主动与他人建立积极稳定的联系，表现出符合社会期望或群体规范要求的行为，为能够顺利融入社会群体做铺垫。研究表明，归属需要越高的个体，其人际信任感越高，在困境或团体中也越倾向于与他人合作（Cremer & Leonardelli, 2003），更渴望与他者建立稳定的联系（Pickett, Gardner, & Knowles, 2004）；遭遇社会排斥的个体会表现出攻击或自我挫败的行为模式，赞赏或积极对待可使他们回归到正常的亲社会水平（Twenge, Catanese, & Baumeister, 2002）。也有研究表明，当个体遭遇社会排斥时，强烈的归属动机将促使个体去建立新的人际关系，重获人际信任感，进而促使其做出更多的符合社会期待的行为（Maner et al., 2007）。由此可以推测，人际信任在归属需要与亲社会行为之间可能起到中介效应。

公我意识（public self-consciousness）是自我意识的重要组成部分，是指个体关注别人对自我的认知和评价（Fenigstein, Scheier, & Buss, 1975）。研究表明，公我意识与归属需要存在显著的正相关（李静等，2019），无论特质公我意识还是状态公我意识均会影响个体的助人、利他行为（孙聪慧、赵春黎、王圣龙，2020；Stefan & Tohannes, 2015；谷传华等，2013；Gervais & Norenzayan，2012；Stefan & Tohannes，2015）。公我意识作为影响亲社会行为的重要变量，它能够让个体意识到自己属于某一社会群体，使其关注自己在群体中的名誉和责任，关心群体中的他人对自我的认知和评价（Shim，Min，& Sang，2008；陈慧萍，2016），也会影响到个体对所处社会文化环境的敏感度，做出令其获得赞赏和关注的社会行为，以符合社会规范和他人的期望（Carver & Scheier，1985；Flynn et al.，2006）。研究结果还证实，公我意识会提升青少年对规则和道德规范的遵守，减少欺骗和撒谎行为（Bender，O'Connor，& Evans，2018）。因此，可以假设，公我意识在归属需要对亲社会行为的影响中可能具有中介作用。

此外，人际信任也与公我意识有着密切的关系。人际信任是人际交往的基础，是理解自我和他者关系的核心要素。根据社会认知理论，个体对事物的认知将影响其之后的态度和行为（Bandura & Walters，1977）。当个体觉知到人际信任水平高时，其对外界和群体中的他人往往有着积极的道德认知和评价，对消极信息会给予积极的过滤和客观的反馈；而觉知人际信任水平较低的个体，较少重视和在意他人给予的认知或评价，较倾向于关注负面信息，不太关心自身的公我形象（Crawford & Novak，2013）。由此，我们推测，人际信任对个体的公我意识有着重要影响。

综上所述，本研究基于自我决定理论，以大学生为研究对象，尝试构建一个链式中介模型，同时考察归属需要、人际信任以及公我意识对青年大学生亲社会行为的影响作用。研究将验证以下假设：大学生的归属需要对亲社会行为的预测是否成立；归属需要能否分别通过人际信任、公我意识的中介作用来影响亲社会行为；大学生归属需要是否可能通过人际信任 – 公我意识的链式中介效应来预测亲社会行为。

二　研究方法

（一）研究对象

本研究采取整群抽样的方式，征得被试知情同意后，在某省 4 所高校随机选取了 1200 名青年大学生参与问卷调查，最终回收有效问卷 1146 份（有效率为 95.5%）。其中，男生 460 名（约占 40.14%），女生 686 名（约占 59.86%）；独生子女 521 名（约占 45.46%），非独生子女 625 名（约占 54.54%）。被试平均年龄 19.78 岁（$SD = 1.54$）。

（二）研究工具

1. 归属需要量表。采用由 Leary 等（2013）编制的归属需要量表。该量表共有 10 个自我报告题项，如"我有很强的归属需要"。采用从 1"完全不符合"至 5"完全符合"的 5 点计分，其中第 1、3、7 题为反向计分题项，得分越高说明个体的归属需要越强烈。在本研究中，该量表的 Cronbach's α 系数是 0.74。

2. 亲社会行为量表。采用由 Carlo 等（2002）编制，寇彧等（2007）进行修订的亲社会行为倾向量表。该量表共包括 26 个题项，如"当别人请我帮忙时，我很少拒绝""我经常帮助别人，即使从中得不到任何好处"，包含公开的、匿名的、利他的、依从的、情绪的、紧急的 6 个维度。得分越高，表明个体越具有亲社会行为倾向。在本研究中，该量表的 Cronbach's α 系数为 0.81。

3. 人际信任量表。采用由 Rotter（1967）编制，叶宝娟等（2018）修订的人际信任量表。该量表共有 6 个题项，采用 1~5 级评分，从"很不符合"至"很符合"，个体的分数越高表明人际信任度越高。该量表在本研究中的 Cronbach's α 系数为 0.75。

4. 公我意识量表。采用由 Fenigstein 等（1975）编制，蒋灿（2007）进行修订的自我意识量表中的公我意识分量表。该分量表共 7 个题项，如"我常常担忧如何给别人一个好印象"，采用 1~5 级评分，从"完全不符合"至"完全符合"。计算所有题项的平均分，得分越高，公我意识水平越高。在本研究中，该量表的 Cronbach's α 系数为 0.79。

三 研究结果

（一）共同方法偏差检验

本研究的数据均来自被试的自我报告，可能会存在共同方法偏差。根据周浩、龙立荣（2004）的建议，采用 Harman 单因子法检验共同方法偏差。结果发现，有 6 个特征值大于 1 的因子，解释了 61.17% 的变异，其中第一个因子解释的变异量为 25.94%，低于 40% 的临界标准（Podsakoff et al.，2003），因此，本研究数据受共同方法偏差的影响不大。

（二）归属需要、人际信任、公我意识与亲社会行为的描述性统计和相关性分析

本研究通过对归属需要、亲社会行为等主要变量进行相关分析（见表1）发现，归属需要与人际信任、公我意识、亲社会行为之间存在显著的正相关（$r = 0.69$，$p < 0.001$；$r = 0.58$，$p < 0.001$；$r = 0.68$，$p < 0.001$）；人际信任与公我意识、亲社会行为倾向之间存在显著的正相关（$r = 0.54$，$p < 0.001$；$r = 0.65$，$p < 0.001$）；公我意识与亲社会行为之间存在显著的正相关（$r = 0.63$，$p < 0.001$）。

表1　各变量描述性统计和相关矩阵（$n = 1146$）

变量	M	SD	1. 归属需要	2. 人际信任	3. 公我意识
1. 归属需要	3.89	0.67			
2. 人际信任	3.68	0.76	0.69***		
3. 公我意识	3.54	0.67	0.58***	0.54***	
4. 亲社会行为	3.88	0.38	0.68***	0.65***	0.63***

注：* $p < 0.05$，** $p < 0.01$，*** $p < 0.001$，下同。

（三）归属需要与亲社会行为的关系：链式中介效应的检验

在控制被试性别、是否独生等情况下，本研究采用 SPSS 22.0 的 PROCESS 插件（Hayes, 2012），抽取5000个 Boostrap 样本对中介效应的95%置信区间进行估计，考察人际信任、公我意识在归属需要和亲社会行为之间的中介效应。分析发现，归属需要能够预测人际信任（$\beta = 0.77$，$p < 0.001$）、公我意识（$\beta = 0.40$，$p < 0.001$）、亲社会行为（$\beta = 0.15$，$p < 0.05$）；人际信任也可以正向预测公我意识（$\beta = 0.40$，$p < 0.001$）、亲社会行为（$\beta = 0.29$，$p < 0.001$）；公我意识对亲社会行为也具有正向预测作用（$\beta = 0.60$，$p < 0.001$）。如图1所示，中介作用的路径系数均为显著。根据联合显著性检验可知，人际信任 - 公我意识在归属需要与亲社会行为之间的链式中介效应显著。

各路径的具体效应值见表2。归属需要分别通过人际信任、公我意识的中介效应预测亲社会行为，中介效应值分别为0.22和0.24，人际信任和公我意识在归属需要与亲社会行为之间存在链式中介效应，中介效应值为0.19。

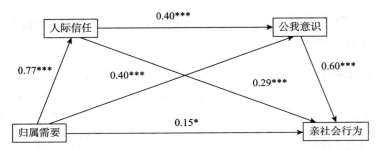

图 1　人际信任和公我意识在归属需要和亲社会行为间的链式中介效应

表 2　人际信任和公我意识在归属需要与亲社会行为间的链式中介效应

效应	路径关系	95% 置信区间	效应值	效果量
直接效应	归属需要→亲社会行为	[0.014, 0.293]	0.15	18.51%
中介效应	归属需要→人际信任→亲社会行为	[0.105, 0.341]	0.22	27.15%
	归属需要→公我意识→亲社会行为	[0.110, 0.384]	0.24	30.87%
	归属需要→人际信任→公我意识→亲社会行为	[0.075, 0.297]	0.19	23.45%
总中介效应		[0.528, 0.779]	0.66	81.47%
总效应			0.80	

注：效果量＝中介效应值/总效应。

四　讨论

由数据分析可知，青年大学生的归属需要与亲社会行为、人际信任以及公我意识存在显著的正相关。归属需要能够显著地正向预测亲社会行为。人际信任、公我意识在归属需要对亲社会行为的预测中具有链式中介效应。

归属需要与亲社会行为之间存在显著正相关，即大学生的归属需要能正向预测其亲社会行为。这一结果与以往研究结果一致，即较强的群体归属感会促进个体产生更多的互助行为（Ivy Kyei-Poku，2014），遭遇过社会排斥的个体也可能倾向于更多的亲社会性，以寻求新的人际关系联结（Warburton, Williams, & Cairns, 2006），满足关系性需求。根据利他互惠理论（Trivers & Robert，1971），个体间的利他行为是相互作用的。为了重新建立起情感联结，重获社会支持，个体倾向于表现出更多的亲社会行为，反之，当个体的归属需要得到满足，相应地也会做出更多的互助互惠、利他行为。归属需要作为人际关系的内在驱动力，体现了人的社会属性。高归属需要的大学生有着较为持续、稳定的群体心理认同和归属感，这能够增强其自我价值感，帮助其获得积极的情绪情感体验，也更有助于他们深化理解"乐善好施"的实践内涵。由归属需要取向理论（Lavigne, Vallerand, & Crevier-Braud, 2011）可知，增长取向能够促使个体以不设防的方式进行自我表达或表露，不在意他人的消极评价。此取向不仅能够促进青年大学生人际关系的和谐发展，也具有积极的适应意义，还能促进个体积极地融入社会群体，做出符合社会期望或对他者有益的行为，以期获得尊重、接纳和认可，满足青年个体社会化发展进程中所需的内在归属需求。伴随着个体社会性的发展，青年大学生逐步意识到亲社会行为是一种社会道德规范要求，实施亲社会行为要遵守一定的社会规则和道德规范。归属需要将促使青年大学生自觉遵守和内化社会规范与道德价值，形成较为完善的道德观和社会责任感，进而表现出持续、积极稳定的亲社会行为。

本研究揭示了归属需要对亲社会行为的提升作用，并验证了人际信任在其中的中介效应，即归属需要通过人际信任的中介作用来预测青年大学生的亲社会行为。随着社会化发展，强烈的归属需要将会自觉激发大学生的人际信任意识，使得他们积极主动地与他人建立起稳定且可信赖的联系，表现出符合社会规范、他人利益的行为，获得信任、接纳和认可，顺利融入社会群体，满足个体的内在归属需要。但当大学生内在归属需要未能得到满足时，将会产生个体内在的自我失衡调节和心理行为补偿机制来调整和维持内在认知和情感系统的平衡。自我失衡调节是适应性社会行为的重要机制（Baumeister, Dewall, Ciarocco, & Twenge, 2005），当遭遇排斥或拒绝时，个体会自动启动自我调节机制，无意识地模仿同辈，以获得认可与接纳，进而建立彼此信任和谐的关系（Lakin, 2003）。高水平的人际信任关系可以达到缩短人与人之间心理距离的效果，而心理距离是一种影响个体利他行为发生的决定性因素（赵凯莉等，2017）。对于高归属需要者来说，若归属需要被剥夺，其感受将会更加强烈，个体可能会通过更多的亲社会行为来补偿自我被剥夺的归属需要。基于对归属的需要，大学生可能会表现出更多的人际信任，这将促使个体展现出更多的合作互助行为；人际信任也有可能让大学生更好地理解、尊重他人的权利和价值，减少自我内在冲突和适应性问题，积极地融入社会群体，表现出更多符合社会期望和价值取向的行为。

本研究进一步考察了归属需要对大学生亲社会行为的影响是否通过公我意识实现。分析显示，公我意识在归属需要预测大学生亲社会行为中具有显著的中介效应，由此可知，有强烈归属需要的个体，其公我意识也可能处于较高的水平，较高的公我意识促使个体做出更多的亲社会行为。这和本研究的理论假设是相一致的。客体自我意识理论认为，自我与社会标准之间对比的差异将促使个体试图做出改变，进而符合社会的要求（Silvia & Duval，2001）。深层的归属需求将更加强化个体的客体自我意识，促使个体更为看重自身的公众形象，积极地向他人传达一致和稳定的自我形象（White，Stackhouse，& Argo，2018），主动进行自我公众形象塑造和公我形象的管理，在意外界的关注和评价，遵守被社会所推崇的价值规范和行为准则，以缩小与社会期待的差距，表现出更多符合他人期待和社会推崇的亲社会性，以获得社会的接纳和认可，满足强烈的内在心理归属需要动机（Wiekens & Stapel，2010）。根据社会化发展原则，个体为了更好地融入社会群体、获得良好的社会评价，从而表现出更多符合社会期望、有益于他人的亲社会性。由上述分析可知，归属需要不仅可以提升个体的人际信任感，也能够促进公我意识，进而影响个体的亲社会行为发展。

归属需要会通过人际信任－公我意识的链式中介效应间接影响大学生的亲社会行为。该链式中介效应模型进一步考察了归属需要对个体亲社会行为发展的间接影响。归属需要动机将促使个体积极融入集体及社会，而人际信任和公我意识恰恰是积极融入的有效方式，能促进归属需要者做出更多的亲社会行为。人际信任和公我意识之间的关系密切。在生活实践中，部分公我意识行为时常包含在人际信任的外显行为中。另外，归属需要对大学生公我意识的影响是通过人际信任的部分中介效应实现的。根据客体自我意识理论（Silvia & Duval，2001），客体自我意识容易导致个体感知到自我的行为与社会期望标准之间的负性差异（Spurr & Stopa，2003），关注他人或社会对自我的评价，容易产生人际焦虑，甚至会增加个体的消极行为（Raichle et al.，2001）。人际信任作为人际交往的"润滑剂"，是公我意识的保护性因素，对公我意识具有一定的促进保护作用，能有效缓解因现实自我和"应该"自我之间的负性差异所带来的焦虑感，从而能够降低其攻击或消极行为的可能性或倾向（Millar，2007）。良好的人际信任使得个体感受到他人的接纳与认可，促进公我意识发展，而公我意识作为亲社会行为的促进因素，会对亲社会行为产生积极的推动作用。

本研究也有一些不足之处。研究数据均采取被试自我报告的形式，可能存在一定的偏差，如若结合师生评价、行为观察、家长报告等多种渠道，可以获取更为客观、真实、系统全面的信息，不仅可以降低社会赞许性效应，而且也可能更确切地反映各变量间的因果关系。研究揭示了归属需要与亲社会行为的关系及其可能存在的作用机制，但研究采取的是横断面研究设计，未来可以考虑从历时态的视角或结合实验研究，进一步考察诸因素之间的影响作用是否依然成立。本研究探讨了归属需要对亲社会行为的影响，以及人际信任和公我意识的中介效应，揭示了归属需要的亲社会功能及其可能存在的影响作用机制，为促进大学生个体道德成长和社会化发展提供了一个有意义的思考维度和着力点。在青年大学生亲社会行为培育过程中，充分发挥其归属需求的亲社会功能具有重要意义。教育践行者在指导青年大学生的社会性发展中，不仅要注重引导青年个体建立起正确的归属认知，培育他们的人际信任能力，关注自我在他人心中的形象是否符合社会价值标准；而且要适当保护和促进其归属需要的动机，这不仅能直接影响亲社会行为发展，还能促进人际信任和公我意识的提升。

五　结论

青年大学生个体的亲社会行为发展与个体对群体的归属需要紧密相连。归属需要不仅直接预测青年大学生的亲社会行为，还可以通过三条间接路径对其亲社会行为产生影响，即人际信任和公我意识分别在归属需要和亲社会行为之间具有部分中介效应，人际信任-公我意识在归属需要和亲社会行为之间存在链式中介效应。归属需要不仅能够直接影响大学生的亲社会行为，还可以通过人际信任、公我意识间接作用于亲社会行为。

参考文献

安连超、张守臣、王宏、马子媛、赵建芳，2018，《共情对大学生亲社会行为影响：道德推脱和内疚的多重中介作用》，《心理学探新》第4期。

陈慧萍，2016，《公我意识与过去时间距离对道德心理许可的影响》，硕士学位论文，湖南师范大学。

陈云祥、王书剑、刘翔平，2019，《青少年归属需要满足与去个性化网络行为：有调节的中介模型》，《中国临床心理学杂志》第6期。

谷传华、张笑容、陈洁、郝恩河、王亚丽，2013，《状态与特质之分：来自社会创造性的证据》，《心理发展与教育》第5期。

郭媛，2018，《社会支持与大学生亲社会行为的关系：人际信任的中介作用》，《河南社会科学》第6期。

蒋灿，2007，《自我意识量表的初步修订及相关研究》，硕士学位论文，西南大学。

蒋怀滨、缪晓兰、郑婉丽、王超、张婷、李其容，2016，《自尊对网络利他的影响机制：基于系列中介模型的研究》，《贵州师范大学学报》（自然科学版）第5期。

寇彧、洪慧芳、谭晨、李磊，2007，《青少年亲社会倾向量表的修订》，《心理发展与教育》第 1 期。

李静、杨晴、吴琪、吴得生、莫书亮，2019，《青少年的共情与自我意识：归属需要的中介作用》，《教育研究与实验》第 5 期。

李霞、朱晓颖、李文虎，2010，《归属需要的研究进展》，《心理学探新》第 2 期。

龙雪娜、张灏，2022，《宜人性人格对大学生人际信任的影响研究》，《大连理工大学学报》（社会科学版）第 1 期。

孙聪慧、赵春黎、王圣龙，2020，《眼睛线索下公我意识启动对利他行为的影响》，《心理发展与教育》第 3 期。

孙晓军、何亭、吴若昀，2021，《社会排斥对网络利他行为的影响：网络人际信任的调节作用》，《山西大学学报》（哲学社会科学版）第 6 期。

谢方威、郑显亮、王泽意、陈慧萍，2021，《社会阶层与网络利他行为的关系：网络人际信任与共情的作用》，《赣南师范大学学报》第 2 期。

杨莹、寇彧，2015，《亲社会互动中的幸福感：自主性的作用》，《心理科学进展》第 7 期。

叶宝娟、杨雪、雷希、郑清，2018，《网络社会支持对大学生网络助人行为的影响机制》，《中国临床心理学杂志》第 6 期。

赵欢欢、张和云，2013，《大学生网络交往动机与网络利他行为：网络人际信任的中介作用》，《心理研究》第 6 期。

赵凯莉、杨梦圆、苗灵童、刘燊、张林，2017，《成人依恋对大学生网络利他行为的影响：共情与信任的中介作用》，《人类工效学》第 3 期。

周浩、龙立荣，2004，《共同方法偏差的统计检验与控制方法》，《心理科学进展》第 6 期。

Bandura，A. & Walters，R. H.（1977）. *Social Learning Theory*. Prentice Hall：Englewood Cliffs.

Baumeister，R. F.，Dewall，C. N.，Ciarocco，N. J. & Twenge，J. M..（2005）. Social Exclusion Impairs Self-regulation. *J PersSocPsychol*，88（4），589–604.

Baumeister，R. F. & Leary，M. R..（1995）. The Need to Belong：Desire for Interpersonal Attachments as a Fundamental Human Motivation. *Psychological Bulletin*，117（3），497–529.

Bender，J.，O'Connor，A. M. & Evans，A. D.（2018）. Mirror，Mirror on the Wall：Increasing Young Children's Honesty Through Inducing Self-awareness. *Journal of Experimental Child Psychology*，167，414–422.

Carlo，G. & Randall，B. A.（2002）. The Development of a Measure of Prosocial Behaviors for Late Adolescents. *Journal of Youth & Adolescence*，31（1），31–44.

Carlo，G.（2014）. *The Development and Correlates of Prosocial Moral Behaviors*. London：Psychology Press. https://doi. org/10. 4324/9780203581957. ch10.

Carver，C. S. & Scheier，M. F.（1985）. *A Control-Systems Approach to the Self-Regulation of Action*. Springer Berlin Heidelberg.

Crawford，L. A. & Novak，K. B.（2013）. The Effects of Public Self-consciousness and Embarrassability on College Student Drinking：Evidence in Support of a Protective Self-presentational Model. *The Journal of Social Psychology*, 153 (1), 109 – 122.

Cremer, D. D. & Leonardelli, G. J. (2003) . Cooperation in Social Dilemmas and the Need to Belong: The Moderating Effect of Group Size. *Group Dynamics Theory Research & Practice*, 7 (2), 168 – 174.

Deci, E. L. & Ryan, R. M. (2000) . The "what" and "why" of Goal Pursuits: Human Needs and the Self-determination of Behavior. *Psychological Inquiry*, 11 (4) . 227 – 268.

Eisenberg, N. , Fabes, R. A. & Spinrad, T. L. (2005) . *Prosocial Development.* London: Cambridge University Press.

Fenigstein, A. , Scheier, M. F. & Buss, A. H. (1975) . Public and Private Self-consciousness: Assessment and Theory. *Journal of Consulting & Clinical Psychology*, 43 (4), 522 – 527.

Ferrand, C. , Martinent, G. & Charry, A. (2015) . Satisfaction of Basic Psychological Needs, Depressive Symptoms and Apathy among Hospitalized Elderly People.

Flynn, F. J. , Reagans, R. E. , Amanatullah, E. T. & Ames, D. R. (2006) . Helping One's Way to the Top: Self-monitors Achieve Status by Helping Others and Knowing Who Helps Whom. *Journal of Personality & Social Psychology*, 91 (6), 1123 – 37.

Gervais, W. M. & Norenzayan, A. (2012) . Like a Camera in the sky? Thinking about God Increases Public Self-awareness and Socially Desirable Responding. *Journal of Experimental Social Psychology*, 48 (1), 298 – 302.

Hayes, A. F. (2012) . PROCESS: A Versatile Computational Tool for Observed Variable Mediation, Moderation, and Conditional Process Modeling. *White paper.* Available at : http://www. afhayes. com/public/process2012. pdf.

Ivy Kyei-Poku. (2014) . The Benefits of Belongingness and Interactional Fairness to Interpersonal Citizenship Behavior. *Leadership & Organization Development Journal*, 35 (8): 691 – 709.

Lakin, J. L. (2003) . Exclusion and Nonconscious Behavioral Mimicry: The Role of Belongingness Threat. Doctoral Dissertation. Ohio State University. http://rave. ohiolink. edu/etdc/view? acc_num = osu1060011302.

Lavigne, G. L. , Vallerand, R. J. & Crevier-Braud, L. (2011) . The Fundamental Need to Belong: on the Distinction Between Growth and Deficit-reduction Orientations. *Personality & Social Psychology Bulletin*, 37 (9), 1185.

Lawler, E. J. & Thye, S. R. (1999) . Bringing Emotions into Social Exchange Theory. *Annual Review of Sociology*, 25, 217 – 244.

Leary, M. R. , Kelly, K. M. , Cottrell, C. A. & Schreindorfer, L. S. (2013) . Construct Validity of the Need to Belong Scale: Mapping the Nomological Network. *Journal of Personality Assessment*, 95 (6), 610 – 624.

Maner, J. K. , Dewall, C. N. , Baumeister, R. F et al. (2007) Does Social Exclusion Motivate Interpersonal Reconnection? Resolving the "porcupine problem" . *Journal of Personality and Social Psychology*, 92 (1), 42 – 55.

Martela, F. & Ryan, R. M. (2016) . Prosocial Behavior Increases Well-being and Vitality even without Contact with the Beneficiary: Causal and Behavioral Evidence. *Motivation and Emotion*, 40 (3), 351 – 357.

Martela, F. , Ryan, R. M. & Steger, M. F. (2018) . Meaningfulness as Satisfaction of Autonomy, Competence, Relatedness, and Beneficence: Comparing the four Satisfactions and Positive Affect as Predictors of Meaning in Life. *Journal of Happiness Studies*, 19 (5) , 1261 – 1282.

Millar, M. (2007) . The Influence of Public Self-consciousness and Anger on Aggressive Driving. *Personality & Individual Differences*, 43 (8) , 2116 – 2126.

Pickett, C. L. , Gardner, W. L. & Knowles, M. (2004) . Getting a cue: the Need to belong and Enhanced Sensitivity to Social Cues. *Personality and Social Psychology Bulletin*, 30 (9) , 1095 – 1107.

Podsakoff, P. M. , Mackenzie, S. B. , Lee, J. Y. & Podsakoff, N. P. (2003) . Common Method Biases in Behavioral Research: A Critical Review of the Literature and Recommended Remedies. *Journal of Applied Psychology*, 88 (5) , 879 – 903.

Raichle, K. A. , Christensen, A. J. , Ehlers, S. , Moran, P. J. , Karnell, L. & Funk, G. (2001) . Public and Private Self-consciousness and Smoking Behavior in Head and Neck Cancer Patients. *Annals of Behavioral Medicine*, 23 (2) , 120 – 124.

Rotenberg, K. J. , Fox, C. , Green, S. , Ruderman, L. , Slater, K. & Stevens, K. et al. (2005) . Construction and Validation of a Children's Interpersonal Trust Belief Scale. *British Journal of Developmental Psychology*, 23 (2) , 271 – 293.

Rotter, J. B. (1967) . A New Scale for the Measurement of Interpersonal Trust. *Journal of Personality*, 35 (4) .

Sheldon, K. M. , Abad, N. & Hinsch, C. (2011) . A Two-process View of Facebook Use and Relatedness Need-satisfaction: Disconnection Drives Use, and Connection Rewards it. *J PersSocPsychol*, 100 (4) , 766 – 775.

Sheldon, K. M. & Gunz, A. (2010) . Psychological Needs as Basic Motives, not just Experiential Requirements. *Journal of Personality*, 77 (5) , 1467 – 1492.

Shim, M. , Min, J. L. & Sang, H. P.. (2008) . Photograph Use on Social Network Sites among South Korean College Students: The Role of Public and Private Self-consciousness. Cyberpsychology & Behavior: The Impact of the Internet. *Multimedia and Virtual Reality on Behavior and Society*, 11 (4) , 489 – 493.

Silvia, P. J. & Duval, T. S. (2001) . Objective Self-awareness Theory: Recent Progress and Enduring Problems. *Personality and Social Psychology Review*, 5 (3) , 230 – 241.

Spurr, J. M. & Stopa, L. (2003) . The observer perspective: Effects on Social Anxiety and Performance. *Behaviour Research & Therapy*, 41 (9) , 1009 – 1028.

Stefan, Pfattheicher & Johannes, Keller. (2015) . The Watching Eyes Phenomenon: The Role of a Sense of Being Seen and Public Self-awareness. *European Journal of Social Psychology*, 45 (5) , 560 – 566.

Tian, L. , Zhang, X. & Scott, H. E. (2018) . The Effects of Satisfaction of Basic Psychological Needs at School on Children's Prosocial Behavior and Antisocial Behavior: The Mediating Role of School Satisfaction. *Frontiers in Psychology*, 9, 548.

Trivers & Robert, L. (1971) . The Evolution of Reciprocal Altruism. *Quarterly Review of Bi-*

ology, 46（1）, 35 – 57.

Twenge, J. M. , Baumeister, R. F. , Tice, D. M. & Stucke, T. S. （2001）. If You Can't Join Them, Beat Them: Effects of Social Exclusion on Aggressive Behavior. *Journal of Personality and Social Psychology*, 81（6）, 1058 – 1069.

Twenge, J. M. , Catanese, K. R. & Baumeister, R. F. （2002）. Social Exclusion Causes Self-defeating Behavior. *Journal of Personality & Social Psychology*, 83（3）: 606 – 15.

Wang, M. , Wang, J. , Deng, X. & Chen, W. （2019）. Why are Empathic Children more Liked by Peers? The Mediating Roles of Prosocial and Aggressive Behaviors. *Personality and Individual Differences*, 144, 19 – 23.

Warburton, W. A. , Williams, K. D. & Cairns, D. R. （2006）. When Ostracism Leads to Aggression: The Moderating Effects of Control Deprivation. *Journal of Experimental Social Psychology*, 42（2）, 213 – 220.

White, K. , Stackhouse, M. & Argo, J. J. （2018）. When Social Identity Threat Leads to The Selection of Identity-reinforcing Options: The Role of public Self-awareness. *Organizational Behavior and Human Decision Processes*, 144, 60 – 73.

Wiekens, C. J. & Stapel, D. A. （2010）. Self-awareness and Saliency of Social Versus Individualistic Behavioral Standards. *Social Psychology*, 41（1）, 10 – 19.

Yang, S. C. & Farn, C. K. （2009）. Social Capital, Behavioural Control, and Tacit Knowledge Sharing—a Multi-informant Design. *International Journal of Information Management*, 29（3）, 210 – 218.

《中国社会心理学评论》 第 23 辑
第 250 ~ 254 页
© SSAP，2022

寻道而行 向德而生：纪念道德能力发展领域的先驱格奥尔格·林德先生[*]

康 蕾 杨韶刚[**]

惊悉德国康斯坦茨大学著名心理学家、教授乔治·林德[①]（Georg Lind）于 2021 年 11 月 30 日在家中与世长辞，我们不胜唏嘘，深感痛惜。本期《中国社会心理学评论》的多篇论文都涉及林德教授的"道德能力测验"（MCT）和"康斯坦茨道德困境讨论法"（KMDD），在此特撰此文，沉痛悼念我们道德心理学界的老朋友林德教授。

格奥尔格·林德（Georg Lind，1947 ~ 2021）是德国康斯坦茨大学心理学教授，国际知名的道德教育心理学家，是"道德能力测验"和"康斯坦茨道德困境讨论法"的创始人。林德还兼任美国芝加哥大学、墨西哥蒙特雷大学和德国柏林洪保德大学的客座教授。他的主要研究领域是实验心理学和教育心理学，特别是在道德发展和道德教育方面卓有成就。在他对心理学和教育学的诸多贡献中，有两项研究赢得了全世界学界的广泛认可。一项是他在自己提出的"道德行为和发展的双面理论"（Dual-Aspect Theory，即个体道德包含情感与认知两个方面，不应分开测量且需采用不同的方法来改变和提高等）基础上，编制了一种新的测量道德判断能力的工具，即"道德判断测验"（MJT，Moral Judgment Test），现在此量表已更名为"道德能力测验"（MCT，Moral Competence Test）。它是迄今为止世界上第一个也是唯一一个可同时评估道德认知和道德情感的测量工具（林

---

[*] 本文系国家社会科学基金一般项目（BEA180114）的阶段性研究成果。

[**] 康蕾，广东外语外贸大学国际商务英语学院国际商务系讲师；杨韶刚，喀什大学教育科学学院，教授，博士生导师，通讯作者，Email：ysgrime@163.com。

[①] 格奥尔格·林德（Georg Lind）也译为乔治·林德。

德，2018）。该量表已被翻译成包括中文在内的 40 多种语言，在国际社会广泛流传。另一项值得称道的研究是，他开发了一种提高儿童和成人道德能力的新方法，即康斯坦茨道德困境讨论法（KMDD），这一方法被许多不同文化和国家的道德教育实践证明是非常有效的。目前，KMDD 这一方法已为许多国家的教育机构与人员所用，而我国共有三位学者在林德教授指导下获得了 KMDD 培训教师的资格证书。

林德出生在德国南部的一个以酿酒闻名的小村庄里。他的中学时光最初是在维尔霍夫文理中学度过的，毕业之后他又到美国宾夕法尼亚州的南莫兰中学读书。他先后在德国的曼海姆大学、布伦瑞克大学、海德堡大学读书，并在海德堡大学获得心理学硕士学位，在康斯坦茨大学获得哲学博士学位，后来又在德国艾希施泰特天主教大学获得哲学博士学位。

林德教授之所以对研究道德感兴趣，源自他对童年生活事件的记忆。当他还是一个小孩子的时候，就遇到过一个令他困惑不已的道德两难问题。在他童年的家庭教育中，其父母总是教育他要乐于帮助那些有需要的人。有一天，一个乞丐在他家门前演奏小提琴，小格奥尔格很可怜这个靠拉小提琴乞讨的人，于是就把放在餐桌上的零钱送给了那个乞丐。当他的母亲从外面回来后听说了这件事很生气，因为她把这笔钱放在餐桌上是想要给家人买牛奶和面包用的。当然，他的母亲并没有责骂他，因为母亲觉得，小格奥尔格把钱送给乞丐并非出于恶意，而他自己也觉得，这种偷钱给别人的行为并不是道德缺失的表现。

在这件事情发生之后，林德就开始对道德两难问题以及怎样解决这类问题产生了浓厚兴趣。一直到他花费了多年时间学习了心理学和哲学，才找到了对其儿时行为的解释，就是说，他缺少的是苏格拉底所谓的美德（virtue），也就是林德后来所称的道德能力（moral competence），并将其定义为：根据内在道德原则，通过思考和讨论而不是暴力与欺骗，来解决问题和冲突的能力（The ability to resolve problems and conflicts on the basis of inner moral principles through deliberation and discussion instead of violence and deceit）。

那么，这种道德能力可否习得和教授，并且通过专门的教育和培训而得到提升呢？这些问题一直徘徊在林德的脑海之中，陪伴他度过了中小学和大学时光，成为其学术生涯中一个挥之不去的疑惑。20 世纪 70 年代初，当他在海德堡大学获得心理学硕士学位后，他获得了一个国际研究团队的研究员职位，即研究 5 个欧洲国家的大学生从刚入学到参加工作最初几年的个人发展状况。此后，他花费了 14 年时间开发了一个测量道德倾向性和能力的新方法，通过纵向的、跨阶段的实验研究来检验一些重要的道德发展理论的经验效度。

　　林德教授和他的同事用这种道德能力测验证实了诸如皮亚杰、科尔伯格和詹姆斯·莱斯特等的一些重要理论主张和研究论点，例如，多数人都有追求很高道德原则的欲望，道德是一种能力，道德能力是广泛多变的，它主要依赖于个体是否接受了良好的教育，等等。与此同时，他也对一些错误的道德观念提出了批评和修正，例如，科尔伯格认为道德能力是不可退行的，而且可以通过社会的强制性力量使之得到增长。但林德等的研究发现，个体的道德能力会由于教育和环境的变化而发生不同程度的提升或退行，换句话说，道德能力不仅可以向上提升，也可以向下倒退，即我们日常所谓的"道德滑坡"。林德等还发现，社会强制性力量虽然可以在表面上貌似提升了人的道德行为，但并没有从根本上提升道德能力。只有通过参与者之间就某一道德两难问题展开公平、公正而又自由的讨论，才能使人的道德判断能力得到有效而持久的提升。

　　林德教授著有道德心理学三部曲。《道德可教吗?》（*Can Morality Be Taught*）是林德的第一部学术专著，主要介绍道德发展教育理论的相关研究。在这本书里，林德用大量研究证实了苏格拉底"道德可教"的观点，因而提出道德能力是可以习得、可以教授的，而且要通过教学才能使人的道德能力得到提升，因为道德能力在大多数情况下是不能自行发展的。与道德倾向不同，没有证据证明道德能力完全是天生的，也没有证据说明道德能力可以通过社会强制性力量而得到本质上的提升。在这本书里，林德还对许多干预研究进行了元分析，来论证当时流行的一些道德教育方法各种不同的效度。林德的第二本书《怎样教授道德才有效》（*How to Teach Morality*），延续了第一本书中的理论观点，强调其道德理念的理论背景，并在本书的第二部分具体描述了可用于促进道德能力发展的方法，系统介绍了 KMDD 操作过程。这本书在 2021 年获得美国教育研究会颁发的"道德发展与教育名著奖"。第三本书是《道德能力的意义和测量》（*The Meaning and Measurement of Moral Competence*），描述了道德能力测验的理论基础、实验设计和计分标准，并讨论了采用新的心理测量方法的必要性，及其在道德心理学研究、教育和心理治疗中的应用。

　　林德教授一生发表了近五十篇学术论文，还主编过两部论文集，并在很多次国际道德教育学术会议做大会发言，针对不同群体举办工作坊。1985 年，他创办了一个多语种网站（http://www.uni-konstanz.de/ag-moral/）。2007 ~ 2019 年，他每年夏季举办为期一周的 KMDD 工作坊，邀请来自世界各国的专家学者相聚研讨。广东外语外贸大学的杨韶刚教授曾于2009年邀请林德教授来中国举办学术讲座和工作坊。当时杨教授的博士生康蕾和同事张静博士对林德的理论与实践研究产生了极大的兴趣，她们从2010年起便追随林德教授进行系统的学习，通过远程交流及赴德国康斯坦茨大学研讨的方式，深入探讨 MCT 与 KMDD 的应用，并在国际研讨会上分享研究成果。在林德教授细致严格的指导下，两位中国学者于2013年获得林德教授颁发的 KMDD 培训教师资格，并在杨韶刚教授带领下，于2014年完成了林德教授的《KMDD 培训手册》翻译工作，让更多中国学者有了深入了解这一方法的机会。2015年，林德教授再次受邀来到中国讲学之后，杨韶刚教授在澳门城市大学的博士生施钰钡也积极投入学习，并于2016年获得培训教师资格证书。林德教授的中文版著作于2018年出版，这更加有助于激发中国学者的研究兴趣。经过杨韶刚教授与林德教授20多年的学术交流，以及两位教授的学生的后续研究，林德教授的道德能力发展理论与实践已经在许多国家的学校、医院、企业等组织中得到践行。该领域的教育者们以绵薄但赓续之力，持续致力于国民道德能力与核心素养的提升。我们对林德教授集40余年心血在全世界40多个国家的不懈努力充满了敬意。林德教授是一位敬业的学者与导师，其学术贡献与人格魅力将被所有同事与学生深切缅怀。

　　愿林德教授安息！

推荐阅读材料：

Georg Lind，2018，《怎样教授道德才有效》，杨韶刚、陈金凤、康蕾译，中国轻工业出版社。

Lind，G.（1986）. Cultural Differences in Moral Judgment Competence? A Study of West and East European University Students. *Behavior Science Research*，20，208 – 225.

Lind，G.（1982）. Experimental Questionnaire：A New Approach to Personality Research. In A. Kossakowski & K. Obuchowski（Eds.），*Progress in Psychology of Personality*（pp. 132 – 144）. Amsterdam：North-Holland.

Lind，G.（2016）. *How to Teach Morality：Promoting Deliberation and Discussion，Reducing Violence and Deceit*（p. 13；pp. 53 – 59）. Berlin：Logos-Verlag.

Lind，G.（1989）. Measuring Moral Judgment：A Review of "The Measurement of Moral Judgment" by Anne Colby and Lawrence Kohlberg. *Human Development*，32，388 – 397.

Lind，G. & Nowak，E.（2015）. Kohlberg's Unnoticed Dilemma-The External Assessment of Internal Moral Competence? In B. Zizek，D. Garz，& E. Nowak（Eds.），*Kohlberg Revisited*（pp. 139 – 154）. Rotterdam：Sense Publisher.

Lind，G.（2008）. The Meaning and Measurement of Moral Judgment Competence Revisi-
ted-A Dual-aspect Model. In D. Fasko & W. Willis（Eds.），*Contemporary Philosophical and
Psychological Perspectives on Moral Development and Education*（pp. 185 – 220）. Cresskill. NJ：
Hampton Press.

右图为林德（左二）、杨韶刚（左三）、张静（左一）与
康蕾（右一）于 2013 年 7 ~ 8 月在康斯坦茨大学

Chinese Social Psychological Review
Vol. 23

Table of Contents & Abstracts

From Conflict to Good Governance: Rethinking Order and Moral Reconstruction in the Era of Social Transitions

Wu Shengtao, Hu Chuanpeng, Liu Guanmin / 1

Abstract: Whenever there are major changes in society, the issues of good and evil, right and wrong are always compelling. Whether moral codes are to build high grounds for conflict or to seek proper prescriptions for good governance is a big question, which is worthy of careful examinations in theory and of clear demonstrations in practice. Nowadays, at a time when mankind is undergoing a great change unprecedented in a century, social and technological changes have triggered a series of great discussions on order reflection and moral reconstruction. This paper first reviewed the latest advances in moral psychology from the perspective of conflict, and then briefly introduced the latest efforts and research findings of Chinese and oversea scholars on reducing norm conflict and promoting good social governance, such as morality and order reflection, morality and personal cultivation, morality and community building, and the history of moral psychological thoughts.

Keywords: moral psychology; normative conflict; good governance; order reflection; moral reconstruction

Is Morality Declining? The Temporal Changes of Social Morality in American English

Yu Feng, Xu Liying, Ding Xiaojun, Qian Xiaojun / 15

Abstract: Beliefs in moral decline are prevalent. However, emerging research suggests that moral decline is only an illusion. We propose the illusory perception of moral decline as a result of acceleration of individualism. Using data from Google Ngram dataset, we found that the years from 1960 to 2000 did not witness a considerable decline of moral discourse, and there was a significant increase of attention focused on individualizing morality. Across five studies, we demonstrated that people paid more attention to individualizing morality compared to binding morality over time (Study 1), especially the positive aspects (Study 2). When considering the virtues independently, a similar pattern emerged: with the rise of individualizing morality and the fall of binding morality (Study 3), a significant decrease was not seen in the total amount of virtues (Study 3 and 4). Furthermore, as a key element of morality, moral motivation changed little during the period(Study 5). These findings provide reliable evidence of why people's perception of moral decline is illusory, and more lab experiments are needed in future research.

Keywords: moral decline; big data; moral foundation; moral motivation

Sense of Fairness and Punishment for Immoral Behavior: The Effect of Severely Punishing the Rich

Yang Jinhua, Li Fangfang, Jin Shenghua / 39

Abstract: With the rapid development of the Internet, people pay more attention to immoral behavior, and the results of punishment for immoral behaviors will also be hotly debated by netizens. In order to research people's sense of fairness of punishment for immoral behavior, this paper adopts the method of experimental research to explore the influence of rich and poor status and belief of fairness on it. A total of 239 and 228 people who have worked participated in the online experiment successively. Start with the immoral behavior of rich and poor groups, the researchers explored the sense of fairness experienced by people after punishment for immoral behavior and the moderating effect of fairness beliefs on it. The results show that: (1) Punishment for immoral behavior affects the sense of fairness, and the lighter punishment for immoral behaviors triggers lower sense of fairness. (2) Immoral punishment would affect people's sense of fairness. The status of the immoral person as rich or poor moderates the sense of fairness of the punishment for immoral behavior, and when the punishment for the immoral behavior of the rich is more severe, the sense of fairness perceived by people is stronger, that is to say, there is an"effect of severely punishing the rich"when punishing the immoral behavior. (3) The "effect of severely punishing the rich" persists after adding belief of fairness. (4) The belief of fairness positively predicted the sense of fairness. However it do not moderate the sense of fairness of people's punishment for immoral behavior in the rich or the poor. These findings have some implications for weakening the identity of the rich and the poor, promoting common prosperity, enhancing people's sense of social justice and building a harmonious society.

Keywords: immoral behaviors; degree of punishment; sense of fairness; rich and poor status; belief of fairness

Hard Working Matters: A Social Class Analysis of Growth Mindset and Achievement Motivation among Chinese Students

Mao Yunyun, Zhou Chan, Wu Shengtao / 61

Abstract: Growth mindset is a belief that intelligence is not fixed but can be developed, and has been proved to predict academic performance and subjective wellbeing. However, the relationship of growth mindset to achievement motivation among students from different classes has not been well established in the Chinese context. Based on the China sample (n = 12, 058) of the International Student Assessment Program (PISA) and the university student population in a Chinese city(n = 311), the current studies showed that growth mindset positively predicted achievement motivation(e. g. , effort beliefs and master goals) and social class played a moderation role between growth mindset and achievement motivation. Namely, for those from lower (vs. upper) socioeconomic status families, growth mindset had a higher predictive effect on achievement motivation. Taken together, the results demonstrate that growth mindset plays a positive role in promoting achievement motivation among Chinese students, especially those from lower class, shedding light on the educational practice and social governance in China.

Keywords: Growth mindset; achievement motivation; effort beliefs; master goals; social class

How Does Virtuous Personality Influence Individuals' Exhibition of Virtuous Deeds? Based on the Perspective of Deliberate and Heuristic Processing

Zhang Heyun, Xu Yan, Zhao Huanhuan / 79

Abstract: To explore the boundary conditions of virtuous personality affecting individuals' good deeds, two experiments were designed based on the dual-processing system model of doing goodness. The moderating effects of time pressure and ego depletion on the relationship between virtuous personality and exhibition of virtuous deeds were discussed respectively. The results showed that: (1) Time pressure moderated the relationship between virtuous personality and exhibition of virtuous deeds. Under the condition of high time pressure, virtuous personality significantly predicted the exhibition of virtuous deeds, and those with high virtuous disposition performed better than those with low virtuous disposition; under low time pressure condition, there was no significant difference in the exhibition of virtuous deeds between high and low virtuous disposition; (2) The ego depletion played a moderating role between virtuous personality and exhibition of virtuous deeds. Under the condition of high ego depletion, the virtuous personality can predict the exhibition of virtuous deeds positively, and the virtuous deeds of the high virtuous disposition are higher; under the condition of low ego depletion, the virtuous deeds of the low virtuous disposition tend to be better, and there is no significant difference between the low virtuous disposition and the high virtuous disposition. These results suggest that people can improve the possibility of doing good deeds to a certain extent by creating a friendly social atmosphere, forming good social norms, building a safe social security, and training individual self-control ability.

Keywords: virtuous personality; exhibition of virtuous deeds; heuristic good deeds; deliberate good deeds; dual-processing system model of doing goodness

The Chinese Practice of KMDD Cultivation Model of Adolescents 'Moral Competence

ZhangJing, Song Xiaohong / 100

Abstract: "Moral Competence Test"(MCT) and "Konstanz Method of Dilemma Discussion"(KMDD) designed by the German moral education psychologist George Lind, which were based on "Two-sided Model of Moral Behavior" have produced a large international Influence. Moral education experiments in Chinese schools have confirmed that KMDD model, which aims at the parallel development, balanced measurement, and simultaneous improvement of moral inclination and moral competence, can effectively promote moral judgment competence, positive moral emotions and democratic thoughts under the "Student-Oriented" concept. However, based on the particularity of the cross-cultural application of educational theories, the Chinese practice of KMDD must gradually carry out KMDD—Teacher training and qualification demonstration which is suitable for Chinese situation, Based on age, school level and study field, KMDD program of step design can ensure that KMDD has a good effect in the cultivation of adolescents' moral competence.

Keywords: konstanz method of dilemma discussion; moral competence; school moral education

The Concept Connotation and Scale Development of the Tolerance character in Primary School Students

Zhang Chunmei, Zhang Anqi, Peng Xianhua, Zhu Xiaoling / 113

Abstract: From the perspective of positive quality cultivation, it is urgent to study the structure and measurement of tolerance in Chinese culture. There are important differences between Chinese tolerance and western forgiveness in concept attribute, object scope and cultural connotation. Under the influence of Chinese traditional culture, tolerance includes six aspects: understanding oneself and others, not caring about others' mistakes, not resenting others, restraint and tolerance, thinking about others' kindness and respecting others' differences. Based on the content analysis of the tolerance events and behaviors in the open questionnaire for primary school students, the scale of tolerance quality of primary school students was developed. Exploratory factor analysis and confirmatory factor analysis revealed that the tolerance quality of primary school students included four dimensions: consideration of others, hostility expectation, tolerance of offence and retaliation. The formal scale had good reliability internal consistency coefficient ranged from 0. 64 to 0. 89. It had a high positive correlation with Headland Forgiveness scale which means it was modestly differentiated ($r = 0.63$), and had low and moderate correlation with self-esteem and empathy respectively ($r = 0.19, 0.49$), indicating good criterion-related validity of the scale. The scale has revealed that tolerance of primary school children has obvious Chinese cultural characteristics, moral attributes and stages of development.

Keywords: tolerance; moral character; primary school children; scale development

The Connotation on the Virtue of *Zhongyong* and Its Measurment

Liu Yanan, Zhang Xun, Liu Yarui, Zhu Chengquan, Su Ruiying / 136

Abstract: *Zhongyong* is the highest virtue to adhere to the principle of goodness, only those who are of utmost sincerity, of utmost benevolence, and of great wisdom and courage, can reach the highest moral realm of *Zhongyong*. Unfortunately, all of the existing *Zhongyong* scales do not contain the element of goodness. This research first defined the meaning of *Zhongyong* field, and proposed that *Zhongyong* field was a prerequisite and necessary condition for practicing *Zhongyong*. The three virtues (wisdom, benevolence, and courage) open the door to *zhongyong* field. Therefore, we developed the Three Virtues Scale (TVS). The exploratory factor analysis extracted three factors (wisdom, benevolence, and courage), the results of the first-order and second-order confirmatory factor analysis showed that the three factors of wisdom, benevolence and courage had ideal indicators. Criterion correlation validity analysis showed that there were significant positive correlation between TVS and *Zhongyong* Opinion Expression Scale, *Zhongyong* Belief/Value Scale. At the same time, *Zhongyong* field could predict good mental health outcomes and moral goodness, indicating that TVS had good psychometric indicators.

Keywords: the three virtues; *Zhongyong* belief/value; *Zhongyong* action; *Zhongyong* field

The Theoretical Construction and Measurement of Vitality in the Chinese Cultural Context

Yan Wei, Zhang Peng, Jiang Zhongxin, Liu Guanmin, Peng Kaiping / 160

Abstract: Vitality is a virtue and an endearing topic in traditional Chinese philosophy and contemporary psychological science. This study aimed to explore Chinese people's conception of vitality and the theoretical structure of it; and on basis of it, to develop a Chinese vitality scale as well as to test its reliability and validity. In Study 135 Chinese participants were interviewed about vitality; and from the coding of interview texts, four factors of Chinese vitality were extracted: Energy, tenacity, serenity and acuteness. In study 2, the Four-factor Vitality Scale was developed; after analyzing the measurement data of 1185 Chinese participants, the scale was found to hold good reliability and validity. In Study 3, the criterion validity of the scale was further examined based on the data collected from 2262 Chinese participants; results showed significant correlations between vitality(and its factors) and virtue and mental health related variables, thus confirming the utilities of four-factor vitality for indicating virtue and mental health attributes of Chinese people. The four-factor vitality and its scale reflect the influence of Chinese culture and dialectical thinking orientation, providing a new theoretical framework and application tool for the further studies of Chinese vitality.

Keywords: Chinese four-factor vitality; Chinese cultural virtue; mental health

Development of the Craftsman Spirit Questionnaire and the Analysis of Its Meaning

Zhao Delei, Wang Lejing / 187

Abstract: Craftsman spirit is the working concept and value that workers uphold in the production process, and the awe and persistent professional attitude towards the industry they are engaged in. Based on literature analysis, in-depth interviews and open-ended questionnaires, the study formed the initial scale, then select-ed 298 students for the initial test, and revised the scale according to the measure-ment results. The craftsman spirit scale contains 27 items, which is composed of four dimensions: innovate, enjoyment, meticulousness and diligence. The data results confirm the four factor structure of craftsman spirit, and the scale has good reliability and validity. It can be used as an effective tool to test craftsman spirit. Craftsman Spirit helps to alleviate the contradiction between speed and quality, reduce the ten-sion between division of labor and cooperation, and guide people to pay attention to reputation and pursue the long-term development of individuals and collectives. Outstanding craftsmen in the new era should properly deal with the relationship be-tween "big self" and "small self". They not only have the responsibility of pursuing ex-cellent professional quality and inheritance and dedication, but also have the awareness of open and collaborative win-win and the pioneering spirit of innovation.

Keywords: craftsmanship spirit; innovate; enjoyment; meticulousness; dili-gence

The Influence of Societal Cynicism the Integration of Multiple Identities

Gao Chenghai, Ma Xiao / 205

Abstract: Societal Cynicism is people's negative views on fairness and trust, which is not conducive to the establishment of harmonious relationships. However, in a complex society composed of multiple group identities, it is not clear how So-cietal Cynicism affects the integration of multiple group identities. In this study, tak-ing 273 college students from two ethnic groups, we measured the level of Societal Cynicism, the complexity of social identity, and the four core variables of ethnic i-dentity and national identity, to explore and analyze the effect of Societal Cynicism on the fusion of multiple group identities. The results show that there is a significant positive correlation between ethnic identity and national identity, and Societal Cyn-icism markedly negatively moderate the relationship between ethnic identity and na-tional identity, that is, when the subjects' level of social suspicion is low, their ethnic identity positively predicts national identity; When the level of social suspicion is high, the relationship between them is not significant. In addition, the Societal Cyn-icism of minority groups can significantly and negatively predict the degree of overlapping of their multiple group identities. In a word, lower Societal Cynicism is conducive to the harmonious coexistence of ethnic identity and national identity, which has enlightening significance for solving the identity complexity problem of large society and promoting the integration of multiple group identities.

Keywords: Societal Cynicism; social identity complexity; group identity integration; ethnic identity; national identity

Using AI Enhance Global Human Identification

Wang Congyu, Zhai Kun, Peng Kaiping / 217

Abstract: Artificial intelligence is becoming a common out-group, more intelligent than animals, more ubiquitous than aliens. Then, does using AI enhance global human identification? What role dose anticipated future of AI play in this? This study examined the effect of AI depth experience on global human identification and the moderating role of anticipated future of AI. The results show that AI depth experience is significantly positively related to identity with all humanity and international donation intention, and anticipated future of AI plays a significant moderating role. For individuals with more optimistic anticipation, his/her AI depth experience is significantly positively related to identity with all humanity and international donation intention; for individuals with more pessimistic anticipation, the above prediction effect is no longer significant. The above results imply that the deep use of AI helps to enhance global human identification, and it is critical to instill optimism in the public about the future of AI, which may play a beneficial role in the process of building a community with a shared future for mankind.

Keywords: artificial intelligence; artificial intelligence experience; global human identification; social identity; in-group favoritism

The Relationship between the Need to Belong and Prosocial Behavior: The Chain Mediating Role of Interpersonal Trust and Public Self-consciousness

Guo Yuan / 236

Abstract: The need to belong is an internal drive to maintain a minimum level of human interaction, and it enables an individual to generate internal motivation and establish positive and stable relationships with others. This study aimed to investigate the association between the need to belong and prosocial behavior of college students, as well as the mediating effect of interpersonal trust and public self-consciousness between them. A series of questionnaires surveys were conducted among 1146 college students using the Need to Belong Scale, the Prosocial Behavior Scale, the Interpersonal Trust Scale and the Public Self-Consciousness Scale. The study found that: (1) the need to belong has a positive predictive effect on the prosocial behavior of college students; (2) Interpersonal trust and public self-consciousness play a partial mediating role between the need to belong and prosocial behavior respectively; (3) Interpersonal trust and public self-consciousness act as a chain mediator between the need to belong and prosocial behavior. The findings of this study can be helpful to deeply understand the relationship between the "attribution needs and prosocial behaviors" and the social cognitive mechanism behind them. In addition, it is of great reference value for the educational practice of promoting higher socialization among young college students.

Keywords: prosocial behavior; the need to belong; interpersonal trust; public self-consciousness

《中国社会心理学评论》投稿须知

　　《中国社会心理学评论》是由中国社会科学院社会学研究所主办的学术集刊。本集刊继承华人社会心理学者百年以来的传统，以"研究和认识生活在中国文化背景下的人们的社会心理，发现和揭示民族文化和社会心理的相互建构过程及特性，最终服务社会，贡献人类"为目的，发表有关华人、华人社会、华人文化的社会心理学原创性研究成果，以展示华人社会心理学研究的多重视角及最新进展。

　　本集刊自2005年开始出版第一辑，每年一辑。从2014年开始每年出版两辑，分别于4月中旬和10月中旬出版。

　　为进一步办好《中国社会心理学评论》，本集刊编辑部热诚欢迎国内外学者投稿。

　　一、本集刊欢迎社会心理学各领域与华人、华人社会、华人文化有关的中文学术论文、调查报告等；不刊登时评和国内外已公开发表的文章。

　　二、投稿文章应包括：中英文题目、中英文作者信息、中英文摘要和关键词（3～5个）、正文和参考文献。

　　中文摘要控制在500字以内，英文摘要不超过300个单词。

　　正文中标题层次格式：一级标题用"一"，居中；二级标题用"（一）"；三级标题用"1"。尽量不要超过三级标题。

　　凡采他人成说，务必加注说明。在引文后加括号注明作者、出版年，详细文献出处作为参考文献列于文后。文献按作者姓氏的第一个字母依A－Z顺序分中、外文两部分排列，中文文献在前，外文文献在后。

　　中文文献以作者、出版年、书（或文章）名、出版地、出版单位（或期刊名）排序。

　　例：

　　费孝通，1948，《乡土中国》，北京：生活·读书·新知三联书店。

　　杨中芳、林升栋，2012，《中庸实践思维体系构念图的建构效度研究》，《社会学研究》第4期，第167～186页。

外文文献采用 APA 格式。

例:

Bond, M. H. （ed.）（2010）. *The Oxford Handbook of Chinese Psychology*. New York, NY: Oxford University Press.

Hong, Y. Y. , Morris, M. W. , Chiu, C. Y. , & Benet-Martinez, V. （2000）. Multicultural minds: A dynamic constructivist approach to culture and cognition. *American Psychologist*, 55, 709 – 720.

统计符号、图表等其他格式均参照 APA 格式。

三、来稿以不超过 15000 字为宜,以电子邮件方式投稿。为了方便联系,请注明联系电话。

四、本集刊取舍稿件重在学术水平,为此将实行匿名评审稿件制度。本集刊发表的稿件均为作者的研究成果,不代表编辑部的意见。凡涉及国内外版权问题,均遵照《中华人民共和国版权法》和有关国际法规执行。本集刊刊登的所有文章,未经授权,一律不得转载、摘发、翻译,一经发现,将追究法律责任。

五、随着信息网络化的迅猛发展,本集刊拟数字化出版。为此,本集刊郑重声明:如有不愿意数字化出版者,请在来稿时注明,否则视为默许。

六、请勿一稿多投,如出现重复投稿,本集刊将采取严厉措施。本集刊概不退稿,请作者保留底稿。投稿后 6 个月内如没有收到录用或退稿通知,请自行处理。本集刊不收版面费。来稿一经刊用即奉当期刊物两册。

中国社会心理学评论编辑部

主编:杨宜音

主办:中国社会科学院社会学研究所

联系电话:86 – 010 – 85195562

投稿邮箱: chinesespr@ cass. org. cn

邮寄地址:北京市东城区建国门内大街 5 号中国社会科学院社会学研究所中国社会心理学评论编辑部,邮编 100732

《中国社会心理学评论·社会变迁视角下困境儿童的积极心理》征稿启事

近年来，留守儿童、流动儿童、贫困儿童、孤儿、残疾儿童等与困境儿童相关的词语越来越频繁地在政府公文和新闻报道中被提到，从而更多地呈现在人们眼前。由于家庭、学校教育、社会经济文化等多方面的消极因素，困境儿童的生存和发展状况并不乐观。以往关于困境儿童的研究更多是基于问题/缺陷视角，关注的重心是这些儿童在学业不良和心理行为问题等消极方面。近年来，随着积极青少年发展视角的兴起，人们逐渐认识到，即使处于不利情境，儿童青少年仍具有积极发展的潜力，因此要注重对困境儿童的积极心理状态及其形成过程或作用机制进行探讨。儿童与困境各因素之间的心理关系更是值得注意，如何将这一关系放在社会变迁的视角下，在城市化、信息化、流动性的过程中来看待，成为社会心理建设的新议题。

秉持《中国社会心理学评论》关注中国时代发展背景下重大社会问题的一贯宗旨，本专辑将聚焦"城市化、信息化、流动性与儿童积极发展的理论研究""城市化、信息化、流动性等社会变迁对困境儿童积极发展的影响研究""基于困境儿童积极发展资源的干预研究"等内容，欢迎对以上处境不利儿童相关研究议题感兴趣的学者赐稿，分享您的原创成果，以展示我国社会心理与文化心理学界对此议题的最新进展与研究成果。

本专辑自即日起征稿，稿件格式要求参见《中国社会心理学评论》的《投稿须知》。投稿截止时间为 2022 年 12 月 31 日。

请发送符合《投稿须知》要求的稿件至：

张瑞平 flyrui@ 126. com

张春妹 zhangcm@ whu. edu. cn

本期特约主编：张瑞平、张春妹

主编：杨宜音

图书在版编目（CIP）数据

中国社会心理学评论. 第 23 辑 / 杨宜音主编；吴胜
涛本辑特约主编. -- 北京：社会科学文献出版社，
2022.12

　ISBN 978 - 7 - 5228 - 1333 - 2

　Ⅰ.①中… 　Ⅱ.①杨… ②吴… 　Ⅲ.①社会心理学 -
研究 - 中国 - 文集 　Ⅳ.①C912.6 - 53

中国版本图书馆 CIP 数据核字（2022）第 254035 号

中国社会心理学评论 第 23 辑

主　　编／杨宜音
本辑特约主编／吴胜涛

出 版 人／王利民
责任编辑／孙海龙　胡庆英
责任印制／王京美

出　　　版／社会科学文献出版社·群学出版分社（010）59367002
　　　　　　地址：北京市北三环中路甲 29 号院华龙大厦　邮编：100029
　　　　　　网址：www.ssap.com.cn
发　　　行／社会科学文献出版社（010）59367028
印　　　装／三河市龙林印务有限公司

规　　　格／开　本：787mm × 1092mm　1/16
　　　　　　印　张：17.25　字　数：306 千字
版　　　次／2022 年 12 月第 1 版　2022 年 12 月第 1 次印刷
书　　　号／ISBN 978 - 7 - 5228 - 1333 - 2
定　　　价／109.00 元

读者服务电话：4008918866